La comunera

Toti Martínez de Lezea

La comunera

María Pacheco, una mujer rebelde

CÍRCULO de LECTORES

A Tarek

Con mi sincero agradecimiento a José Luis García de Paz
por su generosidad y gran ayuda en todo
lo referente a las familias Mendoza y Padilla,
así como a M.ª Carmen Vaquero por su visión de Toledo
y su sociedad durante el período de las Comunidades.

Señora, si vuestra pena no me lastimara más que mi muerte, yo me tuviera enteramente por bien aventurado. Que siendo a todos tan cierta, señalado bien hace Dios al que la da tal, aunque sea de muchos plañida y de Él recibida en algún servicio. Quisiera tener más espacio del que tengo para escribiros algunas cosas para vuestro consuelo: ni a mí me lo dan, ni yo querría más dilación en recibir la corona que espero. Vos, señora, como cuerda llorad vuestra desdicha y no mi muerte, que siendo ella tan justa, de nadie debe ser llorada. Mi ánima, pues ya otra cosa no tengo, dejo en vuestras manos. Vos, señora, haced con ella como con la cosa que más os quiso. A Pero López, mi señor, no escribo, porque no oso, que aunque fui su hijo en osar perder la vida, no fui su heredero en la ventura. No quiero más dilatar por no dar pena al verdugo que me espera y por no dar sospecha que, por alargar la vida, alargo la carta. Mi criado Sosa como testigo de vista, y de lo secreto de mi voluntad, os dirá lo que aquí falta; y así quedo dejando esta pena, esperando el cuchillo de vuestro dolor y de mi descanso.

Carta de Juan de Padilla a su mujer, doña María Pacheco,
escrita la víspera de su ejecución
en Villalar el 23 de abril de 1521.

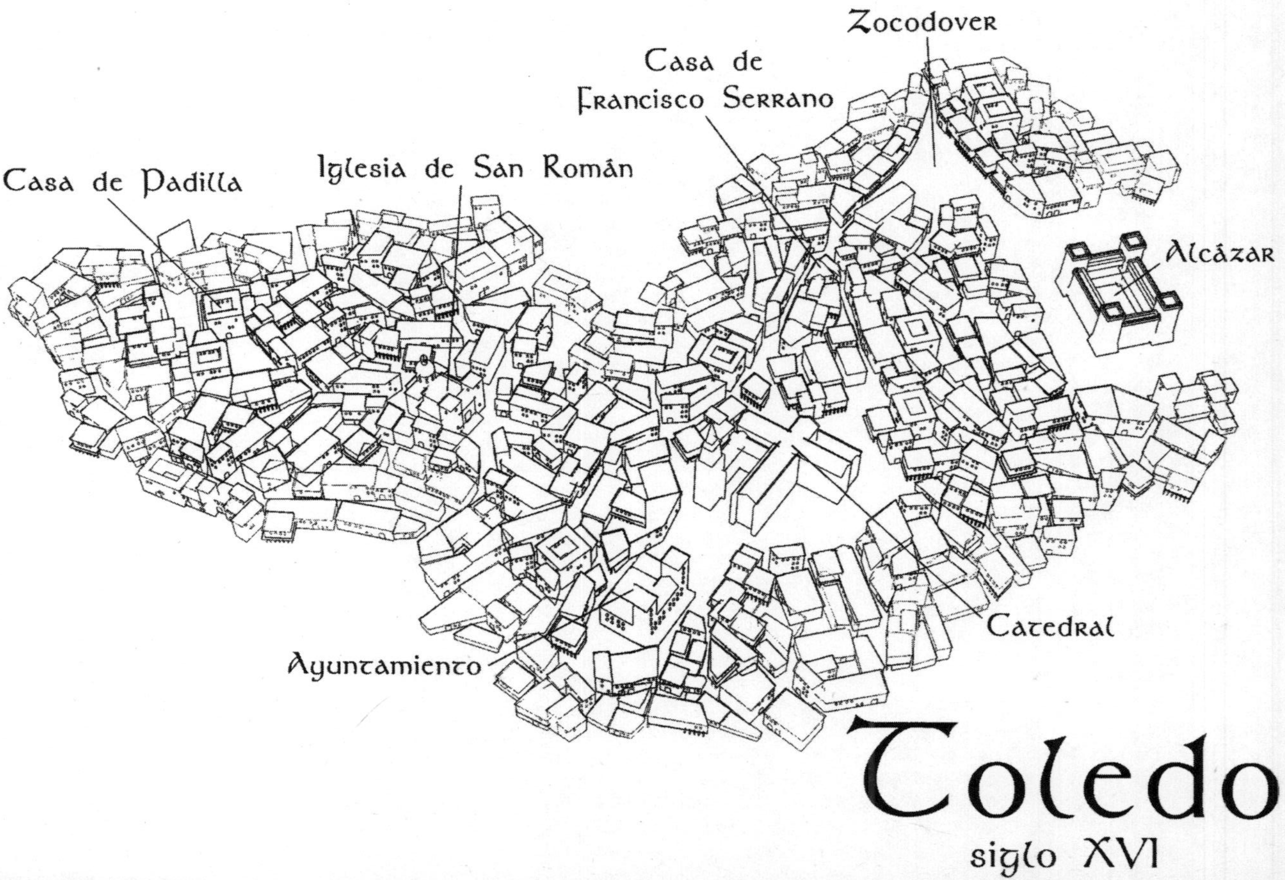

Mapa de ARITZ ALBAIZAR

Colédo

Agosto de 1511

Aquella mañana de verano, los sirvientes del palacio del califa Yūsuf estaban ya en pie cuando las luces del alba se reflejaron en los muros de la más hermosa joya del arte nazarí: *al-Qalá al-Hamrá*, el «castillo rojo», la Alhambra. Hablando en susurros, deslizándose silenciosos por los corredores para no perturbar el sueño de sus amos y de los importantes invitados alojados en las alas nobles del edificio, las gentes del palacio se apresuraban para tenerlo todo dispuesto para cuando la campana, instalada en el alminar de la antigua mezquita, despertase a los habitantes de la ciudad del Genil. Los cocineros y sus pinches encendieron los fuegos y colocaron sobre ellos grandes marmitas con agua; desplumaron decenas de perdices, trocearon repollos, cebollas y puerros, escamaron besugos, salmones y otros pescados y pusieron a cocer no menos de quinientos huevos; los criados montaron, en el que fuera salón del trono de los califas, la llamada «sala de los Reyes», largas mesas para el banquete, las cubrieron con manteles finos de lino bordado y sobre ellos colocaron platos, copas y cubertería de plata; los pajes llenaron los jarrones de cristal y alabastro con flores recién cortadas en cuyos pétalos aún tintineaban gotas de rocío y las doncellas prepararon los baños y calentaron las tenacillas para trenzar los cabellos, antes de llamar a las puertas y despertar a sus señores. La razón de tanto ajetreo no era otra que la boda de María, una de las hijas del conde de Tendilla y futuro marqués de Mondéjar, don Íñigo López de Mendoza y Quiñones, con Juan de Padilla, hidalgo de Toledo.

Mendoza, capitán de Granada, a quien todo el mundo llamaba el Gran Tendilla por sus muchos y valiosos méritos militares al servicio de don Fernando el Católico, era cuando menos un personaje singular. Guerrero, culto, brillante y mujeriego como todos los varones de su familia, mantenía muy alto el pendón de sus antecesores, destacando en todos los aspectos de la vida cortesana, sin perder en ningún momento el gusto por los placeres que ésta podía proporcionarle. Viudo por partida doble y padre de varios hijos, con más de sesenta años había preñado a una dama de su entorno. Muchos opinaron entonces que aquélla era, sin duda, otra más de sus proezas y él, ufano de sí mismo y sin pizca de rubor, aseguró entonces que no sería la última. No obstante, habían transcurrido seis años sin que se supiese de nuevos nacimientos. Los ocho hijos habidos de su matrimonio con Francisca, hija de don Juan Pacheco, el poderoso marqués de Villena, y algunos más de sus relaciones con diversas señoras, parecían haber sido suficientes. Mantenía un férreo control sobre todos ellos, esperando una obediencia ciega y la debida lealtad hacia la familia, lo cual incluía matrimoniar en condiciones ventajosas desde cualquier punto de vista. Y aquel día le tocaba el turno a María, la número cuatro de sus retoños legítimos vivos.

Ya estaba despierto cuando su ayuda de cámara entró en la habitación y descorrió los cortinones de terciopelo, dejando entrar la luz de un día que se preveía radiante. Contempló desde el lecho las estribaciones de Sierra Nevada recortándose en el cielo completamente azul y sonrió. No había nada comparable a una boda en un día soleado de verano, con la fresca brisa procedente de la sierra que evitaba el exceso de calor. Era algo muy molesto sentir el sudor de la calva bajo la peluca. Le daba la impresión de que ésta iba a resbalarse en cualquier momento. Se dejó poner un batín moro de seda, se calzó unas babuchas y se dirigió a la sala de los baños para introducirse en la pileta de agua caliente, donde su sirviente de confianza le restregaría el cuerpo con un guante de crin. Contempló las yeserías del techo, los azulejos de muros y suelos, e imaginó aquel lugar cuando los sultanes se bañaban al tiempo que admiraban las evoluciones de sus esclavas desnudas a los sones interpretados por músicos instalados en el balconcillo superior con los ojos vendados. No le habría importado disfrutar de los mismos placeres, pensó con una sonrisa divertida. Los baños árabes, goce desconocido por muchos de sus iguales, transformaban el asco en una sensación excitante. El palacio entero era una inspiración para los sentidos. No existía en todo el reino otro tan hermoso, de eso estaba seguro porque los había visto casi todos y también los italianos, incluido el del propio papa. Era un verdadero placer ocupar los aposentos otrora ocupados por los príncipes de al-Ándalus, le hacía sentirse poderoso y, por otra parte... Sus pensamientos se vieron bruscamente interrumpidos por el golpeteo de unos dedos nerviosos en la puerta, tras los cuales asomó por ella la cabeza de Antonio Vázquez, su secretario desde hacía más de dos décadas.

–¿Y bien? –interrogó molesto–. ¿No puedo si quiera asearme en paz?

–Tenemos problemas...

Poco después, cubierto con el batín, las babuchas en los pies y en la cabeza la peluca blanca confeccionada a medida, que con las prisas se había ladeado dándole un aire bufo, el conde se hallaba ante la habitación de su hija, la novia. La hermana mayor de ésta, María de Mendoza, su dama de compañía, su confesor, el jefe de ceremonias y varias doncellas de servicio ya estaban allí cuando él llegó hecho una furia, seguido por el secretario y el ayuda de cámara. Asió la manilla de la gruesa puerta de madera tallada y la sacudió con fuerza.

–¡Abre la puerta! –ordenó con un tono de voz que amedrentó a los presentes.

–¡No lo haré! –se escuchó al otro lado con el mismo tono, pero más agudo.

–¡Por todos los clavos de la cruz de Cristo! ¡Abre de una maldita vez!

–¡No pienso casarme!

–¡Lo harás aunque tenga que arrastrarte yo mismo por los pelos hasta la capilla!

–¡Antes tendréis que matarme!

–¡Puede que lo haga!

Don Íñigo hizo una seña y el jefe de su guardia personal se aproximó a él.

–¡Derribad la puerta y llevadla a la capilla atada con cadenas si es preciso! –ordenó, antes de dar media vuelta y regresar a sus aposentos.

¡Maldita cría! Tendría que haberla enviado con las buenas monjas cuando cumplió los siete y no haberse dejado convencer por su mujer. Francisca había intercedido con los ojos llenos de lágrimas al conocer su decisión de ingresar a la segunda de sus hijas en el convento.

–Es tan pequeña...

–Así tendrá menos problemas para acostumbrarse.

–Y es tan débil... Ha estado estos últimos días encamada con fiebre. El médico asegura que no llegará a la pubertad.

–Más razón para que se halle en santa compañía cuando Dios la llame a su lado.

Cedió entonces y también lo hizo cada vez que la cuestión se planteó. No podía negarle ninguna cosa a Francisca. Ella nunca pedía nada y él la amaba a su modo; le había dado cinco varones sanos y hermosos y otros dos, muertos para su dolor unos años antes, y también a su querida hija mayor, María, condesa de Monteagudo, a quien adoraba. Los asuntos domésticos le traían sin cuidado. Su mujer se ocupaba de ellos, encargándose también de mantener alejado de él al tropel de chiquillos ruidosos que corrían por corredores y jardines, trepaban por el muro y traían a mal traer a los sirvientes destinados a su cuidado. Los veía crecer a trompicones, sorprendiéndose de sus cambios cada vez que regresaba a Granada tras una larga estancia en la Corte o alguno de sus viajes por las tierras andaluzas. Pasaba, entonces, revista a sus vástagos y comprobaba el buen porte de Luis, su heredero, el amor de Bernardino por las cosas del mar, la habilidad de Antonio con los caballos, la piedad de Francisco, la inteligencia del feúcho y forzudo Diego, siempre con la nariz metida en los libros cuando no estaba ejercitándose con las armas, que igual le daba lo uno que lo otro, la elegancia y serena belleza de su hija mayor, tan parecida a su madre, y la gracia de Isabelita, la más pequeña, la alegría de la familia. Estaba muy orgulloso de todos ellos. Eran dignos Mendoza por cuyas venas corría sangre real, descendientes de grandes hombres y mujeres, llamados a ocupar los primeros puestos entre la nobleza castellana.

Después, su mirada se posaba en la otra María y no podía evitar un gesto de fastidio. Flaca, de cabello revuelto y ojos retadores se empeñaba en emular a sus hermanos en lugar de ocuparse en labores de costura y la lectura de obras piadosas como hacía su hermana. Subía a los árboles desgarrando sus vestidos, peleaba con los chicos, puñetazos incluidos, y manejaba la espada con la misma destreza que Luis, a pesar de que el ejercicio la agotaba y debía luego permanecer en cama durante horas y, a veces, días. Con el tiempo se había convertido en una joven extraordinariamente hermosa, eso tenía que admitirlo. A pesar de contar sólo quince años, parecía ya una mujer hecha y derecha. Al verla ahora, no podía evitar compararla con alguna de aquellas sultanas de gesto altivo y ojos de color del azabache que habían vivido entre los muros de la Alhambra, ocultas al mundo pero influyendo en todo momento en las decisiones políticas de sus maridos o de sus hijos. También era muy culta, capaz de mantener una discusión en latín con clérigos y letrados, citar a Platón en griego o recitar de memoria un largo poema de su bisabuelo, el ilustre marqués de Santillana. Podría haber sido digna de un rey de no haber sido por su actitud, siempre rebelde, y el fuerte carácter que la empujaba en todo momento a decir y hacer lo que le pasaba por la cabeza, incluso lo más inconveniente.

–¡Espero que Juan la dome como se merece! –exclamó de regreso a su aposento para vestirse para la ceremonia.

Le agradaba su futuro yerno. Era un joven tranquilo, de maneras pausadas y elegantes a quien había conocido el verano anterior con motivo de una visita que le hicieron él y su tío, un viejo amigo de la época de la conquista. Don Gutierre López de Padilla, comendador de la orden de Calatrava, había luchado a su lado durante los años de la guerra de Granada, salvándole en una ocasión de caer bajo un alfanje sarraceno. El buen caballero no había aceptado recompensa alguna por este hecho, pero un Mendoza jamás olvidaba. Se alegró de verlo de nuevo y ocultó como pudo su impresión al constatar que, aunque con menos años, el hombre parecía mucho más viejo que él, impresión confirmada por el propio Padilla al confiarle que estaba enfermo sin remedio.

–Sólo espero ver casado a mi ahijado antes de morir –concluyó con una triste sonrisa, refiriéndose a Juan–. Quiero mucho a mi hermano Pedro y el muchacho se le parece. Es joven, pero promete y la responsabilidad de una familia hará de él un hombre completo.

No pensó en las palabras de su antiguo compañero hasta que lo distrajo, varios días después, una fuerte discusión mantenida bajo la ventana de su escritorio. Se asomó, airado, para ordenar silencio a los discutidores que osaban apartarlo de su trabajo y comprobó que su hija María, la rebelde, y Juan, el sobrino de su amigo, se hallaban enzarzados en una disputa en la cual ella llevaba la voz cantante.

–Así pues, según vos, ¿la mujer únicamente debe ocuparse de darle hijos a su marido y mantener su casa en orden?

–¿Qué mejor ocupación que ésa?

–Oídme bien, señor de Padilla, o sois un necio o un descerebrado si creéis que las mujeres sólo servimos para dichos menesteres. Si un hombre quiere que alguien le temple el lecho, ¡que pague los servicios de una ramera o meta en su cama una botella de barro llena de agua caliente!

–Los Padres de la Iglesia dejaron escrito...

–¡No me vengáis con monsergas! Eran hombres como vos e igual de obtusos. Ha habido grandes mujeres en la historia de la humanidad, pero, probablemente, vos ignoráis su existencia. Fueron reinas, soldados, poetisas, médicas y maestras e hicieron algo más que parir hijos y ordenar las casas de sus maridos. Y os recuerdo también que durante más de treinta años, la difunta reina gobernó las tierras de Castilla con mano firme y, que se sepa, lo hizo mejor que muchos de sus antecesores.

Don Íñigo escuchaba con atención. En el fondo, muy en el fondo, y aunque reprobase su conducta, impropia de una joven, le enorgullecía que una mujer de su sangre tuviese carácter. Había gastado sus buenos dineros en procurar la mejor educación a todos sus hijos e hijas, tanto legítimos como ilegítimos, convencido de que la diferencia entre la clase dominante y la dominada estribaba precisamente en eso, en la educación. Era algo que generaciones enteras de Mendozas habían tenido muy claro desde que sus antepasados salieron de sus tierras de Álava para ocupar cargos importantes en el reino de Castilla. De ahí que su linaje hubiera dado tantos nombres ilustres durante los últimos doscientos años. De todos modos, aquella chiquilla también había heredado la tozudez y los prontos de su abuelo materno, hasta el punto de decidir hacerse llamar María Pacheco y no responder a quien no se dirigiese a ella por dicho nombre.

–¡Ya hay demasiadas Marías en esta casa! –había exclamado, refiriéndose a su hermana mayor y a la más pequeña, engendrada por él con doña Leonor de Beltrán, las tres cristianadas con igual nombre, añadiendo a continuación–: No puede decirse que mi señor padre tenga la imaginación sobrada a la hora de elegir nombres para sus hijas...

La plácida voz de Juan de Padilla, no exenta de ironía, le hizo prestar nuevamente atención a la discusión entre los dos jóvenes.

–¿Acaso vos no pensáis casaros nunca? ¿Profesaréis en religión, tal vez?

–¡Por supuesto que no! No pienso encerrarme en un convento para toda la vida, aunque he de reconocer que para muchas mujeres es un lugar mucho más seguro que el mundo. Y, en cuanto a casarme..., únicamente lo haré con uno de mis iguales, con un hombre que me respete y no intente imponerme su voluntad. Jamás seré una esposa sacrificada y sumisa a los caprichos de su marido. Quiero estudiar y escribir libros.

–Entonces os quedaréis soltera y sola, porque ningún hombre cabal se atreverá a proponeros en matrimonio. Os marchitaréis como una flor cortada...

–¡Mejor soltera que mal acompañada!

–La vida a vuestro lado ha de ser un infierno...

–¡Pues procurad no acercaros demasiado a mí, no vaya a ser que se os quemen vuestras plumas de gallo presuntuoso!

Los vio alejarse, cada uno por su lado, y permaneció un buen rato apoyado en el alféizar de la ventana, contemplando los hermosos jardines de su residencia y dándole vueltas a una idea que acababa de ocurrírsele. Poco después, envió a un criado en busca de don Gutierre y le ofreció la mano de María para su sobrino. El joven, de veinte años, era bien parecido, y aunque únicamente fuera hijo del señor de Noves, antiguo adelantado de Castilla, pero sin título nobiliario, no dejaba de ser un buen partido, ya que contaba con el apoyo y amparo de su poderoso tío, el comendador, y a él le interesaba mantener una relación estrecha con éste. La novia aportaría como dote la increíble cantidad de cuatro millones y medio de maravedíes, aunque debería firmar un documento por el cual renunciaba para siempre a cualquier reclamación sobre la herencia de su padre. El señor de Padilla no tuvo que meditar mucho el asunto. La oferta era tentadora. No podría haber encontrado mejor partido para su querido Juan que la hija del Gran Tendilla; entroncar con el linaje de los Mendoza era un honor que ni en sueños habría imaginado. Esperaría la muerte con tranquilidad, seguro del brillante futuro del hijo de su hermano arropado por su poderosa familia política.

María no supo nada del asunto hasta tiempo después. En previsión de su reacción, recordó el conde, le ocultó sus planes. No quería levantar la liebre hasta cerciorarse de que las negociaciones con los Padilla llegaban a buen fin, pero encomendó a su secretario la redacción del documento de renuncia a la herencia familiar. Llamó a su hija a su escritorio un mediodía soleado y cálido de otoño, antes de que parientes y allegados se reuniesen para el almuerzo en la llamada sala de los Abencerrajes, una de las más bellas de todas las estancias del conjunto arquitectónico, escenario del asesinato años atrás de los miembros varones de dicha familia por un asunto de faldas.

–Firma ahí –le ordenó, deslizando el documento sobre la gran mesa de roble, traída por él mismo tras su estancia en Italia como embajador de don Fernando el Católico ante la Santa Sede.

–¿Qué es? –preguntó ella.

–Firma.

–¿Qué es? –repitió la joven sin amilanarse ante el hombre cuya sola voz hacía temblar a sus allegados.

–El documento que estipula tu dote.

–¿Mi dote?

–Soy ya viejo y pronto tendré que rendir cuentas a Dios. Antes de que eso ocurra, quiero poner los asuntos de la familia en orden.

–¿Pensáis casarme?

–Alguna vez tendrá que ser...

Para su sorpresa, María tomó asiento en un hermoso sillón taraceado y comenzó a leer el documento.

–¿Qué haces?

–Leer –respondió ella sin levantar los ojos del escrito–. Quiero saber lo que firmo.

–Te he dicho que es el documento que estipula tu dote.

–Ya..., aquí dice que renuncio a cualquier reclamación posterior a cambio de cuatro millones y medio de maravedíes. ¿Tanto valgo o es el precio que estáis dispuesto a entregar a cambio de que alguien se case conmigo y perderme de vista?

Estuvo a punto de perder el control y soltarle una bofetada, pero se contuvo. Más valía tener un poco de paciencia. Pronto, muy pronto, la insoportable joven estaría casada con un buen hombre que le bajaría los humos.

–Es la misma dote que entregué a tu hermana mayor –se molestó en explicarle– y el doble de la aportada por tu madre a nuestras bodas. La herencia de los Mendoza debe permanecer en la familia. Es la única forma de que nuestro linaje perdure. Así lo hicieron mi padre y mi abuelo, y así lo haré yo. ¿Vas a firmar de una vez o nos vamos a pasar aquí todo el día?

María cogió el cálamo disponiéndose a firmar, pero su mano se detuvo antes de llegar al papel.

–¿Ya me habéis buscado marido? –preguntó, mirándole a los ojos directamente.

–No –mintió él, manteniendo su mirada.

Finalmente, la firma quedó estampada en el documento y él se apresuró a depositarlo bajo doble llave en la arqueta de madera y marfil, herencia de su madre, en la que guardaba las joyas y documentos más importantes.

–¡Bien! –exclamó sonriente, girándose hacia su hija y asiéndola por el codo–. Vayamos a reunirnos con los demás, ¡estoy hambriento!

Durante el almuerzo y la reunión posterior, pilló a María observándolo en varias ocasiones e igualmente ocurrió durante la cena. Sus ojos parecían más negros, más profundos que de costumbre, apenas hablaba, no discutía con sus hermanos ni tomaba parte en las conversaciones. «Lo sabe...», pensó con una mezcla de alivio y preocupación al mismo tiempo. Rehuyó su mirada y sintió que un peso se le quitaba de encima cuando la joven dio las buenas noches y se retiró a su habitación.

–Me habéis prometido.

No era una pregunta, era una afirmación. Salida de las sombras como una aparición, María se hallaba frente a él en medio de uno de los caminillos del jardín por el que le gustaba pasear antes de acostarse. Eran los únicos momentos del día en los que exigía estar solo consigo mismo y con sus pensamientos, olvidando por un momento los asuntos de la gobernación, rememorando tiempos pasados cada vez más lejanos. Los olores de la sierra se mezclaban con el de los jazmines y alhelíes, testigos del drama de los últimos nazaríes; el rumor del agua de las fuentes era el llanto de Boabdil, a quien él ayudó a dejar su efímero reino, y el silencio apaciguaba su alma cansada de tanto trajín. Llevaba ya casi catorce años como alcaide vitalicio de la Alhambra y su hijo y el hijo de éste también lo serían por disposición real. De todos los lugares a los que le había llevado su ajetreada vida, aquél era, sin duda, su preferido. La fortaleza, los palacios y múltiples recovecos, a cual más hermoso; la medina de Granada con sus casas encaladas, callejuelas estrechas y numerosas mezquitas transformadas en iglesias, a sus pies, y la inmensa sierra a sus espaldas, le impresionaban tanto como el primer día. No era extraño que el califa Yūsuf y su hijo Mohamed hubieran encargado a sus alarifes la extraordinaria construcción en aquel preciso lugar; contrataron a los mejores ingenieros, artesanos y jardineros de su reino para llevar a cabo la obra y no repararon en gastos a la hora de embellecerla con maderas nobles, mármoles únicos en el mundo, muebles y todo tipo de plantas. Los cristianos habían conquistado la región, demostrando su superioridad militar, pero él era un hombre culto y sabía que tardarían, si algún día lo hacían, en igualar la perfección y la belleza lograda por los artistas musulmanes.

Al ver de pronto a su hija ante él, permaneció mudo durante unos instantes. Vestida con una amplia túnica morisca de seda dorada, la palidez de su piel, acentuada por la luz de la luna, el cabello negro, suelto y ondulado, que le llegaba hasta la cintura, y sobre todo, el brillo de su mirada furiosa, creyó estar viendo el fantasma de Aixa, la bella esposa repudiada del sultán Muley Hassen, que los criados moriscos aseguraban paseaba todas las noches por las habitaciones y jardines de la que fuera su casa, maldiciendo su infortunio y tramando su venganza.

–Me habéis prometido –repitió María– y ni siquiera habéis consultado mi opinión.

La voz de su hija lo volvió a la realidad.

–¿Y qué si lo he hecho? –replicó, nuevamente dueño de sí mismo.

–No teníais derecho.

–Tengo todo el derecho del mundo a decidir lo mejor para mis hijos y te recuerdo que una hija no debe jamás cuestionar las acciones de su padre, sino acatarlas sin una queja.

–¿Con quién habéis decidido casarme? –preguntó ella en el mismo tono helado de voz.

–Con un caballero noble y cristiano, miembro de una antigua familia, que, estoy seguro, será un buen marido y te hará feliz.

–¿Con quién?

La joven se había aproximado y, por un momento, él, el vencedor de Granada, lamentó su decisión. Una vez más, se sorprendió admirando a la hija de su sangre que no le tenía miedo y osaba enfrentársele. Tal vez se había equivocado dejándose llevar por un impulso. María *la Brava*, como la llamaban sus hermanos recordando a doña María Rodríguez de Monroy, mujer de carácter que había perseguido y dado muerte a los hermanos Manzano, los asesinos de sus hijos, y dejado sus cabezas sobre las tumbas de éstos en Salamanca, era quizá demasiado para un pequeño hidalgo, demasiado hermosa, demasiado voluntariosa.

–Con Juan de Padilla –dijo al fin.

Observó la sorpresa en su mirada, seguida de la estupefacción más completa, y sintió la necesidad de justificarse.

–Su tío, el comendador, salvó una vez mi vida...

María no respondió, dio media vuelta y desapareció de su vista de la misma manera que había aparecido momentos antes, dejándolo confuso y molesto por su reacción. Fue la última vez que hablaron. Hasta este día, su hija no había vuelto a dirigirle la palabra en todos aquellos meses; se había negado a responder a sus preguntas, incluso a las más insulsas e intrascendentales, encerrándose en un silencio obstinado, más enojoso aún que su afición a la polémica.

–Juan la meterá en cintura –se dijo una vez más al penetrar en la capilla y ocupar su sitial a la derecha del altar.

María presidía el gran banquete dispuesto para la celebración de su enlace con Juan de Padilla. Contemplaba con mirada distraída las largas mesas repletas de comensales que, una y otra vez, levantaban sus copas para brindar por la felicidad de los recién casados, deseándoles largos años de prosperidad y un montón de hijos sanos y fuertes. Los criados trajinaban, llevando bandejas repletas de fritos, verduras, mollejas, acelgas, huevos rellenos de perdiz, varias clases de carne, caza y pescado y de dulces especiados –la joven contó cinco servicios con no menos de cinco platos por cada uno– y llenando las copas con vinos blancos aromados y rojos del año procedentes de las vegas del Darro y del Genil. Tras cada servicio, recogían las sobras y cambiaban los manteles para el siguiente, mientras los comensales estiraban las piernas antes de volver a sentarse. El plato fuerte del convite, una docena de faisanes que parecía estuviesen vivos, sus plumas y sus colas extendidas sobre enormes bandejas de plata, arrancó una exclamación de asombro y placer entre los invitados, pero la novia ni siquiera sonrió.

No había hecho falta tirar la puerta. Abrió al escuchar las súplicas de su hermana mayor y también porque no había nada que ella pudiera hacer, se dijo con lógica. Antes o después, los soldados de su padre lograrían entrar en la habitación y la sacarían para llevarla al sacrificio, así que era inútil oponerse y tampoco quería dar lugar a habladurías dignas de la plebe. Al igual que Ifigenia, la hija de Agamenón, la heroína de Eurípides, una obra que ella había leído múltiples veces en su idioma original, decidió inmolarse, acatar la decisión de un padre implacable, aunque esta vez no fuera para contentar a los dioses, sino a un pequeño señor de Toledo.

Lo primero que hizo al conocer los planes de su progenitor fue llorar a lágrima viva en brazos de su esclava Zaida, su confidente, la mujer que siempre había estado a su lado, más incluso que su propia madre.

–Dijiste que me casaría con un rey... –le reprochó entre hipidos.

–Así es, mi niña. Lo dice tu mano.

Para confirmar sus palabras, la mujer asió su mano izquierda y pasó por la palma sus dedos, llenos de dibujos y signos extraños, pintados con henna.

–¿Lo ves? Aquí está, es la línea que aparece bajo lo dedos, la que señala el futuro de las doncellas. La tuya está limpia, es recta, y se pierde entre los dedos índice y corazón. ¿No ves cómo forma una corona en ese lugar? No tendrás más que un marido y será rey.

No era la primera vez que la esclava le decía palabras parecidas. En otras ocasiones, se había reído. Ella no creía en las adivinadoras ni en sus profecías, pero, a fin de cuentas, el propio don Fernando tenía en su corte a un mago visionario, el doctor Torralba, famoso por sus predicciones, en quien, según decían, el soberano tenía gran confianza, y tal vez..., tal vez Zaida tuviese un poco de razón. Aunque no fuera un rey, esperaba que, al menos, su futuro marido perteneciese a un linaje poderoso, que fuese su igual, pero a la vista estaba que no sería así.

Pensó en fugarse cuando ya no tuvo lágrimas para llorar, desaparecer de Granada para siempre, o en quitarse la vida, lanzándose al vacío desde un mirador del palacio. Durante unos momentos, se recreó con el pensamiento de su cadáver, vestido de blanco, a los pies de la muralla, y los remordimientos de su padre por obligarla a un casamiento indeseable. Pero enseguida la autocompasión dejó paso a la ira. Ella era una Mendoza y una Pacheco, descendiente de dos de los linajes más ilustres de Castilla, por sus venas corría la sangre más noble del reino y estaba emparentada con duques, marqueses, condes y cardenales. ¿Cómo se habían atrevido a prometerla a Juan de Padilla? No era sino hijo de un hidalgo segundón, sin título ni nobleza, no estaba a su altura, no era de su rango y, además, era un impertinente que había osado burlarse de ella. Cuanto más pensaba en ello, más furiosa se sentía. Se encerró en un mutismo absoluto y no volvió a dirigir la palabra a su padre, tampoco se interesó por los preparativos de la boda, a pesar de que su hermana mayor había viajado ex profeso desde Soria para ocuparse del acontecimiento, y se dejó probar el hermoso traje de novia, de seda blanca bordada con hilos de oro y mangas recamadas, sin tan siquiera dignarse a echar una ojeada al espejo.

Y ahora, sentada junto al hombre cuya vida compartiría a partir de entonces, se sentía la mujer más sola del mundo y la más infeliz. Pronto abandonaría para siempre la casa en la que había nacido, crecido y soñado. Allí quedarían enterrados recuerdos de una infancia venturosa, junto a su madre y sus hermanos, en un palacio de ensueño. Cerró los ojos y aspiró el aire con intensidad, intentando retener el olor a azahar de la segunda floración de los naranjos, las conversaciones repletas de supersticiones, leyendas y amores imposibles de las sirvientas moriscas, la hora de la siesta mecida por la suave brisa, el murmullo del agua de las fuentes, los poemas escritos por el poeta granadino Ben Mutarrif:

> Yo soy, como quieres y deseas,
> un amante apasionado, un poeta ilustre, noble, generoso.
> Cuando el dolor se prolonga,
> cuando la vigilia se apodera de mis párpados,
> mi propio sufrir me sirve de descanso.

–Os noto muy pensativa.

Le sobresaltó la voz de su ahora marido. Se había abstraído de su entorno, olvidado la razón del banquete, ignorando a los convidados; había volado libre durante unos instantes y miró sorprendida a Juan.

–Estáis muy hermosa –prosiguió él al no recibir respuesta–. Mejor dicho, sois muy hermosa.

María estuvo a punto de responder que, probablemente, los cuatro millones y medio de maravedíes aportados como dote al matrimonio tenían algo que ver con su apreciación. Quería ser mordaz, pero le pareció un comentario de mal gusto, inapropiado en una mujer de su clase, y permaneció callada.

–Espero tener la dicha de escuchar vuestra voz en algún momento –susurró él, colocando su mano sobre la de ella.

La joven retiró suavemente la mano, centrando su atención en el pedazo de pechuga de perdiz recubierta con salsa de fresas, a pesar de no tener ni pizca de hambre, y jugueteó, indolente, con el pequeño objeto de plata de dos puntas y mango de asta de cérvido, similar al tridente que el maestre de comidas utilizaba para sujetar la carne durante el corte. Su padre lo llamaba *forchetta* y lo había traído desde Italia, en donde, al parecer, hacía furor. Servía para pinchar la carne y evitaba mancharse las manos, pero observó que muchos de los invitados preferían utilizar, como siempre, los tres primeros dedos de la derecha, al estilo morisco. En ningún momento había mirado a su marido a la cara y estaba decidida a continuar así durante el resto de su vida.

La víspera se había visto obligada a asistir a una comida familiar en la que sus parientes y los Padilla habían compartido mesa y mantel; había conocido a su futuro suegro, cuñados, tíos, tías y demás parentela, aceptado regalos costosos por parte de todos y extendido su mano derecha para recibir un hermoso anillo con un rubí que su prometido introdujo en su dedo anular, pero no había abierto la boca.

–Está emocionada –escuchó decir a su padre para disculpar su silencio, dirigiéndose al padre del novio, Pedro López de Padilla.

–Yo más bien diría que está contrariada...

Miró al señor de Padilla y sus ojos se encontraron. Él le sonrió como dándole ánimos y ella agradeció el gesto, esbozando un inicio de sonrisa que no llegó a florecer.

Le gustó el caballero con quien apenas había intercambiado un saludo a su llegada. Tenía un porte digno y, a la vista estaba, no se sentía en absoluto amilanado por el esplendor del entorno, ni por hallarse ante el conde de Tendilla, embajador ante la

Santa Sede durante muchos años, sobrino del Gran Cardenal, tío del duque del Infantado y capitán general de Granada, títulos que hubieran impresionado a cualquier otro. Por un momento, pensó que tal vez su hijo se le pareciese, pero desechó tal idea. Un hombre que matrimoniaba por dinero no tenía derecho al menor respeto, al menos no por parte de ella. Siempre había soñado con que el hombre que la hiciera suya la conseguiría por medio de las armas, trepando por los altos muros de la fortaleza, luchando en lid contra otros caballeros, declarándole su amor con poéticas palabras. Recordaba muy bien la única vez que los dos habían intercambiado opiniones y también la forma como él había hablado de las mujeres en general y de ella en particular, señalando que sería un infierno vivir a su lado. «Eso es lo que será –se prometió, al tiempo que respondía al saludo de uno de sus primos–. Un infierno en el que se arrepentirá de haber entrado.»

Llegada la noche, su hermana y sus tías, otras damas y un montón de sirvientas, la acompañaron a la habitación dispuesta para la noche de bodas. Risueñas, hablaban en voz baja, en medio de risitas, sobre los goces del amor, los abrazos del amante, la virilidad del novio, la vela nupcial. Ella no quería pensar en ello, era parte de su sacrificio y, además, sentía una cierta aprensión. Las sirvientas moriscas hablaban sin ningún pudor de las relaciones entre hombres y mujeres, haciendo comentarios irónicos sobre el miembro masculino, su fuerza y tamaño. La verdad, no tenía gana alguna de hallarse en un lecho a solas con un desconocido y menos comprobar cómo eran sus atributos. La desnudaron, la vistieron con una camisa transparente de hilo en la que se marcaban sus pezones, pequeños y duros, cubriéndola después con una bata azul de terciopelo, cepillaron su cabello y perfumaron su cuello y sus muñecas con aceite de mirra. Así dispuesta, las vio salir en tropel y esperó con toda la dignidad de la que fue capaz, con la cabeza alta y los puños cerrados. Su padre, suegro, hermanos y cuñados entraron a su vez para desearle las buenas noches.

–Juan es un buen muchacho. Serás muy feliz junto a él –le susurró el conde al tiempo que la besaba en la frente.

Cerró los ojos y no respondió. Cuando los abrió, los parientes habían desaparecido y tenía delante de ella a Juan de Padilla, su marido.

–Venid, señora. Vuestra familia y la mía esperan que cumplamos con el compromiso que nos ha unido.

Se dejó llevar y no hizo ningún movimiento cuando él le quitó la bata, la cogió en brazos y la depositó sobre el lecho.

La despertó el trino de una alondra posada en un arbusto bajo el balcón. La luz entraba a raudales por el ventanal, reflejándose en las paredes estucadas con motivos caprichosos y caracteres árabes, pintados en rojo, oro y lapislázuli. Se entretuvo largo rato en la contemplación de los juegos de luces y brillos sobre los azulejos, maravillándose una vez más ante la exquisitez de la decoración, perfecta y armoniosa, y lamentó no conocer la lengua de los poetas cuyos versos estaban impresos en los muros. Giró la cabeza sobre la almohada y miró a Juan. Dormía un sueño profundo con la sonrisa en los labios, su rostro iluminado por la misma luz reflejada en los arabescos de la habitación, y lo observó con atención por primera vez. Tenía un rostro bello y sereno y parecía indefenso, diferente al hombre que la había hecho suya durante la noche, acariciando su cuerpo, besando sus labios, su cuello, sus pechos, despertando en ella sensaciones desconocidas y excitantes, provocando sus gemidos de dolor y gozo hasta que las velas se agotaron al igual que sus fuerzas. Sonrió. Le dolía todo el cuerpo, pero pensó que no le importaría volver a repetir aquella experiencia única, jamás imaginada. Como si hubiera escuchado sus deseos, Juan abrió los ojos en ese momento.

–Te quiero –dijo sin moverse–. Te he querido desde el primer momento en que te vi, hace ya casi un año. Eres la mujer más extraordinaria que he conocido y también la más bella.

Estuvo a punto de acurrucarse junto a él y pedirle que la amara una vez más, pero entonces recordó su propia promesa de la víspera, durante el banquete nupcial, y la sonrisa se borró de sus labios.

–Pues yo no os quiero a vos –respondió con frialdad, mirando al techo–. Este matrimonio es un contrato entre nuestras familias y lo acataré por respeto a mi padre. Podéis usar de mí si ello os place; os daré hijos ya que es mi obligación, pero no esperéis nada más de mí.

–Aprenderás a quererme, ya lo verás.

El joven pasó una mano por su cabello y por su cuello, acarició uno de sus pechos con tanta dulzura que María sintió erizarse su vello y tensarse de deseo todos los músculos de su cuerpo, aunque permaneció con la mirada en el techo y los labios apretados, dispuesta a no ceder.

–Me querrás porque el amor llama al amor y no hay ser humano que pueda resistirse. Hay suficiente amor en mí por los dos y no tengo prisa; esperaré a que vengas a mí, como el río va al mar y los rayos del sol llegan a la Tierra.

Dicho esto, Juan la besó en la boca, se levantó del lecho y se echó encima la bata de seda azul oscuro de Damasco, repleta de dibujos bordados con hilos de plata, regalo de su suegro.

–Voy a ver si encuentro mi ropa por alguna parte –le dijo, lanzándole una sonrisa–. ¡No estoy acostumbrado a moverme por palacios!

María lo vio salir de la habitación atónita y defraudada. Apenas había tenido tiempo de reaccionar y aún sentía la cálida mano sobre su pecho. Si él hubiera insistido sólo un poco más... Cerró los ojos, enfadada consigo misma, intentando poner sus pensamientos en orden, recordándose su promesa de mantenerse fría, y que ella estaba muy por encima de él en todos los aspectos: linaje, cultura, poder..., pero únicamente podía pensar en las caricias, los besos, las palabras de amor, el cuerpo desnudo de Juan, bello como el Apolo que el conde también se había traído de Italia, entre otras muchas cosas, y había mandado colocar en su habitación para hurtarlo a las miradas de sus hijos más jóvenes. Ella lo había contemplado, boquiabierta del asombro, en una ocasión en la cual había entrado en la habitación «prohibida» después de haber hecho una apuesta con su hermano Diego.

–¿Y bien, niña? ¿Estás bien? ¿Has tenido una noche feliz?

La voz de Zaida sonó como un aldabonazo en su cabeza, obligándola a abrir los ojos. La esclava estaba ante ella, portando una bandeja con un gran tazón de caldo y unos bollos de pasas recién hechos. La observaba con una sonrisa de oreja a oreja y la mirada cómplice de una mujer conocedora de los goces del lecho. Estuvo tentada de preguntarle si alguna vez había tenido una experiencia similar, si había sentido los brazos de un amante rodeando su talle y adentrándose en ella, si sus labios habían ansiado los de un hombre como ella ansiaba ahora los de Juan.

–Podría haber sido peor –respondió antes de beberse el caldo y mordisquear con ganas un bollo.

Aquella mañana, María tardó más de lo acostumbrado en prepararse. Rechazó todos los vestidos que Zaida le presentó, quejándose del color, de la hechura, de los adornos..., y se decidió, al fin, por uno sencillo de tonos verdes y rojos, mangas amplias y escote generoso, festoneado con una tira bordada y sujeto bajo el pecho por un cinturón adornado con el mismo dibujo del realce, que la morisca le pasó por encima de la camisa bordada. Después pidió a la mujer que le recogiese el cabello en un moño bajo y lo sujetase con una redecilla de hilos de oro y perlas, regalo de su hermana con motivo de la boda; se aplicó en el rostro polvos de harina de arroz para ocultar las ojeras producidas por la agitada noche y se contempló en el espejo. Nada había cambiado en su aspecto, pero ella se sentía distinta por dentro y por fuera.

Notó todas las miradas fijas en ella al reunirse con su familia y los invitados que se disponían a almorzar en uno de los jardines, resguardados del sol por amplias sombrillas, y sintió calor en sus mejillas muy a su pesar. Todos la recibieron con las mismas sonrisas satisfechas de Zaida al entrar en la habitación, los mismos guiños cómplices y las mismas preguntas interesándose por su salud. Ella se limitó a una inclinación de cabeza dirigida a los preguntones y deseó con todas sus fuerzas que se olvidaran de ella de una vez por todas.

Sentada entre su hermana mayor y una de sus primas, aparentemente atenta a la conversación de las dos mujeres y al plato de buñuelos de bacalao acompañados de una menestra de verduras que un sirviente había colocado delante de ella, lanzaba miradas furtivas a Juan, sentado enfrente suyo, entre su padre y su suegro. Había trocado la bata mora por una camisa blanca de lino abierta en el cuello y un sayo de color granate, también desabrochado debido al calor. Con el pelo castaño sobre sus hombros y demasiado largo para el gusto de la moda del momento, una sombra de barba, los ojos oscuros de mirada irónica que, de vez en cuando y como de pasada, se detenían en ella y la alegría de un joven a quien la vida sonreía, Juan de Padilla le pareció a María el hombre más atractivo de la reunión, si no el único. A duras penas pudo comer la costilla de cerdo asada, regada con jugo de miel, vinagre y pimienta, que había seguido a los buñuelos. Deseaba que llegara la noche, sentía un incesante cosquilleo en las palmas de sus manos y no podía dejar de agitar las piernas bajo la mesa, quería que las horas pasaran rápidas, que el sol se ocultara para poder estar de nuevo a solas con él.

–El infante Fernando sería el rey perfecto –le oyó decir.

–¿Por qué lo dices? –preguntó el conde, al tiempo que comía con los dedos un pedazo de costilla.

–Porque ha nacido y se ha criado en Castilla, es inteligente y noble y conoce al pueblo. Además su abuelo lo adora.

–Ésa no es una razón –terció Luis–. La ley es la ley y el heredero es don Carlos.

–El rey, don Fernando, y su hija, doña Juana, gozan de buena salud –sentenció don Íñigo, atacando un nuevo pedazo de costilla–. Esperad a que ellos ya no estén para repartiros el reino. Los jóvenes siempre estáis ansiosos de ocupar el lugar de vuestros mayores y no sabéis lo rápido que corre el tiempo. Antes de que os deis cuenta, estaréis como yo: calvo y sin dientes, aunque –meditó en voz alta– esta dentadura que me ha hecho un morisco suple con creces a la original y, cuando me molesta, me la quito y en paz.

Las palabras del conde provocaron los comentarios y risas de los comensales, y María aprovechó para levantar los ojos en dirección a Juan. El corazón le dio un vuelco al encontrarse con su mirada fija en ella y observar en sus labios un gesto a modo de beso. Se giró hacia su hermana para decirle lo primero que le vino a la cabeza y no volvió a mirarlo. Tampoco lo hizo durante el resto del día, ocupando su tiempo en jugar con su hermana Isabel o en bromear con sus hermanos y los primos Mendoza, llegados desde todos los puntos de la geografía castellana para el evento. Al caer la noche, se retiró con las demás mujeres, mientras los hombres alargaban la velada hablando de política y dando buena cuenta de la bien provista bodega del conde, pero las conversaciones femeninas le aburrían y se excusó pronto, alegando un cansancio que estaba lejos de sentir.

De nuevo, discutió con Zaida por la camisa de noche, y eligió finalmente una túnica morisca de seda turquesa sobre la cual resaltaba su cabello negro; despidió a la esclava y se acostó, nerviosa, esperando la llegada de Juan, quien no tardó en aparecer. Cerró los ojos, haciéndose la dormida, en cuanto oyó abrirse la puerta de la habitación y escuchó sus pasos. Aguantó sin abrirlos, sintiendo que él se aproximaba a la cama y la contemplaba a la luz del candil posado sobre la mesita de noche, pero los entreabrió cuando escuchó sus pisadas alejarse. Siguió sus movimientos en la penumbra mientras se desvestía, manteniendo la respiración y sintiendo que la excitación se apoderaba de ella al notar que subía a la cama y se acostaba a su lado. Esperó un rato, inmóvil, pero la ansiada caricia no llegó. Impaciente, rozó su cuerpo con la mano, como en un movimiento involuntario, pero él no respondió. Se había quedado dormido como un tronco, agotado por el ajetreo de las últimas jornadas.

Las siguientes transcurrieron de manera parecida. De día, los recién casados compartían su tiempo con los demás miembros de la familia y los invitados, quienes parecían no tener prisa en despedirse. El conde, como un pequeño soberano en su reino, estaba encantado al verse rodeado de personas a las que apreciaba y organizó actividades de lo más diversas, desde una caza de perdices hasta una justa al estilo antiguo en el patio más grande de la Alhambra, pasando por una competición de lanzamiento de aros y un juego de pelota en el que tomó personalmente parte o por una sesión de música interpretada por moriscos; era un gran aficionado a ese tipo de música, como, por otra parte, lo era a todos los aspectos culturales de al-Ándalus. Las comidas eran copiosas, las veladas se alargaban y todos se iban a sus habitaciones contentos y cansados.

Al igual que en su segunda noche de casada, María se retiraba antes que su marido, elegía camisas que ninguna dama cristiana hubiese osado vestir, se perfumaba con una mezcla de almizcle, aceite de rosas y canela llamada «elixir de amor», elaborada por la propia Zaida, y se hacía la dormida cuando él llegaba. Estaba decidida a provocar el deseo de Juan para, luego, darse el gusto de rechazarlo aduciendo una jaqueca o cualquier otro mal, pero él se acostaba a su lado y se dormía sin tan siquiera rozarla, lo cual la enfurecía. Una noche no pudo aguantarse y lo esperó sentada en la cama con un libro en las manos.

–Me alegro de encontrarte despierta –comentó él mientras comenzaba a desvestirse–. ¿Qué lees?

–Está escrito en latín, dudo que lo entendáis.

–Cierto –rió el joven–. Mi latín es más bien pobre, por no decir nulo, pero por ti sería capaz de volver a su estudio.

María hizo caso omiso de la galantería y pasó la página, centrándose en la poesía de Virgilio, su autor favorito, que en aquel momento le traía sin cuidado, ya que era incapaz de centrarse en ella.

–¿Qué lees? –repitió Juan, tumbándose a su lado.

–Poesía.

–¿Te gusta la poesía?

–Cualquier persona cultivada disfruta con ella, aunque dudo que vos seáis capaz de comprender la belleza que encierran algunos poemas.

Ojos garzos ha la niña,
¿quién los enamoraría?
Son tan bellos y tan vivos
que a todos tienen cautivos;
mas muéstralos tan esquivos
que roban el alegría.

Juan se detuvo sonriendo con picardía y besó la mano de María, paralizada por la sorpresa.

–Conoces la obra del maestro De la Encina –afirmó ésta, tuteándole por vez primera.

–Si quieres, puedo cantarte alguna de sus canciones de amor...

–¿También tocas el laúd?

–El tambor todo lo más, pero me acompaño con cierta gracia.

María se echó a reír y sus ojos se llenaron de estrellas.

–Me gusta tu risa...

Juan jugueteó con su cabello, enroscando un mechón en su dedo índice y llevándoselo después a la nariz.

–Me gusta tu olor..., el color de tu piel..., tu mentón altanero..., tus pechos pequeños y firmes...

La acariciaba a medida que hablaba y la joven se sintió perdida, olvidó su propósito de mantenerse distante, su cuerpo respondió a la llamada con la misma premura que el hambriento se lanza sobre una mesa repleta de viandas y se hundió en un mar de sensaciones gozosas.

Unos días más tarde, tras agradecer efusivamente la hospitalidad de don Íñigo de Mendoza y de su familia, los invitados comenzaron a abandonar el lugar, se aparejaron carruajes y carros, se hicieron promesas para un pronto reencuentro y la calma volvió al palacio de Yūsuf después de varias semanas de agitación. Don Gutierre López de Padilla fue uno de los últimos en despedirse. Deseaba continuar prohijando a su sobrino y propuso a Juan su nombramiento como alcaide de la fortaleza de Martos, en Jaén, propiedad de la orden de Calatrava, pero el conde se opuso con vehemencia.

–No me malinterpretéis, amigo mío –dijo, echando el brazo por encima del hombro del comendador en un gesto amistoso poco habitual en él–. Juan es ahora mi hijo y es mi deber y mi gusto ocuparme de su futuro. Estoy de acuerdo con vos en que precisa alguna experiencia militar, pero Martos es, perdonadme, una fortaleza pequeña sin apenas actividad. ¿No os parecería más apropiada la de Cazorla? Está en una posición estratégica y tendría a doscientos hombres bajo sus órdenes, suficientes para ejercitarse en las artes del mando durante una temporada.

Don Gutierre, aunque algo herido en su amor propio, tuvo que reconocer que el suegro de su sobrino tenía razón. Cazorla era una encomienda más importante que Martos y sus alcaides habían escalado posiciones hacia mejores destinos después de haber pasado algún tiempo allí. Los dos hombres estuvieron, por tanto, de acuerdo en enviar a Juan a la sierra de Jaén para que diera sus primeros pasos como capitán del ejército.

–¿Vendrás conmigo?

El nuevo y flamante alcaide se encontraba junto a su mujer paseando por el jardín de Lindareja, antiguo lugar de esparcimiento de las ocupantes del harén, uno de los rincones más evocadores del palacio nazarí. Después de su segundo encuentro amoroso, María había vuelto a las andadas, evitando el contacto físico con Juan. No sabía muy bien por qué razón obraba de aquella manera. Tenía claro que él la atraía más y más cada día, lo buscaba con la mirada; le encantaba sentirlo a su lado por las noches, escuchar su respiración, oír su voz; su corazón galopaba cuando sus cuerpos se rozaban accidentalmente, pero... no podía quitarse de la cabeza el modo en el que su padre había concertado su matrimonio con un hombre de calidad inferior, sin derecho a utilizar el *don* antes de su nombre. Su hermana era condesa y sus primas también tenían títulos, ¿por qué ella no? Estaba condenada a ser la mujer de un hidalgo de segunda categoría el resto de su vida, y este pensamiento la ponía enferma.

–¿Qué haría yo allí, entre soldados y cabras? –preguntó con cierto desdén.

–Estaríamos juntos en un nido de águilas y nos amaríamos sobre un lecho de hierba bajo un cielo estrellado...

–Si eso es todo lo que tenéis para ofrecerme, prefiero mis aposentos aquí.

–¿No me amas ni siquiera un poco? La última vez que me permitiste acercarme a ti, creía que...

–Creíais mal –le interrumpió ella mirándolo de arriba abajo–. Sólo cumplía con mi deber de esposa.

–No quiero que hagas el amor conmigo por deber.

–No sé hacerlo de otra manera y –añadió mordaz– tampoco tengo la intención de aprender. Así que idos vos solo a ese nido de águilas del que habláis y procurad que no os atrapen con sus garras.

–¡Y tú quédate aquí sola como una dueña, vieja y amargada!

–exclamó él, levantándole por primera vez la voz–. Sé que te haces la dormida cuando acudo al lecho, no serías capaz de engañar a un niño. No pienso mendigar más tu cariño ni regresar hasta que me llames.

–No lo haré.

–¡Peor para ti!

Aquella noche Juan no fue a la habitación y María acabó durmiéndose, entre sollozos, maldiciendo el orgullo que le hacía actuar como una tonta. Supo que él había partido temprano por la mañana del día siguiente cuando bajó para el almuerzo.

–Me ha dicho Juan que prefiere que te quedes aquí. La sierra no es lugar apropiado para una dama –le informó el conde–. Es un joven sensato y estoy de acuerdo con él. Tú no serías capaz de vivir en el campo, has sido mimada en exceso.

No dijo nada. Seguía resentida con su padre, limitándose a dirigirle la palabra cuando no tenía más remedio y decidida a continuar igual, aunque estuvo a punto de romper su silencio y decirle que ella podría vivir como una campesina, llevar una vida de soldado y disparar un arcabuz o una ballesta si fuera preciso, cabalgar horas enteras sin desfallecer y batirse con quien pusiera en duda su valor, pero que era incapaz de aceptar, libre de perjuicios, al hombre que compartía su vida por orden suya. A partir de aquel momento, se acostumbró a sentarse en uno de los miradores del ala este, desde donde se divisaba el camino de Jaén, esperando ver aparecer a Juan en cualquier momento. Pasaba las horas muertas intentando leer, mejorar su habilidad con el laúd o incluso bordar, pero todas las actividades la aburrían y se cansaba enseguida. Se asomaba cada dos por tres para ver mejor el camino, enviaba a Zaida para que la informara cada vez que avistaba un jinete por el camino y se impacientaba a medida que pasaban los días y no había noticias de él.

Una mañana se despertó mareada en medio de enormes arcadas y apenas tuvo tiempo de coger la bacina para vomitar en ella. Llevaba algún tiempo sintiéndose indispuesta, pero lo achacó a la ingesta de carne de caza algo pasada y al abuso de las especias, y no habló de ello con nadie. Aquel brusco despertar la puso en alerta y Zaida se lo confirmó poco después.

–Esperas un hijo.

–¿Cómo lo sabes? No eres tú la que se siente a punto de morir.

La esclava se echó a reír.

–Nueve de cada diez mujeres se sienten tan mal como tú en los primeros meses del embarazo. ¡Pronto habrá un miembro más en esta familia! El señor de Padilla se sentirá muy feliz y el señor conde también.

Le encolerizó la mención del hombre causante de su estado, del marido desconsiderado que llevaba casi dos meses sin dar señales de vida, del insolente que la había llamado dueña vieja y amargada, y decidió en aquel momento no comunicar la noticia hasta que la evidencia fuera demasiado clara como para poder ocultarla.

–Ni una palabra, ¿me oyes? No dirás ni una palabra de esto a nadie.

–Pero, niña...

–¡Ni una palabra!

Fue el propio conde quien envió un mensajero a su yerno cuando María hubo de quedarse en la cama por prescripción del médico. Faltaba más de un mes para el alumbramiento, pero los dolores eran tan intensos que la joven no podía dar un paso sin doblarse sobre sí misma y sentir desgarrarse sus entrañas.

Desde su marcha, Juan sólo había vuelto a Granada una vez para hablar con su suegro sobre asuntos militares y con la intención de regresar ese mismo día a Cazorla. María apenas había engordado y, de todos modos, las amplias vestiduras moriscas que los suyos, incluido su padre, utilizaban con gusto habitualmente, no permitían apreciar los signos de la preñez. La pareja sólo se reunió a la hora del almuerzo, acompañada de otros miembros de la familia.

–Te veo ojerosa –le dijo él al oído en un momento de la comida, añadiendo risueño–: ¿no será que me echas en falta?

–Os aseguro que vuestra ausencia no me quita el sueño, señor de Padilla –respondió ella en un susurro, pero en el tono glacial de los Mendoza cuando querían dejar claras las distancias que los separaban de sus interlocutores.

–¿Estás segura de que no notas mi ausencia en tu lecho? Podría quedarme unos días en Granada, si así lo quieres... –insistió Juan, rozándola con la pantorrilla.

Ella retiró su pierna y se giró hacia su hermano Antonio, que en aquel momento se hallaba explicando el uso de un nuevo artilugio inventado por él mismo para cazar liebres. No volvieron a hablar y, a media tarde, Juan emprendió el regreso a la fortaleza de la sierra. María lo vio partir desde el mirador maldiciendo una vez más el orgullo que le impedía decirle lo mucho que lo añoraba, que no dejaba de pensar en él y que, incluso, dormida soñaba que se hallaba de nuevo entre sus brazos.

Cuando ya no pudo ocultar el embarazo, partió hacia el mar en compañía de Zaida y un par de sirvientes, después de haber insinuado a todo el mundo, incluido el médico, que los aires de la costa le vendrían bien para recuperar el apetito. Su aspecto demacrado, las grandes ojeras que bordeaban sus ojos y un ataque de asma que la mantuvo en cama durante cerca de una semana fueron evidencias más que suficientes para convencer a su familia. Su padre poseía el pequeño pueblo de Salobreña, en donde tenía una casa, antigua propiedad de un señor musulmán, situada encima de una loma desde donde podían contemplarse las puestas de sol. Permanecía en una terracilla, tumbada sobre una silla larga, viendo cómo la gran bola de fuego iba desapareciendo poco a poco, tragada por las aguas del mar, mientras el cielo se volvía rojo y las estrellas, lejanos destellos de luz, comenzaban a asomar tímidamente.

No mejoró. A pesar del aire marítimo, los caldos de ruda y los purés de hojas de acedera que Zaida se empeñaba en hacerle tomar, perdió las pocas fuerzas que le quedaban y estuvo segura de su próxima muerte. Se imaginó a Juan velando su cuerpo, llorando desesperado, desvalido como un niño huérfano, y juró a Dios que, si mejoraba, nada ni nadie volvería a separarlos. Cuando comenzaron los dolores, la esclava no lo pensó dos veces, ordenó aparejar el carruaje e, ignorando las protestas de su ama, la llevó de vuelta a la Alhambra. No era sólo preocupación por la salud de María, a quien adoraba, sino también por la suya propia. Ella sería la única responsable si algo grave ocurría, el conde no le perdonaría haber estado al corriente del estado de su hija y no haberlo comunicado. Podría incluso acusarla de haber intentado asesinarla. La vida de una esclava valía menos que un saco de cebada para la comida de los caballos, pero era lo único que ella tenía y pensaba conservarla.

Tras un primer examen, don Álvaro Cervera, galeno de la familia Mendoza, confirmó que, en efecto, había problemas, algo que hizo fruncir el ceño al conde de Tendilla y mascullar, enojado, que no hacía falta ser físico para emitir dicho dictamen puesto que hasta él mismo estaba en condiciones de aseverarlo a la vista del aspecto y los dolores de su hija.

–Puede que pierda la criatura que lleva dentro –aseguró el médico en tono docto.

–¿Y ella?

–Su estado no augura nada bueno... –replicó don Álvaro con cautela.

–Consultad a vuestros colegas, traed, si es preciso, a los mejores médicos de Castilla, buscad a las más experimentadas parteras moriscas de la región, pero salvadla. De lo contrario, me encargaré personalmente de vos y os enviaré a cuidar de mis rebaños de cabras.

Don Íñigo abandonó la estancia con paso firme, a pesar del dolor que le producía el reuma en su pierna derecha, dejando al físico aturdido por la enorme responsabilidad y, sobre todo, por la amenaza que, estaba seguro, su señor cumpliría. El conde, por su parte, se encerró en su escritorio hasta la hora de cenar y ordenó no ser molestado por ningún motivo. Los recuerdos volvían a su mente y no le gustaban. Su primera esposa, su querida prima Marina a quien había amado apasionadamente, había muerto embarazada, y Francisca, al dar a luz a la pequeña Isabel. A nada que cerrase los ojos, podía ver de nuevo sus rostros vacíos de sangre, blancos como el mármol. Estaba acostumbrado a enfrentarse a la muerte de tú a tú, contemplar los campos repletos de cadáveres, matar y correr el riesgo de ser muerto, pero le parecía absurdo perder la vida por dársela a otro ser. Se alegraba de ser hombre y no arriesgarse a un final tan injusto e insignificante. Sus pensamientos pasaron de sus difuntas esposas a su hija y su puño cayó con furia sobre la mesa. ¡Era la persona más tozuda de la familia! Más incluso que su abuelo Villena, que ya era decir. Había ocultado su embarazo a todos menos a su esclava. Si algo le ocurría, ordenaría dar cien latigazos a la mujer y echarla a los perros. ¿Y Juan? Era imposible que él no conociese el estado de María, ¿o sí? Únicamente había regresado de Cazorla una vez en todos aquellos meses y su hija no había mostrado un entusiasmo particular ni parecía haberlo echado de menos. Conociéndola, era muy capaz de haber ocultado su preñez a su marido.

–¡Aún está resentida! –exclamó en voz alta.

Sin embargo, al día siguiente de la boda, los vio a ambos tan jóvenes y hermosos que estuvo seguro de que su decisión había sido la acertada. La serenidad de su yerno sería el contrapeso ideal a los ímpetus de María, aunque tal vez se había equivocado. Cogió un pliego de papel y escribió una nota dirigida a Juan, ordenándole presentarse en Granada en cuanto la recibiese. Omitió decirle nada sobre la situación y sus causas y envió a un mensajero con el encargo de regresar acompañado por el alcaide de Cazorla esa misma noche. El joven llegó cuando aún no había amanecido y su suegro le puso al corriente sin ocultar detalle en cuanto a lo difícil del momento. Corrió por los pasillos hasta llegar a la habitación de María, deteniéndose antes de entrar, sin atreverse a abrir la puerta. Estaba aterrorizado ante la sola idea de perder a aquella criatura insoportable a la que amaba más que a su propia vida.

Al amanecer, el día lo pilló sentado a la cabecera de su mujer, asiendo su mano y rogando por ella. María dormía plácidamente gracias a la dosis de láudano suministrado por el médico a quien él había obligado a retirarse a descansar. El hombre presentaba un aspecto casi más lastimoso que la propia enferma y le dio pena. Además quería estar a solas con ella y despidió a las sirvientas y también a Zaida, que no se había separado ni un momento de su señora.

–Si mueres, si me abandonas, no te lo perdonaré en lo que me quede de vida. Te maldeciré hasta el día de mi muerte y jamás podrás descansar en paz. Te lo juro –musitó, sin poder retener las lágrimas cuando el primer rayo de sol se posó en el pálido rostro de María.

–Tendrás que ir a confesarte por tus malas intenciones...

La joven había abierto los ojos y lo miraba con una sonrisa y los ojos húmedos.

–Ahora que estás aquí, sé que me pondré buena, pero el niño...

–Shhh..., no pienses en él. Tendremos más, ya lo verás, y serán igual de tercos que su madre.

–Prefiero que sean como tú. Dame calor, amor, acuéstate a mi lado.

Cuando Zaida entró en el cuarto algo más tarde, los encontró dormidos uno en brazos del otro y sonrió emocionada. Salió sin meter ruido, cerró la puerta y se plantó delante, dispuesta a no dejar pasar a nadie, ni al propio conde, aunque la vida le fuera en ello.

Diciembre de 1517

Habían transcurrido ya seis años desde su boda y el tiempo no había hecho sino reafirmar la solidez de una relación que tan mal había comenzado.

A María le llevó semanas recobrarse tras el parto y la pérdida del hijo esperado, un varón nacido muerto. Además de las secuelas físicas, tardó en recuperarse de las psíquicas y del sentimiento de culpabilidad que la acosó durante muchos meses. No podía evitar pensar que si ella no hubiera sido tan testaruda, si no se hubiese negado a revelar su estado, el médico, tal vez, hubiera podido hacer algo por el niño. También se sentía culpable respecto a Juan, a quien había privado de los goces de la paternidad, pero él había hecho borrón y cuenta nueva y en ningún momento quiso oír nada al respecto ni le reprochó su proceder. Muy al contrario. Durante su convalecencia, no pasó una semana en la que él no recorriera a galope tendido la distancia entre Cazorla y Granada para estar a su lado, tumbarse a su vera, cogerle la mano y hablar del futuro que a ambos esperaba. Le parecía mentira que un hombre tan serio y parco en público fuera capaz de encontrar poéticas palabras para expresarle su amor, bajar a la medina para comprarle un par de zarcillos o aguantar estoicamente la lectura en latín o griego de un texto clásico que luego ella le traducía. En cuanto estuvo totalmente recuperada, marchó con él a la fortaleza de la sierra para vivir a su lado en el «nido de águilas», a pesar de la oposición de su padre, contrario a que las mujeres compartieran la vida de la soldadesca. El conde, sin embargo, quería a su yerno como a un hijo y no podía sino sentirse orgulloso de sí mismo, pues el tiempo le había dado la razón: María había encontrado en Juan la horma de su zapato, su compañía había dulcificado su carácter e, incluso, había vuelto a dirigirle la palabra, comportándose con él como toda hija debía hacerlo con un padre.

Durante los siguientes cuatro años la pareja vivió su amor con intensidad. Andalucía estaba en calma desde las últimas revueltas de los moriscos y ningún enemigo amenazaba ya sus fronteras, aunque aún se temían incursiones por los alrededores y se mantenía el estado de alerta. El nido de águilas de Juan resultó ser uno de halcones rodeado de montañas, bosques y cerros cubiertos de olivos. La cetrería era uno de los entretenimientos de los moradores del castillo, llamado de las Cuatro Esquinas por su forma, o también de la Yedra por la gran cantidad de esta hierba que trepaba por su torre, y pronto María se convirtió en una experta en el viejo arte, igualando en habilidad al maestro cetrero que disfrutaba enseñándole sus secretos. Se sentía feliz y libre, aunque allí no gozase de comodidades y su compañía fueran soldados, campesinos y algunos pequeños hidalgos cuyas familias habitaban la zona desde la reconquista de la región un par de siglos atrás, pero a ella le daba igual. No necesitaba a nadie, sólo a Juan. Cabalgaban juntos, paseaban por los alrededores, contemplaban las noches estrelladas desde las almenas de la fortaleza y hacían el amor seguros de disponer de todo el tiempo del mundo. Incluso había mejorado la salud de la joven y no había vuelto a sufrir ninguna crisis.

Iban a menudo a Granada, pero regresaban a los pocos días, ansiosos por encontrarse de nuevo a solas en su cobijo de las montañas. En el hermoso palacio nazarí había demasiada gente, demasiados sirvientes, horarios y protocolos; estaban obligados a hacer vida social y familiar y a mantener largas sobremesas en las cuales la política era el tema principal de las conversaciones. Sin embargo, y en contra de sus deseos, María hubo de permanecer allí al saberse embarazada de nuevo. Juan fue tajante al respecto y no se dejó impresionar ni por su enfado ni por sus ruegos y su padre llegó a amenazarla con ponerle una escolta de día y de noche si persistía en su propósito de regresar a Cazorla.

–Vendré a verte todas las semanas, amor mío –le prometió su marido, dulcificando el tono de su voz para convencerla–. Temo por ti y no quiero que corras ningún peligro..., y tampoco nuestro hijo.

La velada mención al hijo malogrado hizo el milagro y su enfado desapareció como por ensalmo; aceptó quedarse en la Alhambra y someterse sin discutir a los consejos del médico. Aprovechó su ociosidad para leer los libros de la biblioteca, tomar apuntes y discutir con su hermano Diego sobre los diálogos de Platón, en especial *La República* del filósofo griego, en la cual, a pesar de los siglos transcurridos, se vertían conceptos absolutamente innovadores para la mentalidad de la época.

–Es pura utopía –afirmaba su hermano–. La idea de un gobierno del pueblo para el pueblo sería posible si todos los ciudadanos fueran iguales en cuanto a riquezas y cultura.

–Nunca lo serán si quienes más poseen no hacen nada para cambiar las cosas –respondía ella, animada por el gusto de la discusión.

–¿Y por qué habrían de hacerlo?

–Para lograr una sociedad más justa. Todo el mundo debería tener acceso a la cultura.

–La cultura cuesta una fortuna. ¿Quién pagaría su costo? ¿Tú?

–¿Te parece justo que algunos tengamos tanto y otros no tengan nada?

–No soy yo quien ha hecho las reglas del juego. El mundo es como es y alguna razón habrá para que así sea.

A María le encantaba hablar con Diego. Era el más inteligente de todos sus hermanos y el más sensible también. Al igual que ella, hablaba latín y griego, dominaba el italiano y, además, el árabe. Aunque no se quedase atrás a la hora de demostrar su fuerza y su dominio de las armas, sacando en dichas ocasiones el genio impetuoso de los Mendoza, volcaba su naturaleza más íntima en la poesía y ella estaba segura de que algún día llegaría a ser un escritor reconocido.

Como había prometido, Juan aparecía en Granada todas las semanas y, a veces, permanecía junto a ella durante varios días. Su vientre engordaba y nada hacía presagiar que las cosas se torcieran. Los dos hacían planes para la criatura y esperaban anhelantes el nacimiento que tendría lugar a finales de la primavera. Su hijo nacería durante la eclosión de la naturaleza, cuando los polluelos salían de sus cascarones, brotaban las flores y los árboles se vestían de verde. María hizo prometer a su marido que después del parto se irían unos días a la casita de Salobreña, ellos tres solos y Zaida. La esclava no dejaba de untarle el vientre con aceites aromáticos para evitarle estrías, le daba masajes y se empeñaba en supervisar ella misma su alimentación; ponía buen cuidado en que los productos utilizados fueran frescos y desterraba del menú todo aquello que consideraba nocivo, empezando por el cerdo y sus derivados y siguiendo por la caza, a la que tan aficionados eran todos los Mendoza. Parecía ser ella la embarazada y no su ama. Ésta y Juan se reían de sus aprensiones, pero le permitían hacer a su gusto, pues sabían que, en el fondo, únicamente le guiaba el cariño que sentía por María.

El niño nació en las fechas previstas para gran regocijo de sus padres. Cumpliendo su promesa, un par de meses más tarde, Juan, María, Zaida y el recién nacido, al que pusieron de nombre Pedro en honor a su abuelo paterno –no sin escuchar alguna recriminación por parte del materno, quien opinaba que Íñigo era un nombre excelente para su nieto–, disfrutaron de un par de semanas en Salobreña antes de regresar a Cazorla.

Luego, las cosas comenzaron a torcerse. Don Íñigo de Mendoza, ahora también primer marqués de Mondéjar, leal hasta la médula al rey Fernando el Católico, conocía los deseos del monarca de que el sucesor fuera el menor de sus nietos, pero era un hombre respetuoso con la ley y ésta decía que el heredero debía ser el primogénito. Su hijo Luis lo tenía más claro y optaba sin dudas por don Carlos. En una de las visitas de los Padilla, Juan y su cuñado discutieron como nunca antes lo habían hecho porque el primero era firme partidario de doña Juana y del infante don Fernando. Las palabras rozaron la ofensa y este hecho trajo consigo dos consecuencias graves: avinagró el buen entendimiento familiar existente hasta el momento y los Mendoza, por boca de Luis, se opusieron al nombramiento de Juan como adelantado de Cazorla, un puesto solicitado para él por su tío, el comendador, al arzobispado de Toledo, dueño del enclave. A pesar del mucho aprecio que sentía por su yerno, don Íñigo no movió un dedo a su favor.

El que fuera vencedor de Granada se hallaba gravemente enfermo y estaba en aquellos momentos más ocupado en poner su alma en paz, redactar su testamento y dejar los asuntos de la familia en orden que en tratar de limar asperezas entre su hijo y su yerno. Murió en el mes de julio, sobrepasados los setenta años de edad, seis meses antes que el rey a quien tan bien había servido a lo largo de su vida. Don Fernando falleció en Extremadura en el mes de enero de 1516, debido, según los mentideros de la Corte, a la gran ingesta de testículos de toro y otros remedios que su segunda esposa, doña Germana de Foix, le hizo ingerir para aumentar su potencia sexual, ya oxidada por la edad y los achaques, y poder concebir un hijo a quien legar Aragón.

Luis Hurtado de Mendoza, segundo marqués de Mondéjar y tercer conde de Tendilla, heredó el cargo como alcaide de la Alhambra y recibió la mayor parte de la inmensa fortuna de su padre, lo cual no dejó de provocar ciertos resquemores entre él y sus hermanos. La muerte de don Fernando avivó de nuevo las discusiones entre los dos cuñados a cuenta de la sucesión, lo cual reforzó la decisión del nuevo marqués de impedir el acceso de Juan al cargo de adelantado de Cazorla por dudar de su lealtad hacia el futuro rey, el príncipe Carlos. Finalmente, Juan aceptó el puesto de regidor y capitán del primer Regimiento de Toledo, en sustitución de su padre quien, debido a la edad, había decidido retirarse de la cosa pública.

Apenas un año después de la muerte de don Íñigo, los Padilla empacaron sus pertenencias y abandonaron las tierras andaluzas. Una caravana formada por varios coches de caballos con pasajeros y carromatos repletos de enseres tomó la ruta de Córdoba y, de allí, a Toledo. Tiempo después, María recordaría aquellas jornadas como las más felices de su vida. Montoro, Almodóvar, Ciudad Real... fueron otras tantas etapas llenas de encanto. Era la primera vez que viajaba fuera de Andalucía y provocaba las sonrisas de sus acompañantes con sus comentarios y sorprendidas exclamaciones. Obligaba a detenerse a la comitiva en lo alto de un cerro para contemplar un paisaje o en un pequeño pueblo para recorrer sus callejuelas, entrar en su iglesia o hablar con sus habitantes. También se detuvieron durante unos días en Mascaraque, a media jornada de Toledo, donde la familia Padilla poseía tierras y un pequeño castillo. Desde allí se divisaban los trigales de La Mancha. A María las enormes extensiones de tierra dorada le recordaron, de alguna manera, el mar de su tierra cuya superficie resplandecía los días de sol y lo tuvo como un buen presagio de su vida futura. La joven era feliz, inmensamente feliz, junto a su marido y el pequeño, fruto de sus amores. Se perdía en la mirada enamorada de Juan, entregándose a él por completo, amándolo con todas sus fuerzas, con la misma intensidad con la que hacía las cosas desde niña, olvidando que en algún momento lo hubiera despreciado al no considerarlo su igual.

Descubrió Toledo iluminada por las luces del atardecer y, por una vez, permaneció callada, mientras el carruaje penetraba en la ciudad a través del puente de Alcántara y ascendía por calles empedradas, flanqueadas por hermosas casas con escudos en las fachadas. Sus ojos no perdían detalle, intentando retener en la retina la imagen de palacios, iglesias y conventos, arcos, esbeltos puentecillos bajo los cuales pasaban, plazas en las que los tenderos recogían ya sus puestos, los corrillos de mujeres entretenidas junto a los aljibes a la espera de llenar con agua sus cántaros, los niños, tan parecidos y al mismo tiempo tan diferentes a los morenillos granadinos. Quería detener el vehículo, apearse y caminar por su nueva ciudad para conocer todos sus rincones.

–Tendrás todo el tiempo del mundo para conocerla –afirmó Juan mientras le señalaba el alcázar, la catedral, la iglesia de Santa Leocadia, la de San Román, el convento de San Clemente...

Llegaron finalmente a una plazuela diminuta, encastrada entre varios caserones, y el carruaje se detuvo.

–Éste será desde ahora tu hogar –le indicó su marido, mientras la ayudaba a apearse del carruaje y le mostraba el edificio.

María sintió un pequeño pellizco de desilusión. La casa de su amado, el lugar donde crecería Pedro, nacerían sus otros hijos y ella pasaría el resto de su existencia, no era sino una torre de piedra, más propia de un fortín militar que de un hogar, y varios edificios más adosados. Nada parecido a los exuberantes y coloridos palacios en los que se había criado. Todo lo contrario:

era un edificio austero, casi lúgubre, con unas pocas ventanas enrejadas al exterior, desprovisto de adornos, sin flores, con el desconchado escudo de los Padilla encima de la puerta principal. Miró a Juan y sonrió al constatar que su marido esperaba una reacción favorable por su parte. Parecía muy orgulloso de su propiedad y deseaba que ella también lo estuviese. Aunque venidos a menos y sin cargos importantes en la Corte, los Padilla no habían olvidado que descendían de don Juan Fernández de Padilla, gran señor de Soria, miembro de una de las familias más antiguas de Castilla.

«¡No hay nada que unas macetas con flores y una buena capa de cal no puedan cambiar!», se dijo la joven para darse ánimos, entrando en la casa con paso firme y decidida a hacer de aquel oscuro caserón un lugar alegre y lleno de vida.

Durante los siguientes meses, se dedicó febrilmente a transformar su nuevo hogar, un ala del conjunto propiedad de su suegro, contagiando su entusiasmo a sirvientes y proveedores. Incluso Juan, poco dado a cambios extravagantes en sus costumbres, participó en la pequeña revolución doméstica organizada por su mujer, dando su opinión o acompañándola a visitar a algunos comerciantes. No se encaló la fachada –algo más propio de casas de campesinos que de hidalgos–, pero las ventanas enrejadas se llenaron de geranios reventones, provocando comentarios entre sus vecinos que no sabían si aprobar o no un gasto, en su opinión, superfluo. Se lustraron las maderas, saneándose y barnizándose las vigas de roble del alero y encerándose suelos y barandillas; se abrillantaron hasta parecer de oro, rejas, herrajes, argollas para los caballos y demás hierros de ventanas, puertas y muros y un maestro cantero fue llamado para reparar el escudo de la fachada. El espartano interior de la vivienda ocupada por la pareja sufrió un cambio parecido. María sustituyó algunos de los viejos muebles sin gracia por otros traídos de Andalucía y adquirió algunos nuevos de talla castellana; ordenó quemar los viejos colchones de paja, colocando en su lugar unos nuevos rellenos de lana; hizo tapizar algunos de los salones con telas importadas de Flandes y compró mullidas alfombras árabes y pesados cortinones para paliar de alguna manera el frío que los braseros no podían combatir durante el gélido invierno toledano. También se ocupó del patio, al cual se abrían las habitaciones, convirtiéndolo en un pequeño vergel repleto de macetas floridas y plantas en cuyo centro mandó construir un diminuto estanque de agua estancada que, aunque mucho más sencillo, le recordaría los de los maravillosos jardines de sus correrías infantiles. No descansó hasta tenerlo todo a su capricho.

–¿Te gusta? –le preguntó a Juan el día en que lo obligó a acompañarla por toda la casa, señalándole los cambios de su propia habitación.

–Tú sí que me gustas –respondió el joven, asiendo su cintura y besando sus labios–. Te deseo –susurró anhelante.

–Pues tendrás que refrenar tus deseos...

–¿Y eso?

–Porque no es decente que una mujer mantenga relaciones durante la preñez –dijo ella, separándose de él y mostrando una sonrisa divertida.

Juan la observó en silencio mientras ella continuaba explicándole la procedencia del tapizado bordado instalado en la pared o la arqueta adquirida en casa de maese Tomás como un favor especial. Un rayo de sol penetraba por la ventana, jugueteando travieso con las ondas de su largo cabello suelto que, a veces, parecía azul y otras negro, como una noche sin luna.

–¿Es cierto? –preguntó él en un momento en que María detuvo su explicación para colocar bien un pliegue de las cortinas del lecho.

–Sí. Maese Tomás es el mejor ebanista de Zocodover y había prometido la arqueta a doña Teresa, la mujer de Hernando de Ribadeneira, pero –sonrió con picardía–, al final, me la ha vendido a mí.

–Ven aquí –le ordenó Juan.

–Pero no he pagado ni un medio excelente más por el...

–Ven aquí, te digo.

María se aproximó a su marido, sorprendida por el tono severo de su voz.

–¿Es cierto que esperas un hijo?

–Sí, creo..., son ya dos faltas...

Juan la atrajo hacia él y la besó; después, le desabrochó el vestido que cayó a sus pies, soltó con infinita paciencia los lazos de su camisa interior mientras besaba su cuello y sus hombros y la tendió suavemente sobre el lecho, desnudándose él a continuación y tumbándose a su lado.

–Ya te he dicho que no es decente...

–¿Lo sabe alguien más?

–No, pero aun así...

Calló, cerrando los ojos, dejándose llevar por el placer, sintiendo que todos los poros de su piel se abrían al deseo, incapaz de resistirse a las caricias de su enamorado.

–Las comadres y los curas dicen que...

Los labios de Juan sellaron los suyos y, una vez más, María *la Brava*, la rebelde hija del conde de Tendilla, rendida en cuerpo y alma, se entregó al amor.

El embarazo no fue tal sino una falsa alarma, pero no constituyó motivo de pena. Pedro se criaba sano y el doctor Cervera había dejado bien claro que, a pesar de su estrechez, la señora de Padilla podría alumbrar de nuevo sin problemas.

La joven, instruida pero inmadura en las cosas de la vida, se había transformado en una mujer de veintiún años, cuya cultura excepcional, belleza y elegancia eran admiradas por toda la buena sociedad toledana. Su parentesco con los Grandes Mendoza y Pacheco de Villena no dejaban a nadie impasible y las puertas de palacios y casonas se abrieron de inmediato para ella y para su marido. Eran invitados a comidas y celebraciones en las cuales ella era el centro de las miradas, la compañía deseada por todos y, en especial, por algunos deseosos de medrar, a la espera de un gesto de su parte para solicitarle una nota o unas palabras dirigidas a alguno de sus poderosos parientes.

Poco después de su llegada, entabló amistad con varias señoras del barrio de Santa Leocadia, en especial con doña Sancha de Guzmán, esposa de un primo segundo de ella, don Garcilaso de la Vega, antiguo embajador en Italia al igual que su padre y asimismo sobrino nieto del marqués de Santillana, cuyas casas estaban situadas frente a las de Padilla. Doña Sancha también era prima de su difunta suegra, así que podía decirse que las dos eran parientes por partida doble y, de hecho, dos hijos de la dama, Pedro y Garcilaso, eran íntimos amigos de Juan y de su hermano Gutierre. Bastante mayor que María como para ser su madre, era una mujer extraordinaria, de carácter animoso y fuerte y, especialmente, muy culta, al igual que lo era su hija Leonor. Mantenía un salón dirigido exclusivamente a mujeres instruidas y no tardó en invitarla a aquellos encuentros en los que las últimas tendencias literarias y musicales, la historia y los asuntos de la política eran temas comunes de conversación. María descubrió así que en Toledo vivían mujeres que, como ella, poseían una gran formación intelectual, eran grandes lectoras, versadas en las teorías humanísticas, y tenían ideas propias.

Asimismo, conoció a los regidores afines al partido de los Ayala, todos ellos pertenecientes a la clase hidalga toledana y, en su mayoría, parientes de las damas con las cuales tan a gusto se sentía. Y también a funcionarios, escribanos, párrocos y comerciantes entre los cuales, estaba claro, su marido se sentía a sus anchas, aunque a ella le costase un pequeño esfuerzo mostrarse amable. No dejaban de ser éstas, en su opinión, gentes sin mucha educación, interesadas en temas para ella vulgares como la administración, los impuestos y los negocios, los problemas de comerciantes y menestrales, particularmente de los artesanos textiles que pasaban por momentos difíciles, y escuchaba sus conversaciones con un oído distraído.

De todos modos, a pesar de la sobriedad castellana, por una parte, y de la rigidez en costumbres y eventos impuesta por el cardenal arzobispo Cisneros, por otra, la vida en Toledo era muy excitante por ser la ciudad el centro del reino y porque no había noble de renombre que no tuviera vivienda en ella, incluido el tío de María, el marqués de Villena, y varios de sus parientes Mendoza. La presencia de los embajadores de las cortes europeas, las visitas de estudiosos y eruditos, la proximidad de la afamada Universidad de Salamanca, la llegada de mercaderes desde todos los puntos de la península y del extranjero, así como su propia población compuesta por las gentes más diversas entre las que no faltaban gran número de clérigos y religiosas, maestros, pintores, orfebres, judíos conversos y moriscos, propietarios de tierras y ganados, vendedores ambulantes, campesinos en busca de trabajo y pobres de necesidad, hacía de ella un lugar de oportunidades para cualquier persona con el deseo de cambiar de vida o mejorarla.

A veces, María sonreía recordando su enfado, su intención de escapar y embarcar en una de las naves que partían hacia las Indias atravesando la mar océana o dejarse caer del muro más alto de la Alhambra para dar un escarmiento a su padre. Su padre... Durante unos momentos, un halo de tristeza ensombrecía su rostro al pensar en él. Había muerto, peleando contra la enfermedad con igual fiereza con la que luchó contra los musulmanes, negándose a dejarse vencer hasta el último momento. La imagen del padre inflexible y lejano había ido dulcificándose en su memoria. Olvidados enfrentamientos y discusiones, recordaba, sin embargo, momentos de armonía, conversaciones filosóficas con él y con Diego, su hermano preferido; largas partidas de ajedrez sobre un tablero de escaques de jaspe coloreado y cristal acabadas en tablas con las mismas piezas, talladas en turquesas y ágatas, utilizadas por el último rey nazarí, o competiciones por ver cuál de los dos conocía de memoria más poemas del famoso bisabuelo Santillana.

> Serranillas de Moncayo,
> Dios vos dé buen año entero,
> ca de muy torpe lacayo
> fariades caballero...

Sabía que de todos sus hermanos, ella era, sin duda, la más parecida al Gran Tendilla, aunque el destino la hubiera hecho nacer hembra impidiéndole ocupar el lugar que le correspondía dentro de la familia.

Después, sonreía de nuevo. Si no fuera mujer, no habría podido casarse con Juan, y él era el centro de su vida, la razón por la que se levantaba todos los días con el ánimo resuelto, dispuesta a hacerse cargo de la administración y la buena marcha de su hogar. Después de todo, su esclava había tenido razón: se había casado con un rey y ella era su reina. Seguía con la mirada a su marido cuando, después de un almuerzo o de una cena, se retiraba junto a otros hombres para hablar de política. Le hubiera gustado participar en sus conversaciones, aunque compensaba su pequeña frustración explayándose a gusto en las reuniones organizadas por doña Sancha de Guzmán, quien opinaba que era derecho de toda mujer interesarse también por temas considerados exclusivamente masculinos. Según Juan, los asuntos públicos no marchaban bien, pero ella estaba demasiado ocupada con el niño y la casa como para pensar en otras cosas. El pequeño Pedro había llegado a la vida justo cuando su abuelo materno se despedía de ella.

El parto le llevó meses de recuperación, sus pulmones no siempre respondían a su voluntad. A veces, le daba la impresión de ahogarse, el aire no entraba a pesar de abrir la boca como un pez fuera del agua, y se veía obligada a sentarse en la cama apoyándose en varios cojines de terciopelo de diferentes colores, colocados con gesto maternal por Zaida. El asma era mal asunto, aunque, gracias a Dios, no parecía que el niño hubiera heredado su tara. Su esclava, más bien su amiga y confidente, quemaba hojas de estramonio cuyos vapores aspiraba y la obligaba a beber tisanas de manzanilla que la aliviaban un poco, pero tardaba en recuperarse y, después de cada ataque, observaba las grandes ojeras alrededor de sus ojos y la palidez de su rostro. ¿Cómo era posible que Juan la amara como la amaba? Mientras ella se debatía para atrapar una bocanada de aire, él se sentaba a su lado, asiendo su mano, con los ojos húmedos por la preocupación. Era un hombre callado, demasiado, pero su sola presencia la tranquilizaba y le infundía fuerzas para no dejarse arrastrar por la angustia que le causaba su enfermedad. Su atractivo aumentaba a medida que transcurría el tiempo. De figura esbelta, elegante en el vestir, la barba y el bigote recortados y esos ojos que le sonreían aun en los momentos más serios, su presencia transformaba en luz la oscuridad, o eso al menos era lo que ella sentía al verlo. En los últimos años había adquirido una prestancia galana, una serenidad más propia de un hombre mayor y él aún era joven, los dos lo eran y tenían toda una vida por delante. Pronto se embarazaría de un nuevo hijo y tendrían más; los verían crecer, envejecerían, compartirían proyectos, penas y alegrías, pero siempre permanecerían juntos porque se necesitaban, porque el uno no era nada sin el otro, porque los dos formaban un todo.

Cuando su salud o sus obligaciones sociales se lo permitían, la joven se dedicaba a conocer mejor la ciudad de Juan y, ahora, también la suya. Su amor por su marido la llevaba a querer sin complejos ni interrogantes todo aquello que él amaba, y él adoraba Toledo.

–¡No hay otra igual! –exclamaba éste entusiasmado cuando tenían oportunidad de dar un paseo y ascendían por la cuesta del alcázar hasta llegar a la parte más alta, desde donde contemplaban la ciudad, enrojecida por el último sol del atardecer.

María afirmaba con la cabeza, aspiraba la brisa que le traía los olores de los cigarrales y el sonido de las esquilas de las ovejas y fijaba su mirada en las apacibles aguas del Tajo, igual a un pequeño mar en calma. Después, sus ojos se dirigían al magnífico Alcántara, el puente que unía las dos orillas del Tajo, construido por los musulmanes cinco siglos antes, y su pensamiento se perdía en los tiempos en los que en la antigua ciudad de su marido sólo se escuchaba la lengua de los poetas, cuyos versos ella había leído mil veces, sin comprenderlos, en las paredes de su habitación en la Alhambra.

–Dime lo que pone ahí –le pidió a Zaida en una ocasión, siendo aún una niña.

–No lo sé, no sé leer –se excusó la esclava.

–Pero hablas árabe...

–Sí, al igual que mis padres y mis abuelos, pero no sé leer.

–¿Conoces algún poema?

–¡Conozco cientos! –exageró orgullosa la mujer–. La nuestra es la lengua de los poetas. Lo primero que nuestros niños aprenden son canciones y versos en la hermosa habla de nuestros antepasados.

–Recítame uno.

Y Zaida le recitó uno, traduciéndolo después sin ninguna

gracia y ella lo recompuso, recordando aún, después de tantos años, la primera estrofa:

> Objeto de mi deseo, que alcanzar no puedo
> ni decir que mañana iré a tu encuentro...

A partir de aquel día, todas las noches, antes de dormir y hasta el día de su boda, Zaida le recitó una poesía en aquella lengua incomprensible para ella, hermosa y cantarina. No estaba muy segura de que su esclava no repitiese siempre la misma o que, incluso, no se limitase a decirle unas cuantas frases sin ningún significado, pero le daba igual porque acababa durmiéndose mecida por unos sonidos evocadores de noches de ensueño, fantasías y amores prohibidos.

Poco después de su llegada a Toledo y ataviada de la manera más sencilla posible, con una falda de estameña, jubón de fieltro con cuello alto y una capa cuya capucha le velaba media cara, se acostumbró a salir de vez en cuando por la ciudad. Eran unas escapadas en toda regla, ya que jamás decía adónde iba y Juan las ignoraba, pero para ella eran una necesidad, al igual que lo habían sido en Granada cuando, a escondidas, callejeaba por la medina y el Albaicín, acompañada por un par de esclavas, ella misma vestida a la usanza morisca. Quería adentrarse por callejuelas que una dama jamás pisaría, escuchar las conversaciones de las comadres, regatear por un candelabro o por un mantel bordado, perderse en el mercado de especias y visitar los numerosos oratorios e iglesias existentes en cada recodo de la ciudad. Al principio, Zaida la acompañaba con el ánimo preocupado, temiendo en todo momento que su señora topase con alguna persona conocida o con su propio marido, que todo podía ser, pero pronto constató que nadie les prestaba la mínima atención. Su aspecto de mujeres de pueblo era igual al de muchas otras y acabó disfrutando con aquellas escapadillas tanto o más que su ama.

Toledo era una ciudad singular, marcada por la impronta de siglos de convivencia –a veces amistosa y otras dolorosa– entre vecinos de procedencias, culturas, religiones y costumbres diversas. Las calles y callejuelas tortuosas, las innumerables cuestas, las celosías y rejas en las ventanas, los rincones ocultos a la vista de los extraños, las mezquitas transformadas en iglesias, muchas de sus casas, adornadas con atauriques, hojas y flores realizadas en yeso, recordaban sin cesar a la Tulaytula musulmana de gentes independientes y libres en el pensar, jamás sometida del todo a los califas, cuna de las artes y de las ciencias, centro de cultura durante siglos. Aquellas épocas hacía tiempo que se habían perdido en el recuerdo, pero los mudéjares continuaron viviendo en la ciudad y monopolizaban casi exclusivamente los oficios de la construcción, adaptándose a las nuevas situaciones, confundiendo su hacer tradicional con las nuevas demandas y creando un estilo propio y único. María se extasiaba ante un palacio, un arco de herradura, la puerta de una posada o una ventana enmarcada en un arrocabe cuya talla árabe el tiempo no había logrado borrar.

–¿Rezas alguna vez al dios de tus padres? –le preguntó un día a Zaida, después de haber visitado la capilla de Belén, antiguo oratorio musulmán, en el que se hallaban enterrados los restos de un infante de Castilla.

–¿Por qué lo preguntas, niña? –interrogó a su vez la morisca con un pequeño temblor en la voz.

–Porque no creo que a nadie pueda borrársele con un poco de agua la fe que le legaron sus mayores.

–Yo soy una buena cristiana, tú lo sabes –afirmó Zaida, intentando parecer segura.

La habían obligado a bautizarse después de la conquista como a otros miles de musulmanes, siguió las enseñanzas impartidas por los frailes y se oyó llamar por su nombre cristiano como si se tratase de otra persona. Esclava, huérfana y pobre, ¿qué otra cosa hubiera podido hacer? Se amoldó a su nueva situación, asiéndose a ella como único medio de supervivencia. No había futuro para ella. Su hogar, su familia, su religión eran los de su ama, aunque todos los días, al despertar y al acostarse, repitiese sin despegar los labios: *la ilaha illa'llah, Mohamadur Rasulu'llah*, «no hay más divinidad que Dios, y Mahoma es su profeta», la oración aprendida de su madre cuando aún era niña y libre.

–Sí, claro. ¡No me hagas caso! –oyó decir a María–. Son cosas que se me ocurren...

No volvieron a hablar del asunto. Era un tema peliagudo que más valía no menear, pero María estaba convencida de que la mujer continuaba fiel a su antigua creencia aunque nada dejase mostrar lo contrario. Ella lo habría sido si se hubiese visto obligada a renegar de su fe. ¿Quién podía saber lo que ocultaban la mente y el corazón de un ser humano? De hecho, a ella no le preocupaban demasiado los sentimientos religiosos de su esclava, y la prueba era que jamás la llamaba por su nombre cristiano, Juana. Le gustaba mucho más el original y le daba la impresión de que Zaida se lo agradecía.

También se paseaban por el antiguo barrio judío, habitado en su mayoría por conversos, algunos de los cuales, los más ancianos, llevaban mal su nueva situación y caminaban con la cabeza gacha y el rostro entristecido. Otros, sin embargo, los más ricos, andaban con mirada retadora y paso firme, vestidos con prendas de buena calidad, a la última moda. Siendo cristianos, nada les impedía ya acceder a cargos de importancia y tratar de tú a tú con hombres de negocios y gobernantes que años atrás apenas les hubieran dirigido una mirada; asistían a los oficios religiosos en primera fila, prodigaban sus limosnas con generosidad e incluso los había que habían sido admitidos en alguna hermandad, ocupaban su puesto en ofrendas y procesiones y demostraban así la sinceridad de su conversión sin dejar de estar alertas en todo momento. Sabían que la temida Inquisición y muchos de sus vecinos cristianos viejos tenían puestos los ojos en ellos, y no era cuestión de cometer los errores del pasado que habían llevado al saqueo y asesinato de cientos de conversos.

A María le gustaba el viejo barrio. Olía a aceite, un olor familiar para ella, muy diferente al de la fritanga de tocino que escapaba de viviendas y tabernas en otras zonas de la ciudad. En su cocina únicamente se utilizaba el aceite extraído de las olivas y llevado en grandes toneles desde Andalucía para ser vendido en Toledo. ¿Era su predilección culinaria, además de una costumbre adquirida en Granada, debida a que tal vez ella misma llevara sangre conversa en sus venas? Eso era al menos lo que había escuchado decir a su hermana y a una prima en una ocasión en la que, en voz baja, habían mencionado a un antepasado Pacheco, judío convertido. Había vivido en Portugal muchas generaciones antes, tantas que ya nadie recordaba el nombre de aquel antepasado ni se ponía en tela de juicio el fervor cristiano de los miembros de la familia, pero María estaba convencida de que algo quedaba de él en su sangre. ¿Por qué si no eran sus cabellos y sus ojos tan negros como la madera del ébano que llegaba a Castilla de la mano de los mercaderes transformada en hermosas arquetas talladas? Iban en contra de los cánones de belleza al uso que preconizaban la tez blanca, los cabellos rubios y los ojos claros, iguales a los de su hermana. Únicamente su palidez, después de una crisis de asma, se amoldaba a unas reglas tan estúpidas, según ella.

Y también estaban aquellas canciones, escuchadas por casualidad a través de una celosía o de una puerta entreabierta... Eran canciones tiernas, melancólicas, y evocaban suspiros y besos. Le hubiera gustado aprenderlas para cantárselas a Juan después de una noche de amor, pero, aunque se defendía de manera pasable con el laúd y el virginal, tenía el mismo oído sordo para el canto de su padre y lo que en una humilde mujer del barrio viejo sonaba a rocío del amanecer, en ella hubiera resultado el estridente chillido de una urraca. Antes de regresar a casa, siempre ordenaba a Zaida comprar un cucurucho de almendras garrapiñadas en el puesto de un confitero que exponía su mercancía junto a la entrada de la antigua sinagoga mayor, transformada en iglesia al igual que todos los templos judíos y musulmanes de Toledo.

La voz de Gonzalo Gaitán en la sala de trabajo de Juan interrumpió sus meditaciones y le hizo prestar atención. Gonzalo era uno de los mejores amigos de su marido y formaba parte del pequeño grupo de sus íntimos. Acababa de llegar y había pedido, con cierto nerviosismo, hablar con él a solas.

–El príncipe ha decidido convocar Cortes en Valladolid.

–¿Estás seguro?

–Lo estoy.

–¿A quién enviará la ciudad de Toledo?

–A una representación de los regidores. A ti, sin duda. Es una buena noticia que don Carlos haya decidido, por fin, hacer la convocatoria –añadió Gonzalo sin ocultar su entusiasmo.

–Ya veremos, ya veremos...

María conocía demasiado bien la voz de Juan para no distinguir en ella cierta duda e, incluso, temor.

Tras la muerte de don Fernando, el cardenal Cisneros se había hecho una vez más cargo de la regencia del reino a la espera de la llegada del príncipe Carlos desde Flandes. Todo el mundo daba por hecho que doña Juana, a quien llamaban la Loca sin pizca de pudor ni de respeto, no podría reinar. A nadie se le pasó por la cabeza obligarla a abdicar, pues era algo que jamás se había hecho y pondría en un brete a la propia existencia de la monarquía. Don Carlos reinaría en nombre de su madre y en el suyo propio en Zaragoza, Barcelona, Valencia y en el recientemente conquistado reino de Navarra. Este proyecto, sin embargo, había encontrado un buen número de opositores entre los nobles e hidalgos castellanos. El primogénito de doña Juana era un extranjero; había nacido y se había criado lejos del país y desconocía por completo la lengua de sus futuros súbditos. Carlos de Gante tan sólo tenía diecisiete años, poca edad para la enorme responsabilidad que le esperaba, y se había hecho acompañar por un numeroso séquito de nobles flamencos y borgoñones, los mismos que lo coronaron rey de Castilla y Aragón en la catedral de Santa Gúdula de Bruselas un mes después de la muerte de su abuelo, sin respetar el testamento de su abuela doña Isabel, los derechos de su madre, la prisionera de Tordesillas, ni tampoco la voluntad de los castellanos. Aunque en desacuerdo con tal decisión, el cardenal-regente había aceptado el hecho consumado y todo parecía indicar que igualmente harían los representantes de las Cortes ciudadanas con derecho a voto. No sólo ignoraba la lengua de sus súbditos, sino también sus costumbres, y nunca había pisado la tierra que venía a gobernar. El infante don Fernando, su hermano, por el contrario, era castellano de los pies a la cabeza, había sido educado por su abuelo y, a fe de muchos, era la persona ideal para ocupar el trono. Además, era casi un niño y, por ello, podría ser mejor instruido en el cumplimiento de sus deberes, según unos, y manejado, según otros.

María entendía bien la vacilación de su marido y la carencia del entusiasmo mostrada por su amigo. Con tan magro bagaje como era el suyo, el príncipe heredero no representaba la seguridad tan necesaria para el país en aquellos momentos. Hablaban a menudo sobre ello en la intimidad de su dormitorio, preguntándose preocupados sobre el futuro que a todos aguardaba.

Desde la muerte de doña Isabel, hacía trece años, Castilla no había tenido una gobernación tranquila: Cisneros, don Felipe, de nuevo don Fernando, de nuevo Cisneros..., ¡demasiados cambios en tan pocos años!, y el país se removía inquieto. Muchos aguardaban con esperanza la llegada del joven príncipe que aún no había jurado defender las libertades y los fueros de su nuevo reino, ni había sido jurado por los procuradores y diputados de las Cortes de Castilla, ni de los demás reinos de España, pero, cinco meses después de su arribo a las costas asturianas, no podía decirse que las cosas hubieran mejorado. Opinaban los que lo conocían bien que el príncipe era inteligente y había sido educado para reinar, pero otros que habían tenido la oportunidad de aproximarse a él no eran de la misma opinión. Aseguraban que el joven era frío en el trato e, incluso, despectivo y orgulloso con cualquiera que no hiciera parte de su íntimo y selectivo círculo de consejeros y amigos; su juventud lo hacía vulnerable a manejos e intrigas y, muy especialmente, a la influencia del señor de Chièvres, su antiguo ayo.

María no podía oír bien la conversación de los dos hombres. Únicamente le llegaba un rumor en el cual las palabras y los silencios eran difíciles de discernir. Se aproximó a la puerta que separaba su habitación del gabinete de trabajo de su marido y pegó el oído intentando enterarse, pero ellos habían bajado las voces como si estuviesen tratando de un asunto muy grave, como si temiesen ser escuchados. Se enderezó, avergonzada. ¡Qué absurdo su comportamiento, igual al de una sirvienta ansiosa por conocer los secretos de sus amos! Salió de la habitación y se dirigió a la del niño para darle las buenas noches. Había anochecido hacía un buen rato y ya debía estar a punto de acostarse. Lo encontró jugando en el suelo con unos cubos de madera pintados de colores, regalo de su abuelo paterno, empeñado en montarlos unos sobre los otros para hacer una torre sin conseguirlo y volviendo a empezar una y otra vez. No pudo evitar una sonrisa. Pedro era una réplica casi exacta de su padre a su edad e igual de pertinaz, ésa era al menos la opinión de la vieja Lucía, que fue la nodriza de su marido y lo era ahora de su hijo.

–¡Hay que dormir! –exclamó dando una palmada.

El niño no se había percatado de su presencia y dejó el juego para correr hacia ella con paso vacilante, apretándose contra su cuerpo, deseoso de recibir el beso de la madre a la que no veía todo lo que quisiera, y ella se agachó, estrechándolo entre sus brazos. Lucía y la joven niñera llegada de Guadamur para ayudarla se retiraron discretamente, cerrando la puerta tras de ellas. Sabían que estos momentos eran especiales y la señora exigía estar a solas con su hijo.

Le había costado acostumbrarse a la rígida educación que Juan quería para el niño. Tal vez ésa fuera la única cuestión en la que ambos discrepaban. Él lo amaba fuera de toda duda, pero deseaba verlo crecer a su modo, sin mimos, con sobriedad, sin blandenguerías, decía. No quería que se acostumbrara a estar pegado a las faldas de su madre, acudiendo a ella al menor contratiempo, y guardaba sus efusiones para la intimidad. María no estaba del todo de acuerdo, aunque aceptara ciertas reglas. Rememoraba su propia infancia y la de sus hermanos, sus juegos al aire libre, sus carreras, a su madre sentada sobre la hierba rodeada por todos sus hijos... Recordaba incluso cuando, siendo ella muy pequeña, el cardenal Cisneros ordenó quemar miles de libros escritos en lengua árabe y los moriscos se sublevaron. Su padre, entonces, llevó a la familia a vivir al Albaicín para demostrar a éstos sus buenas intenciones y su confianza en ellos, evitando así un nuevo conflicto. El momento era extremadamente grave, pero a ella le pareció una aventura. Querría que su hijo también creciera al aire libre, en medio de jardines y fuentes, montando a caballo, haciendo batallas de agua, subiéndose a los árboles, pero Toledo no era Granada. Adoraba a su niño y deseaba tenerlo a su lado en todo momento, abrazarlo, besarlo, acariciarlo.

Sólo ella sabía lo que había sufrido al tenerlo y el peligro que supuso para su maltrecha salud; las molestias, los ahogos, los dolores, igual a agujas clavadas en su vientre, durante las interminables horas del parto en el que había creído morir. Mientras lo tenía entre sus brazos y lo escuchaba hablar en su jerga infantil, pensó que él era la prueba de su amor hecho vida, algo que –sonrió– Juan nunca podría hacer por mucho empeño que pusiera en ello.

Pedro la cogió de la mano y la arrastró hacia el gran lecho en el que dormían las dos nodrizas, al lado de su pequeña cama. Había llegado el momento aguardado cada anochecer, y María se dejó llevar, se sentó en el lecho, apoyó la espalda en la cabecera y esperó a que él se acomodase a su lado; contempló su rostro ilusionado y, al igual que las demás noches, comenzó a narrarle historias de aquella tierra mágica bañada por el sol y la brisa del mar, plantada de naranjos y olivos, que, a veces, tanto añoraba. Le habló de casas encaladas y floridas, gentes morenas, naves que partían izando sus enormes velas al viento y también le habló de su abuelo, el temible soldado, y de la dulce Francisca, su abuela. Junto a él, volvió a pasear por los jardines encantados de la Alhambra, observó los pececillos rojos nadando en el estanque y los capullos de los gusanos de seda abriéndose en el invernadero; se asomó al mirador de la sultana y contempló el barrio de los moriscos a sus pies. El pequeño acababa de cumplir los dos años, pero escuchaba las palabras de su madre como si pudiese entenderlas y permanecía quieto, acurrucado contra su pecho, hasta que sus ojos se cerraban.

Juan llegó cuando estaban a punto de encontrar un tesoro escondido en la gran sala del Trono, se sentó a su lado y escuchó, embelesado, a su mujer. Una vez más, se felicitó por la buena fortuna que hizo que sus caminos se cruzaran y dio gracias al cielo por despertarse a su lado cada mañana. Había dejado las preocupaciones fuera de la habitación y acarició el cabello de su hijo. Deseaba de todo corazón que el momento se eternizase, que nada cambiase. Él sólo necesitaba a María y al niño para ser feliz.

El ambiente se enrarecía por momentos hasta hacerse casi irrespirable. Su puesto de regidor lo mantenía al tanto de lo que ocurría en la ciudad y no le gustaba lo que veía. Las sequías habían vaciado los graneros y el precio del trigo, en su cota más baja durante los últimos cinco años, había vuelto a subir; el hambre comenzaba a dejarse sentir y las epidemias se cebaban en las clases más pobres y, por tanto, más indefensas. También existía un gran descontento entre los pequeños comerciantes y artesanos de productos textiles, casi un tercio de la población de Toledo. Desde los tiempos de doña Isabel, la mejor lana de Castilla se enviaba a Flandes y regresaba transformada en tejidos de una calidad tan buena que era difícil competir con ellos. Las piezas trabajadas en los telares castellanos eran burdas, apropiadas para campesinos pecheros o pobres, y éstos no tenían con qué adquirirlas. Los nobles, hidalgos, cambistas y ricos comerciantes preferían los bordados, sedas, terciopelos, brocados..., los tejidos más caros, puesto que la vestimenta era expresión de poder. Los más beneficiados en este asunto resultaban ser los grandes propietarios de rebaños, nobles en su totalidad, y los negociantes importantes, en especial los de Burgos por hallarse más cerca de los puertos de embarque del norte, genoveses que se habían hecho un hueco junto a éstos y flamencos. Por si todo esto fuera poco, y aprovechando la precariedad del gobierno en manos extranjeras, los señores feudales pretendían recuperar su antigua influencia en la gobernación de la cual habían sido excluidos por los anteriores reyes. Aunque menos influyentes, no habían perdido su poder económico, siendo favorecidos, desde los tiempos de los Trastámara y, más especialmente, de Enrique IV con importantes donaciones en forma de tierras, muchas tierras, y pueblos enteros. A pesar de la oposición de los campesinos, quienes, en ocasiones, se habían alzado en armas contra el nuevo señor impuesto por orden real, los nobles eran ahora mucho más ricos que antaño.

–¿En qué piensas? –preguntó María en un susurro.

Juan la miró y sonrió. Pedro había caído por fin rendido. Se levantaron suavemente de la cama, acostaron al niño en la suya y lo arroparon dejando el candil a media luz porque, como a su madre, le asustaba la oscuridad. Salieron enlazados por el talle y se dirigieron a su habitación, en donde les esperaba una mesa dispuesta para la cena.

Siempre que podían, cenaban en la intimidad de su cuarto, más acogedor y caliente que el comedor de la planta baja, reservado para las comidas y los invitados. La chimenea estaba encendida y Zaida esperaba para servirles una crema de puerros, seguida de unas palomas en escabeche, cuya elaboración se encargaba ella misma de supervisar para que se llevase a cabo al estilo granadino. Al igual que ella, y aunque no lo dijese, estaba segura de que su ama echaba en falta los olores y los sabores de su tierra, y procuraba que siempre hubiera algo para recordársela. Compraba a los moriscos de Zocodover especias para sazonar las salsas; obtenía del perfumero agua de jazmín para rociar los lienzos de su cama y sus paños de aseo y elaboraba con aceite de oliva y cenizas de barrilla bolitas de jabón para su uso exclusivo en las que no faltaban unas gotas de esencia de rosa, símbolo del amor más que ninguna otra flor. La esclava esperó en la penumbra a que sus señores hubieran acabado y retiró la mesa, dejando un plato con pastelillos de pasas, piñones y nueces, dos copas y una garrafita de licor de avellanas.

–Apenas te veo estos días... –protestó María en cuanto Zaida hubo abandonado la habitación.

–Lo sé –aceptó Juan, pidiéndole disculpas con un guiño de sus ojos castaños, del mismo color del licor–. Todo el mundo anda muy revuelto últimamente. Don Carlos ha convocado las Cortes para después de las fiestas de la Natividad.

–¡Ya era hora!

La exclamación de su mujer no le sorprendió. No tenía secretos para ella. En ningún momento le había ocultado el malestar reinante entre los regidores y hombres buenos de la ciudad. Desde su llegada, el príncipe no había hecho sino divertirse en Valladolid, organizando banquetes, mascaradas y torneos en los cuales tomaba parte con entusiasmo, y posponiendo de continuo la convocatoria a Cortes a pesar de las muchas solicitudes que le llegaban desde todos los estamentos públicos castellanos. Mientras, el señor de Chièvres, ayudado por sus consejeros flamencos, gobernaba el reino como si fuera suyo. Una de sus primeras decisiones había sido nombrar a su sobrino, un joven imberbe de apenas veinte años y de su mismo nombre, Guillermo de Croy, para la plaza de arzobispo de Toledo, vacante desde la muerte de Cisneros, acaecida unos meses antes. La sede toledana era la más importante y rica y su titular, el eclesiástico mejor pagado del reino. El escándalo fue enorme y las protestas se escucharon en todas las capas de la sociedad, pero el sobrino continuó en el cargo.

Para que no quedara ninguna duda sobre las intenciones de los recién llegados, un favorito real, el señor Jean de Sauvage, fue promovido al cargo de Gran Canciller, lo que provocó la cólera de los nobles. Estaba sucediendo lo que Juan y otros muchos temían: los extranjeros se hacían con la administración del reino, concediéndose a sí mismos todo tipo de privilegios, tierras y propiedades, apartando a los castellanos de la gobernación, desoyendo las quejas, abusando de sus prerrogativas y acumulando tal cantidad de monedas de oro que éstas habían prácticamente desaparecido de la circulación. El pueblo, mordaz, había inventado un estribillo que repetía en cuanto aparecía una de aquellas monedas:

> Sálveos Dios, ducado de a dos,
> que monsieur de Chièvres no topó con vos.

–Los representantes de las buenas villas harán saber al príncipe que las cosas han de cambiar –prosiguió María, sentándose sobre las rodillas de su marido mientras hacía con sus dedos caracolillos con los pelos de su barba.

–Probablemente yo seré uno de ellos.

Un mohín de fastidio afeó durante unos instantes el rostro de la joven. Le parecía bien que su marido ocupase un cargo público. Un hombre debía atender a otros asuntos, además de sus tierras y de la hacienda familiar, pero Juan se tomaba muy a pecho su puesto en la administración de la ciudad. No era persona que hiciese las cosas a medias: cuando se comprometía, lo hacía en serio, a pesar de que ello supusiese llegar a casa muy entrada la noche o pasar horas enteras encerrado en su gabinete. A ella no le importaba mientras lo tuviera cerca y pudiera sentir su cuerpo a su lado bajo el cobertor del lecho. Sin embargo, le contrariaba la idea de separarse de él aunque sólo fuera durante unos pocos días.

–Y eso, ¿cuánto tiempo te llevará? –preguntó quejosa.

–No lo sé. Una o dos semanas, tal vez más.

–Únicamente se trata de un juramento...

–Toledo quiere algo más que un juramento.

–¡Pues que vayan otros! Tú haces falta en esta casa.

–¿Para qué?

–Para controlar los gastos, por el niño...

–¿Para nada más?

Juan la besó en el cuello mientras sujetaba su cintura con una mano y le acariciaba el muslo por encima de la falda con la otra. María sintió un escalofrío de placer.

–Me haces falta a mí –le confesó al oído–. No puedo dormir si no estás a mi lado, te añoro si sales de casa, tengo celos de todos esos asuntos que me roban tu tiempo...

Cuando Zaida llegó poco después para retirar la bandeja y abrir la cama, encontró echado el pestillo.

Aquéllas fueron unas fiestas muy felices para todos los miembros de la familia Padilla. El padre de Juan regresó de su voluntario exilio en Mascaraque, en donde se había refugiado tras la vuelta de su hijo. Años atrás, había ocupado el puesto de adelantado mayor de Castilla, cuando todavía vivía su mujer, su salud era buena y tenía el ánimo fogoso. Pero doña María de Guzmán había muerto, dejándolo irremediablemente solo a pesar del cariño de sus hijos y nietos; su corazón le había dado más de un disgusto, llevándolo al borde de la muerte en un par de ocasiones, y también había perdido el gusto por la polémica, los enfrentamientos, los esfuerzos inútiles. Se había convertido en un escéptico.

–Escucha mi consejo, hijo –le dijo a Juan en una visita que éste, acompañado por María y el niño, le había hecho durante el verano–. No confíes en los poderosos porque no son de fiar. Únicamente miran por sus propios intereses y te utilizarán si entienden que puedes serles de alguna utilidad. No te fíes de sus promesas de amistad y apoyo. Los sentimientos son tan variables como el viento que tan pronto sopla hacia levante como poco después lo hace en dirección contraria.

Se hallaban los dos sentados a la sombra de uno de los guindos que el anciano se había hecho traer con todo mimo desde Extremadura y de cuyo cuidado se ocupaba él personalmente. La tarde era calurosa y seca, los campos recién trillados semejaban el reflejo del propio sol y ni un solo ruido rompía el silencio a la hora de la siesta. Juan amaba a su padre con devoción, y su respeto era parejo a su cariño; lo admiraba y procuraba en todo momento seguir su ejemplo, preguntándose lo que él habría hecho en esa o aquella situación. Lo echaba en falta, pero le alegraba verlo con tan buen aspecto, ocupándose de sus tierras como un señor rural. La paz de Mascaraque en nada se parecía al ajetreado ambiente de Toledo que, de seguro, algo había tenido que ver con las dolencias del buen caballero.

–No creas que, aunque alejado de la vida pública, no me llegan noticias de lo que ocurre en Castilla –prosiguió Pedro López de Padilla– y también en otras tierras de la Corona. Las gentes andan inquietas y ése es mal asunto. Nuestros nobles tienen el corazón de piedra, y el clamor del pueblo es cada día más fuerte. Están sordos o no quieren escuchar, lo cual es aún peor. El tío de tu mujer, el marqués de Villena, posee más tierras y vasallos que el propio rey y una renta de cien mil ducados anuales; otro de sus primos, el duque del Infantado no le va a la zaga; los duques de Alba, de Alburquerque, de Medinaceli, de Béjar..., controlan el reino.

–Doña Isabel los apartó del gobierno y...

–No he dicho que gobiernen el reino –el antiguo adelantado interrumpió a su hijo–. He dicho que lo controlan. Tienen más posesiones y riquezas que cualquier rey, de eso puedes estar seguro, y los dineros, hijo, mandan en este mundo. Sé que eres honrado y de corazón generoso. Aun así, tampoco te entregues totalmente a una causa porque incluso aquellos que te apoyan hoy, tal vez te traicionen mañana.

–¡Padre! –rió Juan–. ¡No me dejáis muchas alternativas! ¿He de actuar como un simple artesano y ocuparme sólo de mi familia y de mis asuntos?

–Puede que ésa fuera una buena decisión. A fin de cuentas,

¿qué provecho sacas tú? ¿En qué te beneficia andar en pleitos?

–¿Cómo podéis decirme semejantes cosas, vos que habéis pasado la vida intentando enderezar entuertos, combatiendo y arriesgando la piel en tantas empresas?

–Quizá sea por esa misma razón o quizá porque te quiero y te deseo una vida larga y venturosa.

La llegada de María y del niño había interrumpido aquella charla que Juan esperaba reanudar durante las festividades navideñas. Su padre tenía experiencia, sabía cosas para él desconocidas y necesitaba su consejo para las negociaciones, que preveía duras, entre la Corona y las villas. Los procuradores querían presentar diversas exigencias al príncipe antes de jurarle lealtad y, tal como estaban las cosas, la cuestión no iba a ser un camino de rosas.

Gutierre, el hermano de Juan, se reunió con la familia para gran contento de todos, y también llegó su hermana Marina con su marido y los hijos de ambos. Asimismo, Diego, el hermano poeta de María, viajó desde Salamanca acompañado por dos compañeros de estudios. La nieve cayó sobre Toledo como no lo había hecho en muchos años, alfombrando las calles para alegría de la chiquillería y desesperación de viandantes y comerciantes, y hubo de romperse el hielo para sacar el agua de los aljibes.

La víspera del día de la Natividad, en la casona de los Padilla reinaba una gran animación. La cocina no dejó de humear desde las primeras luces del alba, los sirvientes iban y venían, disponiéndolo todo y subiendo barreños con agua caliente a las habitaciones de los huéspedes, y los jóvenes estudiantes jugaban con los niños, persiguiéndolos por toda la casa y provocando sus gritos de excitación. Acabaron en la calle, organizando una batalla de bolas de nieve ante los escandalizados ojos de la nodriza Lucía que no respiró tranquila hasta tener a los niños nuevamente en casa, secos y cambiados de ropa para ir a la misa del gallo. En procesión, ayudándose unos a otros para no resbalar, la familia Padilla, acompañada de sus invitados y sirvientes, acudió al oficio religioso en la catedral.

El templo estaba abarrotado de gente, cientos de cirios y candiles iluminaban su interior y un coro de canónigos, sacerdotes jóvenes y escolanos interpretaba el *Benedicamus Domino* cuando los duques de Medinaceli, los marqueses de Villena, los condes de Fuensalida y otros nobles con sus familias ocuparon los reclinatorios colocados delante del coro, a la izquierda, y los representantes de la villa, Juan entre ellos, lo hacían a la derecha. María y los suyos se situaron un poco más lejos, en unos bancos corridos dispuestos para las familias de los regidores, mientras los rezagados empujaban para hacerse un sitio y, de paso, tener la oportunidad de ver junta a tanta gente importante. Todo el mundo esperaba con mucha curiosidad la aparición del recién nombrado arzobispo de Toledo, pero, para decepción de muchos y alivio de los que temían la reacción popular, Guillermo de Croy no hizo acto de presencia. Se hallaba en Valladolid, tomando parte en los festejos sin fin organizados por el príncipe. Su lugar lo ocupó el prior mayor de la orden de San Juan de Jerusalén, fray Antonio de Zúñiga, hermano del duque de Béjar, rodeado de una veintena de sacerdotes.

María se encontraba en ese momento observando el perfil de su marido, admirando su ancha frente y la rectitud de su nariz, así como su estatura, más elevada que la media. Juan destacaba entre todos, al menos ése fue su parecer. Con un sobretodo de terciopelo granate forrado con piel de visón hasta las rodillas, regalo de ella con motivo de las fiestas, la camisa blanca de lino de cuello y puños bordados, el jubón verde oscuro, los calzones abullonados a rayas verdes y oro y las calzas a juego, tenía el aspecto de un príncipe, mucho más digno y señorial que el duque de Medinaceli con su pesada capa floreada y una enorme cadena de oro colgada sobre su pecho. Lo vio arrugar el ceño y apretar las mandíbulas, cruzar los brazos en un gesto habitual en él cuando algo lo contrariaba, y siguió su mirada, fija en el altar. ¿Qué podía haberlo alterado de aquella forma? Raramente mostraba sus sentimientos en público, permaneciendo con el rostro impasible, tanto ante las buenas como ante las malas noticias, y ella a veces bromeaba llamándole «su estatua de piedra» cuando volvían a estar a solas.

–Tú eres la única persona, mi vida, capaz de conmoverme –le había dicho él en una ocasión–. Contigo no necesito disimular porque me conoces mejor que yo mismo, pero ahí fuera prefiero ocultar lo que en verdad pienso o siento.

Eran como el agua y el vino, el día y la noche. Ella siempre decía lo que le pasaba por la cabeza, algo que había enojado mucho a su padre; podía enfadarse y gritar, pero sus conatos de genio desaparecían con la misma presteza que aparecían. Él, sin embargo, tardaba en reaccionar, pero no olvidaba un agrio intercambio de palabras o una ofensa. María sonrió. De todos modos, en su caso al menos, era imposible discutir seriamente con Juan, a pesar de que ella tuviera ganas de hacerlo. Él nunca quería. La dejaba quejarse, levantar la voz, protestar y luego le preguntaba con una sonrisa burlona si se sentía mejor, y ella entonces se echaba a reír.

No lo perdió de vista durante toda la misa y pudo constatar que su primera impresión había sido acertada. Con los ojos puestos en el oficiante y los demás sacerdotes, su marido mantuvo el ceño fruncido y los brazos cruzados a lo largo de la ceremonia, pero, por muchos esfuerzos que hizo, no logró averiguar qué o quién era la causa de su actitud.

La cena de la Natividad fue espléndida. Los sirvientes de la casa, Martín y Ficorhoo –a quien todo el mundo llamaba Ficor, para abreviar–, encendieron enormes troncos muy secos en la gran chimenea de piedra para que la estancia estuviera caldeada a la vuelta de la catedral. Ayudadas por Diego y los estudiantes, María y Zaida se habían encargado de engalanar la sala grande. Colgaron de las ventanas ramos de laurel adornados con cintas de colores, llenaron cestillos de mimbre con racimos de uvas y nueces y, finalmente, y con gran ceremonia, colocaron encima de un arcón un hermoso belén, regalo de un tío Mendoza a su regreso de Italia algunos años atrás. María estaba muy orgullosa porque, al margen de la belleza de las figurillas de barro pintadas que representaban a san José, la Virgen y el Niño, no había otras parecidas en ninguna casa de Toledo, de forma que, entre la Natividad y el día de Reyes, vecinos y conocidos se acercaban hasta el hogar de los Padilla para poder admirarlas.

El frío, la larga ceremonia en la catedral y el ayuno habían abierto el apetito y nadie se hizo repetir dos veces la llamada a una larga mesa cubierta con un mantel de lino sobre la cual se colocaron unas soperas de barro repletas de potaje de morteruelo elaborado con pierna de cordero, queso, huevos, leche y caldo de ave, aromatizado con canela, cilantro y perejil, un plato ya tradicional en la mesa de los Padilla. También llegaron de la cocina bandejas repletas de buñuelos de alcachofa, acelgas con pasas y piñones, albóndigas de carne, mollejas rebozadas y perdices confitadas; otras con leche frita, torrijas, dulces de arroz con pasas, mazapanes y pastelillos de nueces y piñones. La aparición en la sala de cuatro sirvientes portando recipientes de barro con un lechoncillo cada uno, asado y brillante, adornado con costrones y ramilletes de laurel y espliego, provocó los aplausos de los comensales dirigidos al cocinero y a su ayudante quienes, todavía sofocados por el calor y el esfuerzo, no cabían en sí de satisfacción.

Señores, invitados y criados compartieron la cena de la Natividad como siempre se había hecho en aquella casa, y acabaron la jornada narrando cuentos de épocas pasadas, contando historias picantes y entonando canciones subidas de tono acompañadas con hipocrás, una mezcla caliente de vino blanco, vino tinto, clavos, jengibre, canela y azúcar, escanciada una vez tras otra en copas y cubiletes. La vieja Lucía, la nodriza, no perdía palabra, estrofa o broma, sonriendo beatíficamente mientras asía su cubilete con las dos manos y bebía el contenido a sorbitos. El hijo de los amos y sus primos llevaban rato dormidos y ella podía, como todos los demás, disfrutar a su gusto de la mejor noche del año.

–¿Por qué tenías el ceño fruncido durante la misa?

Arrebujados bajo el edredón de plumas y el cobertor de piel, con los cortinones de su enorme lecho cerrados para no dejar pasar el frío, descansaban tras la fatigosa jornada. No se escuchaba ningún ruido en la casona, ni tampoco en la calle, y apenas podían mantener los ojos abiertos por el cansancio.

–Ha sido un hermoso día –respondió Juan adormilado–. Hacía tiempo que no veía a mi padre tan feliz...

–No cambies de tema, señor de Padilla. Te conozco muy bien. ¿Qué es lo que tanto te ha molestado?

–Hay personas que, con su sola presencia, son capaces de estropearle a uno la fiesta...

–¿Quién?

La respuesta fue un ronquido, igual al ronroneo de un gato. María se apretó junto a su marido, quería insistir, saber quién era la persona cuya presencia le había incomodado, pero el sueño fue más fuerte que su curiosidad y se quedó dormida justo en el momento en el que el velador hacía su ronda, anunciando la apertura de las puertas de la ciudad.

Enero de 1518

Durante el mes de enero de aquel año, las gentes de Valladolid se afanaron en engalanar sus calles y casas y preparar la celebración de las Cortes de Castilla convocadas por el joven príncipe para finales del mismo. En los últimos tiempos no había tenido lugar en la ciudad un evento de tal envergadura y todo el mundo se frotaba las manos. Los nobles y hombres de negocios importantes, aunque preocupados porque las cosas salieran perfectas, no dudaban en ningún momento de que su buen hacer tendría merecida recompensa. Tal vez don Carlos decidiese establecer allí la Corte, igual a como habían hecho algunos de sus predecesores en el trono. Los comerciantes, tenderos, taberneros y posaderos esperaban poder vender en unas semanas sus existencias del año, redondear sus cuentas y verse de algún modo compensados por la penuria general existente en todo el reino. Los pobres, mendigos y prostitutas sabían que algo les caería de las mesas de los señores, aunque por orden de la autoridad se vieran obligados a esconderse durante el día para no empañar con su presencia el buen aspecto de la ciudad.

En suma, no había vallisoletano, ni rico ni pobre, que no se congratulase por la buena fortuna que les ponía en bandeja ser el centro del reino durante la duración de las Cortes, el juramento del príncipe y la propia estancia de éste entre ellos. Aunque también reconocían, a nada que se les insistiese un poco, que la presencia de don Carlos y de su séquito de extranjeros había alterado la normalmente pacífica vida ciudadana. Aprovechando la estancia de éstos, los precios se habían desorbitado, buscando cada cual su beneficio particular. Por otra parte, los acompañantes de los señores flamencos eran bulliciosos y groseros; más acostumbrados a la cerveza que al vino, se emborrachaban con mucha facilidad, organizaban trifulcas por asuntos sin importancia, y traían a mal traer a las mujeres de cualquier edad o condición. También existía un gran descontento entre expendedores de vinos y licores, carniceros, verduleros y confiteros, a quienes se les habían adquirido mercancías para prever las necesidades del séquito real y cuyas facturas todavía no habían sido satisfechas, ni parecía que fueran a serlo alguna vez. No obstante, cada día, decenas de curiosos se apostaban en las entradas de la ciudad para ver llegar los carruajes de arzobispos, obispos, duques, marqueses, condes, vizcondes, comendadores y demás personalidades que, rodeados de hombres en armas, sirvientes y carros repletos de menaje y arcones de ropa, acudían a la asamblea. Las gentes hacían apuestas, intentando adivinar quién era el personaje oculto tras una cortina cuyo tocado emplumado de terciopelo asomaba de vez en cuando por la ventanilla del vehículo o aquel otro, que dejaba ver una mano enguantada de púrpura. Algunos osados, incluso, se atrevían a seguir a las caravanas para conocer su destino final y tener así la oportunidad de ver a un grande de la Tierra, aunque sólo fuera durante unos instantes y en la distancia.

Asimismo, llegaron muchos otros hombres, a caballo o en mula, solos o acompañados por no más de dos sirvientes, que se desperdigaron por la villa sin provocar ninguna curiosidad, y se alojaron en posadas, en la casa de algún pariente o en habitaciones alquiladas. Eran los representantes de las villas y ciudades castellanas con derecho a voto, un privilegio tan sólo reservado a dieciocho de ellas: Burgos, Soria, Segovia, Ávila, Valladolid, León, Salamanca, Zamora, Toro, Toledo, Cuenca, Guadalajara, Madrid, Sevilla, Granada, Córdoba, Jaén y Murcia. Los procuradores, en general, no fueron invitados a los banquetes organizados por la nobleza local en honor a sus iguales, ni tuvieron el privilegio de ser presentados al príncipe de uno en uno, pero las sesiones comenzaron en las fechas fijadas y no sin desacuerdos.

En la primera jornada el doctor Juan Zumel, procurador de Burgos, protestó en nombre de sus colegas por la presencia del señor de Sauvage y de otros flamencos en la presidencia, siendo amenazado con la cárcel por el recién nombrado Gran Canciller. La consecuencia de tan mal comienzo fue un memorial enviado a don Carlos y firmado por todos los representantes en las Cortes, manifestándole que únicamente le jurarían fidelidad después de que él hubiera jurado guardar las libertades, privilegios, usos y costumbres de Castilla.

Las deliberaciones se alargaron un par de semanas. Las jornadas eran largas y agotadoras, interrumpidas solamente para dar cuenta de una sopa de ajo, pan y jamón, una olla de estofado, unos jarretes de ternera con salsa agria o un sabroso lechazo. Era el único momento en el que las voces crispadas se tornaban amables, las discusiones dejaban paso a bromas y chascarrillos y era unánime el acuerdo sobre las excelencias de la comida. Después volvían a los debates sobre varios temas, en especial uno. Con motivo de su juramento como nuevo rey, don Carlos solicitaba un servicio de seiscientos mil ducados pagaderos en tres años. Era una cantidad enorme que habría de salir del pueblo por medio de un impuesto directo, y los procuradores no estaban dispuestos a aceptar semejante demanda sin antes poner sus condiciones. Doña Juana debería continuar siendo la reina propietaria. La prisionera de Tordesillas había prestado juramento y no estaba muerta; no era por tanto de ley que su hijo reinase solo estando viva, por lo que su nombre debería ir siempre después del de ella. También pedían que el hermano del príncipe, el infante don Fernando, de quince años, no fuese enviado a Bruselas tal como pretendía hacer el consejero Chièvres por miedo a que los castellanos lo prefiriesen a don Carlos. Todos los extranjeros a su servicio deberían regresar a Flandes, comenzando por los señores Chièvres y Sauvage. Además, le solicitaban que aprendiera la lengua de sus súbditos lo antes posible; que fueran castellanos quienes ocuparan los puestos más importantes de la gobernación y, por último, que contrajera matrimonio para dar un heredero al reino. Una vez de acuerdo, los procuradores presentaron sus exigencias, dejando bien claro una vez más que las ciudades y villas castellanas no jurarían lealtad a don Carlos a menos que se aviniese a sus demandas.

Fueron días de discusiones, de carrerillas entre la iglesia de San Pablo, donde tenían lugar los debates, y el palacio, donde se alojaba el séquito real; de presiones y amenazas por ambos lados;

de promesas del obispo Mota, del conde de Benavente y de otros funcionarios castellanos de alto rango en nombre del príncipe; de dudas en el lado de los procuradores que no acababan de fiarse. Los grandes nobles, mientras tanto, esperaban sin decantarse. A ellos se les había apartado del gobierno –aducían– cuando unos y otros les reclamaban una toma de posición o su apoyo. Intrigaban, sin embargo, a la espera de que las solicitudes de las villas fueran finalmente aceptadas por la Corona y ellos pudieran entonces hacer valer su peso, dejando caer en el entorno de uno y otro bando estar dispuestos a apoyar a cada uno de ellos, según el resultado obtenido. Finalmente, don Carlos consiguió el crédito solicitado y se dispuso la fecha del 5 de febrero para el juramento real, y dos días más tarde para el del reino de Castilla hacia su nuevo señor.

Durante todas aquellas semanas, la nieve, la lluvia y el viento no dejaron de azotar la región, lo cual fue interpretado por algún agorero como presagio de las turbulentas relaciones que la Corona mantendría a partir de entonces con una parte importante, al menos en número, de sus súbditos. Las calles eran un puro lodazal en el cual se hundían los cascos de los caballos, era necesario andar con alzas y las botas de badana quedaban destrozadas; capas y gorras parecían trapos mojados y pudo verse a más de un notable con la vestimenta tan descolorida que, más que un caballero, parecía un juglar errante de los muchos llegados a Valladolid al amparo de los acontecimientos. Y por si esto fuera poco, hizo su aparición una epidemia de peste que se cebó en los más pobres.

–También se le podía haber ocurrido a Su Alteza convocar Cortes en Sevilla, que allí, al menos, ¡no nieva!

Juan de Padilla y un pariente de su mujer, Juan Bravo, procurador de Segovia, se habían conocido el primer día de las deliberaciones, simpatizando de inmediato. Ambos se hallaban sentados frente a la enorme chimenea que presidía la sala de las comidas de la posada-taberna El Ciervo, donde se alojaban, y sonrieron al escuchar el comentario de Juan de Guzmán, representante de la ciudad de Sevilla, con quien compartían habitación. Los dos nuevos amigos estaban cansados y tenían ganas de regresar a sus respectivos hogares. Llevaban en Valladolid ya cerca de un mes y tampoco se sentían muy conformes con el resultado. Don Carlos había jurado el día anterior respetar las leyes y costumbres castellanas, pero ellos dudaban de que todas sus demandas fueran a ser atendidas, a pesar de las promesas realizadas por los representantes reales y por algunos nobles castellanos, como el duque de Alba y el de Béjar, los cuales habían finalmente tomado cartas en el asunto y actuado como mediadores.

–¿Creéis que se habrá logrado algo? –preguntó Bravo alargando su pote para hacerse escanciar vino por una de las muchachas de la posada.

–Quién sabe... Mi padre dice que es mejor no confiarse.

–Pero don Carlos ha decidido prestar juramento...

–Ya..., pero, que se sepa, aún no ha prescindido de ninguno de sus consejeros y tampoco ha relevado de sus puestos a flamencos y borgoñones. Hubiera sido un gesto de buena voluntad por su parte. Nosotros, sin embargo, hemos aprobado el elevado crédito solicitado. No sé cómo van a poder los castellanos hacer frente a un nuevo impuesto... No sé cómo nos recibirán a nuestra vuelta, cuando les expliquemos que si antes eran pobres, ahora van a serlo mucho más.

–Habría que exigir a los nobles una parte proporcional de sus riquezas. No son mejores que los señores flamencos, ¡sólo son unos miserables «chupacuartos»!

Juan se echó a reír al escuchar el exabrupto de su compañero.

–¡Parece mentira que un miembro de la familia Mendoza y antiguo hombre del cardenal Cisneros se exprese en esos términos!

–Miembro de segundo orden, os recuerdo –replicó Bravo con humor–. Mi madre era prima en segundo o tercer grado, no lo sé muy bien, del duque del Infantado. Nada que ver con vuestra esposa.

–Cierto. Ella es una Mendoza de primera línea...

Juan permaneció pensativo, con la mente puesta en María y una mirada ensoñadora. Era la primera vez, exceptuando los primeros meses tras su boda, que estaban tantos días separados y la echaba en falta, mucho. Se la imaginó a punto de acostarse, su cuerpo cubierto con una camisa de noche de seda brillante y pesada que se deslizaba ligera hacia el suelo a nada que se soltase el lazo del escote y se dejasen sus hombros desnudos, descubriendo entonces una figura delgada, de piel blanca y suave, que la preñez no había logrado deformar. Desde los tiempos de la difunta reina y por orden suya, la seda estaba controlada por unos cánones muy severos que impedían su libre uso en Castilla. Se decía que doña Isabel había visto un día a una prostituta muy hermosa, envuelta en sedas como una dama, y había desterrado de su reino el precioso tejido, provocando la natural indignación de los artesanos textiles de la especialidad. No sabía si la historia era cierta y durante el reinado de don Felipe la orden había sido revocada, aunque continuaba manteniéndose un control riguroso sobre su adquisición y uso. María guardaba en su arcón decenas de prendas de dicho material a pesar de continuar vigente el control. Se la imaginó cepillándose el cabello, largo, abundante, negro, con olor a almizcle y jazmín en el cual hundía él la cara después de haberle hecho el amor. Este pensamiento lo desasosegó de tal forma que a punto estuvo de abandonar la taberna, montar en su caballo y salir disparado hacia Toledo. Estaría en brazos de su amada antes de la medianoche, lejos de intrigas y discusiones. En paz. La voz de su amigo lo volvió a la realidad. No podía abandonar Valladolid antes de que el príncipe hubiera jurado como rey, acto previsto para el día siguiente. Se pasó la mano por la boca. Tenía los labios secos y también la garganta y bebió de un trago el licor del cubilete para ahuyentar su deseo.

–Esta tierra nuestra es hermosa, pero aún lo sería más si los campesinos y menestrales no se vieran aplastados por los impuestos, los grandes nobles no abusasen de sus derechos, los gobernantes tuvieran conciencia de que nada son sin sus gobernados, el Santo Oficio no anduviese siempre buscando herejes donde no los hay...

Juan miró con simpatía a Bravo. La obligada convivencia durante aquellas semanas los había llevado a las confidencias, a hablar de sus familias, de sus mujeres e hijos, de sus esperanzas. Sabía que su compañero se había casado dos veces, siendo ambas esposas hijas de judíos conversos. Sus dos suegros eran comerciantes, gente de bien, respetados por sus vecinos, pero sobre ellos y sus familiares pendía de continuo la duda de los cristianos viejos. Conocía la opinión del procurador segoviano acerca de los oficiales de la Inquisición y de sus confidentes.

–¡Son pura basura! Corrompen, compran delaciones falsas, torturan a inocentes, se enriquecen con los despojos de sus víctimas... –había expresado una noche parecida a aquélla, con las mejillas coloreadas por el calor del fuego y el alcohol–. Es preciso que las Cortes muestren su desacuerdo con sus manejos y se les impida actuar con la impunidad que vienen haciéndolo.

Su empeño y el de otros procuradores había logrado que, entre las exigencias presentadas a don Carlos, se mencionase una solicitando que el Tribunal del Santo Oficio dejase de ser un ente dependiente de la Iglesia y fuese controlado por el gobierno.

–Si os soy sincero, me temo que muchas de las disposiciones que hemos redactado queden en agua de borrajas –dijo Juan, intentando desviar los pensamientos de Bravo.

–El príncipe las ha jurado...

–Los príncipes pueden jurar hoy y desjurar mañana, pueden cambiar las leyes aprobadas por ellos mismos y crear unas nuevas.

–Tal vez... –el segoviano se detuvo, como si meditase las palabras que estaba a punto de pronunciar, y bajó el tono de la voz antes de proseguir– los pueblos viviesen en mayor armonía sin reyes que los gobernaran.

–Sabéis que eso es imposible –Juan bajó también el tono de la suya casi sin darse cuenta–. Siempre ha habido reyes.

–No siempre. No los había en Grecia ni en Roma. Decidme, señor de Padilla, ¿por qué es diferente un rey del resto de los mortales? Nacen igual que los demás y también mueren como todo el mundo. La historia de nuestro reino está plagada de guerras entre hermanos, de fratricidios reales, bastardos, asesinatos, usurpaciones... Desde los tiempos del primer rey de Castilla, no ha habido un solo reinado que haya transcurrido en paz. Y lo mismo puede decirse de las tierras vecinas a la nuestra.

–Cuidado con vuestras palabras, señor Bravo, podrían considerarse traición.

–Es la verdad y también es la historia de siempre. ¿Os habéis detenido a pensar que desde que nacemos nos vemos obligados a caminar por un estrecho puente, colgado sobre un acantilado?

–No os entiendo...

–No podemos salirnos del puente, estamos abocados a caer si nos desviamos, nuestros pasos están vigilados por los servidores del rey y... los de Dios.

La conversación estaba tomando un derrotero incómodo para Juan. La taberna estaba repleta de oídos dispuestos a repetir sus palabras, y eso era algo muy peligroso. Nadie estaba seguro y menos en aquellos momentos en los que afloraban las susceptibilidades. La ciudad estaba plagada de espías, al servicio de los flamencos, de los nobles y, también, de los ricos comerciantes de la lana y de otros deseosos de asegurarse cuanto antes la continuidad en lo referente a sus negocios. Era más sabio guardarse las opiniones, incluso las intrascendentales, porque las cárceles estaban llenas de indiscretos y aún podían estarlo más.

–Amigos, ¿qué tal si nos zampamos un lechoncito entre los tres? ¡Tanta reunión y tanta charla me han dado hambre!

Juan agradeció de corazón la intervención de Guzmán, quien se había aproximado a ellos en busca de compañía, harto de intentar meter mano a una de las mozas de la taberna sin obtener resultado alguno. Acabaron la jornada en torno a un plato de asado y más de una jarra de vino peleón, contando historietas subidas de tono y lanzando requiebros a las mozas. Finalmente, subieron a la habitación ayudándose unos a otros mientras entonaban una copla que el cuñado de Juan, Diego, había improvisado en un momento de euforia durante las últimas fiestas navideñas en honor a Diana cazadora al contemplar una ilustración en un libro propiedad de su hermana. Sus dos colegas la aprendieron enseguida e incluso le pusieron música:

> Señora, la del arco y las saetas,
> que andáis siempre cazando en despoblado,
> decidme, por vuestra vida, ¿no habéis topado
> quien os meta las manos en las tetas?

El día dispuesto para el juramento amaneció frío, la nieve y la lluvia caían de forma alternativa, mezclándose con los residuos lanzados a las calles por los vecinos, enlodando el suelo y amenazando con continuar haciéndolo el resto de la jornada. Don Carlos no estaba de buen humor y fueron pocas las sonrisas prodigadas de camino a la iglesia de San Pablo, montado en un hermoso caballo y acompañado por los embajadores de las principales Cortes europeas, y la nobleza castellana a pie y con la cabeza descubierta. Precedido por tambores, clarines y heraldos, vestido de ceremonia a la antigua, con ropaje largo recamado en oro, los cabellos rubios y los ojos azules, en un día soleado el príncipe hubiera semejado un dios pagano, pero la lluvia había ajado los arcos triunfales y las guirnaldas colgadas en los balcones. Además, la peste había ahuyentado a los plebeyos de las calles embarradas.

El joven echaba en falta a su tía Margarita, la madre que nunca tuvo, su alegre corte, su país de origen, las jóvenes sonrientes siempre dispuestas a agradarle, la música y el baile. En su opinión, aquel reino que le había tocado en suerte era oscuro, al igual que lo eran sus habitantes, las costumbres severas, sin refinamiento, y excesivamente religioso a su entender. En Borgoña también hacía frío y los inviernos eran largos, pero los palacios se caldeaban con grandes chimeneas y braseros de porcelana. Además, a él le gustaba la cerveza y en Castilla ésta era de un sabor desagradable y todo el mundo se empeñaba en servirle vino. Hizo el trayecto hasta la iglesia con la mente puesta en su próxima marcha, en cuanto hubiese jurado como rey y le hubieran entregado el servicio solicitado. Iría a Zaragoza después, de allí a Barcelona y luego a Valencia. Su ayo y consejero, el señor de Chièvres, le había informado que Cataluña era una tierra soleada y sus habitantes, más abiertos que los castellanos. Además, muchos de ellos conocían la lengua francesa y no precisaría de intérprete para entenderse con sus interlocutores, lo cual, sin duda alguna, sería un alivio para él.

La ceremonia duró horas. La misa celebrada por el cardenal de Tortosa, Adriano de Utrecht, la lectura de la fórmula del juramento, la lista de los nobles, prelados, hidalgos y procuradores de las villas y ciudades que debían jurarle fidelidad le pareció interminable. Repitió también él su juramento, se cantó un *Te Deum* y, finalmente, salió de la iglesia, esta vez como rey de aquellos castellanos que habían osado exigirle cumpliera hasta ochenta y ocho disposiciones antes de acatar su autoridad sin pedir nada, como era la obligación de cualquier buen vasallo. Aceptaría algunas de ellas, pensó, pero no sustituiría a ninguno de los señores flamencos e italianos de su séquito a los cuales había concedido los cargos más importantes de la gobernación. No se fiaba de los nobles arrogantes a quienes había observado con atención durante el tiempo que llevaba en su nuevo reino. Sus abuelos los habían apartado del poder por su gran ambición y él estaba dispuesto a hacer lo mismo. Tampoco había escapado a su aguda mirada la atención prestada a su hermano Fernando, y estaba seguro de que no les importaría coronarlo rey en su lugar a la menor oportunidad. Recordó una de las últimas cartas del difunto cardenal-regente recomendándole enviar al infante a Flandes en previsión de una repetición de los hechos que habían llevado a su abuela Isabel al trono en pugna contra su sobrina, para algunos la legítima heredera, para otros una bastarda: tampoco cumpliría con esa demanda solicitada por los procuradores y enviaría a su hermano pequeño fuera de Castilla en cuanto le fuera posible.

Durante el banquete que siguió a la ceremonia, flanqueado por sus dos hermanos, Fernando y Leonor, quien lo había acompañado en su viaje desde Borgoña, y rodeado de sus más queridos amigos y consejeros, no perdió de vista a los duques y condes que ocupaban las largas mesas dispuestas para la descomunal comida prevista y que duró aún más que la ceremonia religiosa. Tampoco le pasó desapercibida la actitud de algunos representantes de las villas y ciudades. Sentados a las mesas más alejadas, hablando entre ellos, sin tomar parte en el festejo o, al menos, no con el mismo entusiasmo que los grandes nobles. Debería tratar el asunto con sus gentes y tener un ojo puesto en ellos, no fueran a desmandarse más de lo que ya lo habían hecho.

Juan de Padilla asistió al convite con cierta desgana. No le agradaban las comidas que duraban horas. A pesar de exigirse a sí mismo no comer más de lo normal, ser sobrio en el beber y no atacar las bandejas de dulces con la glotonería habitual en sus congéneres, aquellas largas sentadas impelían, más por inercia que por necesidad, a pasarse en todos los aspectos. También se veía uno obligado a participar en unas conversaciones cuyo único tema era la política. Se hablaba, se discutía, se reñía y nunca se convencía al vecino. Escuchó con atención a Juan Bravo, sentado frente a él, y también al doctor Zumel, a su lado, y a un caballero de nombre Pedro de Tovar, procurador de Valladolid, hablando entusiasmados del peso de las Cortes ciudadanas en la gobernación del reino. Los tres parecían muy animados y convencidos de sus palabras, pero él no las tenía todas consigo y se sentía incapaz de compartir sus esperanzas.

Observó, en la distancia, al recién coronado rey departiendo con sus allegados. Había tenido ocasión de verlo de cerca durante la ceremonia del juramento. No era mal parecido a pesar de la prominencia de su mandíbula que lo obligaba a mantener la boca semiabierta y daba la impresión de aburrirse, pero su mirada era inquisidora y no se le escapaba ningún detalle de lo que ocurría a su alrededor, a pesar de parecer distraído y de no comprender la lengua de sus súbditos. Había orgullo en su porte, algo natural siendo quien era y teniendo en cuenta su educación, pero eso no significaba que fuera a ser un buen rey, pensó el toledano. Le vinieron a la mente las palabras dichas por Bravo la víspera, cuestionando la propia existencia de la realeza, y esbozó una sonrisa. Él no llegaba tan lejos en sus sentimientos, pero era imposible no pensarlo a veces, sobre todo cuando se meditaba detenidamente sobre el hecho de que todo un reino estuviera en las manos de un mozalbete extranjero. El banquete se alargó hasta bien entrada la noche, aunque él abandonó la mesa mucho antes. Deseaba pasear, despejar la cabeza de los vahos del alcohol, dejarse acariciar por el viento helado que azotaba sin piedad a los pocos viandantes visibles por las calles de Valladolid. Deambuló largo rato y acabó entrando en una tabernucha cuando dejó de notar sus pies dentro de las botas de badana fina calzadas para la ceremonia.

El antro estaba únicamente iluminado por las luces de media docena de candiles y tardó en acostumbrar sus ojos a la penumbra. Al entrar él, los parroquianos dejaron de hablar y lo contemplaron con atención, volviendo a sus conversaciones al comprobar que iba solo y no llegaba con ánimo pendenciero. Se sentó al borde de una mesa mugrienta y pidió un cubilete de orujo que manoseó antes de decidir llevárselo a los labios. Sintió un zarpazo en la garganta y estuvo a punto de vomitar el líquido, pero aguantó intentando parecer impasible aunque los ojos se le llenaron de lágrimas.

–Según dicen, es el mismo veneno que bebe el propio Lucifer en el infierno –escuchó una voz a su lado–. Yo creo que no es cierto porque, si lo fuera, Satanás estaría muerto ya hace mucho.

Una risa cascada siguió a las palabras. Juan miró a su interlocutor. Era un hombre de mediana edad, de abundante cabellera, más blanca que negra, y barba rala con varias calvas, como si le hubieran arrancado algunos mechones de un tirón. Mantenía en su mano un cubilete parecido al suyo, lo levantó a modo de brindis y bebió el contenido de un golpe.

–Es peligroso para un hidalgo andar por estos parajes a altas horas de la noche –afirmó a continuación.

–¿Por qué?

–La riqueza convierte en déspotas a hombres honrados; la miseria los transforma en ladrones y asesinos. Por vuestra apariencia se ve que sois un caballero, vuestro traje es de buena tela y lleváis un anillo de oro...

Juan miró instintivamente el anillo con el escudo de armas de su familia que portaba en su dedo anular, regalo de María al año de estar casados.

–No te hice un regalo de bodas –le dijo ella en aquella ocasión–, pero te lo hago en nuestro primer aniversario. Cada año, en esta fecha, te daré una prenda de mi amor.

Y había cumplido su palabra. Un anillo, una daga, una cartera de piel de cervatillo, un cepillo de plata con sus iniciales, un juego de plumillas de varios grosores y un colgante de plata labrada en forma de corazón en el cual había introducido un mechón de sus cabellos –«para no separarme nunca de ti»–, y que él llevaba colgado de una cadena bajo su camisa, habían sido sus prendas.

–No temáis –prosiguió el hombre–. Nadie osará acercarse a vos mientras yo permanezca a vuestro lado.

–¿Tan temible eres? –inquirió el procurador, no sin ironía, acercando disimuladamente la mano a la empuñadura de la espada.

–Lo soy –afirmó el otro, satisfecho–. Aprendí el arte de las armas antes mismo que a hablar, pues mi padre era soldado de fortuna y yo también lo fui.

–¿Lo fuiste? ¿Ya no?

–Me hago viejo y estoy cansado de andar de un lado para otro. Espero encontrar un señor a quien servir y por esta razón me hallo en Valladolid. Todos los nobles del reino han venido para el juramento y tal vez, quién sabe, encuentre a un caballero con muchas tierras y pocos líos.

–¡Seguro que lo encontrarás! –rió Juan antes de beber el resto del cubilete y levantarse–. Gracias por la compañía, pero he de retirarme.

–Id en paz.

–Lo mismo digo.

No bien hubo andado veinte pasos al salir de la taberna cuando se vio rodeado por tres facinerosos que le exigían la bolsa de los dineros y cuanto de valor llevara encima a riesgo de verse degollado al instante. Sin apenas tener tiempo para defenderse, uno de los hombres se le echó encima, golpeándole en la cabeza con un objeto de hierro que lo hincó de rodillas en el barro. No supo muy bien lo ocurrido a continuación. Con la cabeza dolorida, incapaz de levantarse, oyó primero gritos y luego pisadas alejándose y chapoteando en los charcos.

–¿Os encontráis bien, señor?

La voz amiga del soldado de fortuna le hizo recobrar el sentido medio perdido. El hombre lo ayudó a levantarse y pasándole la mano por debajo de la axila lo obligó a andar hasta la posada de El Ciervo, exigiendo, una vez dentro, que alguien fuera en busca de un físico. La posada se hallaba cercana al hospital, y el propio hijo del posadero salió corriendo en busca de un médico. La herida, aunque aparatosa, era sólo superficial. Una buena limpieza, seguida de una aplicación generosa de pomada elaborada con corteza de olmo, aceite y cera virgen, y una venda en la cabeza fueron suficiente cura.

–No viajéis en un par de días y venid a verme antes de hacerlo. No parece nada grave, pero con este tipo de golpes, nunca se sabe... –le aconsejó el físico antes de marcharse.

El soldado lo acompañó hasta la habitación en la cual, en medio de un pestilente olor a pies, Bravo y Guzmán dormían a pierna suelta.

–¿Cómo te llamas? –le preguntó Juan antes de dejarse caer en el camastro.

–Sosa, Pedro Sosa, para servir a vuestra merced.

–Me has salvado la vida. Si quieres, puedes ser mi hombre.

–Pocos caballeros se hubieran dignado a entrar en una taberna miserable y a entablar conversación con un simple soldado licenciado. Acepto.

–Una cosa más... –añadió el herido, sin fuerzas para mantener los ojos abiertos–. No tengo tierras, pero tampoco líos, hasta hoy...

El hombre ahogó una risa divertida y salió del cuarto. A Juan le dolía la cabeza, pero únicamente lamentó en aquel momento que el percance le impidiera regresar a Toledo al día siguiente, tal como tenía previsto.

Por la mañana del nuevo día, Sosa se presentó en la posada a primera hora y esperó a que su nuevo señor bajara de la habitación. Juan abandonó la estancia a eso del mediodía acompañado de Bravo, quien poco después se despidió para emprender el camino de vuelta a Segovia.

–Nos veremos pronto –dijo éste a modo de adiós.

–Será un placer recibiros en nuestra casa –respondió Juan–. A mi mujer le complacerá conocer a su primo.

–¡Ojalá nuestro encuentro sólo se deba a razones familiares! –gritó el otro, espoleando su caballo y desapareciendo cuesta abajo.

El toledano y su criado se dirigieron a la plaza Mayor de Valladolid, donde algunos caballeros principales, tanto castellanos como flamencos, se disponían a romper algunas lanzas. Los torneos estaban programados dentro de los festejos para celebrar la entronización y la plaza estaba repleta de gentes ansiosas por ver a don Carlos, pues se aseguraba que el nuevo rey sería uno de los contendientes. Los dos hombres encontraron un hueco en la parte alta de la tribuna de los hidalgos, opuesta a la de los nobles. Había dejado de llover y podían verse claros en el cielo, aunque el día era gélido y desapacible. A Juan le dolía la cabeza y se veía obligado a girar el torso para seguir las evoluciones de los caballeros que, vestidos con armaduras de gala a cual más vistosa, se embestían como si se hallasen en un combate y no en una prueba amistosa. La entrada en el palenque de un caballero vestido de negro, lanza y caballo incluidos, con la celada del yelmo echada, levantó una gran expectación.

–¿Quién es ése? –preguntó Juan al hombre sentado a su lado.

–El prior de la orden de San Juan de Jerusalén, don Antonio de Zúñiga, hermano del duque de Béjar.

Uno a uno, el caballero negro fue desmontando a sus oponentes entre los aplausos y los gritos de entusiasmo de los espectadores. El hombre atacaba sin desviarse una pulgada de su camino, la punta de su lanza se estrellaba contra sus rivales haciéndose astillas y en más de una ocasión éstos quedaban maltrechos y debían ser ayudados por sus escuderos. Un rumor se extendió por las tribunas cuando apareció el último justador con armadura dorada y penacho blanco en el yelmo.

–¡Es el rey! –se escuchó.

Un silencio denso siguió al rumor cuando los caballeros tomaron posiciones y esperaron la señal para embestir. Para sorpresa de todos, al llegar a la altura de su oponente, el caballero negro ladeó su lanza y ésta pasó rozando el hombro real mientras él era desmontado de un golpe seco en pleno pecho. El público permaneció en silencio. Don Carlos levantó la celada, giró su caballo, regresó al lugar donde yacía el de Zúñiga, desmontó y lo ayudó a ponerse en pie. Entonces, la gente rompió en aplausos y en vivas al rey, arreciando en sus gritos cuando el alcaide del torneo lo declaró campeón de la justa.

–¡Jamás en mi vida había contemplado semejante amaño! –mascullό Sosa entre dientes.

–¿Habrías tú derribado a un rey? –le preguntó Juan.

–Habría luchado con honestidad, fuera quien fuese mi oponente.

–He ahí una de las razones por las cuales nunca serás prior de una orden de caballería –rió el procurador, sintiendo en el mismo instante un fuerte dolor que le trepanaba la cabeza.

Desde la marcha de su marido, a María se le hacían los días interminables. Pasaba las horas muertas mirando por una de las ventanas que daba a la calle, esperando verlo regresar en cualquier momento. Su suegro continuaba en la casa. Con el mal tiempo y su quebrantada salud, no era aconsejable regresar a Mascaraque hasta que cesasen la nieve y el frío. También Gutierre, su cuñado, había retrasado su partida a Salamanca, donde servía al duque de Alba. No tenía ninguna prisa en volver mientras su señor estuviese en Valladolid y, por otra parte, casi prefería escuchar lo acontecido de labios de su hermano. El duque no era muy dado a las confidencias y él era tan sólo un capitán a su servicio. Las veladas en la casona transcurrían apacibles, entreteniendo el tiempo con el juego del ajedrez o las damas, y el pequeño Pedro disfrutaba con la presencia de su abuelo y de su tío, aprovechando la ausencia del padre y la debilidad de la madre para alargar la hora de irse a la cama. Cuando Lucía y Antonia, la joven de Guadamur, lograban llevárselo, los mayores permanecían un buen rato más junto al fuego.

–No estoy seguro de que haya sido una buena decisión presentar las exigencias de las ciudades como condición para el juramento –comentó pensativo Gutierre una noche.

–¿Por qué lo dices, hijo? –le preguntó su padre, moviendo al mismo tiempo una torre con la intención de dar jaque a la reina de su nuera.

–No se va a un rey con exigencias... Los vasallos no pueden poner condiciones para jurar a su rey.

María detuvo el movimiento iniciado para escapar de la torre, miró a su cuñado y arqueó las cejas.

–Según vos, ser vasallo significa ser siervo.

–Don Carlos es nuestro señor por la gracia de Dios.

–Por su gracia y también por la de sus padres, la de los nobles y por una cuadrilla de flamencos ladrones que no han dejado de robar desde que pusieron los pies en Castilla. Jaque mate a vuestro rey, querido suegro –añadió con una sonrisa dirigida al anciano al tiempo que colocaba su reina.

–Aun así, es nuestro soberano –insistió el joven.

–*Audaces fortuna juvat!* ¡La fortuna favorece a los audaces! –exclamó María, recordando lo escrito por Virgilio en *La Eneida*, y sonriendo al observar la consternación en el rostro de su oponente por haber perdido la partida que creía ganada.

–Los ha habido audaces con la cabeza cortada por no saber cuál era su sitio –volvió a la carga Gutierre.

–Y otros que han pasado la vida escondiéndose sin dar la cara.

–Pero no han arriesgado sus vidas ni las de los suyos.

–¿A qué viene todo esto? –preguntó el señor de Padilla participando en la conversación.

–Mi cuñado no está de acuerdo con las exigencias que los procuradores de las villas y ciudades han llevado a Valladolid.

–No es que no esté de acuerdo, es que no me parece el momento adecuado.

–¿Cuál sería para vos el momento adecuado?

–Después del juramento, cuando don Carlos vaya familiarizándose con su nuevo reino.

–Entonces será ya tarde. –María colocó las piezas del ajedrez en su sitio, dispuesta a recomenzar la partida con su suegro–. Un rey sentado en su trono no acepta fácilmente que se le diga lo que debe hacer.

–Puede que no haga falta decírselo...

María miró a Gutierre y se echó a reír.

–¿Qué es lo que tanta gracia os hace? –preguntó éste, molesto.

–Vuestra ingenuidad. Los reyes, este rey, no son diferentes de cualquier otro ser humano. No nacen sabiendo. Deben de aprender su oficio como el artesano aprende el suyo. ¿Qué pensáis vos, señor suegro?

–Pienso que es peligroso enfrentarse a los poderosos. A la larga, ellos ganan y los demás pierden.

El caballero calló, ensimismándose en el movimiento de las llamas en la chimenea. Estaba preocupado por Juan. Aún no había cumplido los treinta y era, por lo tanto, joven a pesar de su experiencia como militar y de la barba cerrada que había sustituido a los cuatro pelos que tenía al marchar a tierras andaluzas. En lugar de mantenerse en una segunda posición, escuchar y apoyar las propuestas de los otros procuradores según le dictase su conciencia, tomaba parte activa en los debates y, de manera asombrosa, exhibía un dominio de la oratoria que lo tenía perplejo. El hombre tranquilo, más bien callado y observador que todos conocían en casa, se transformaba en un orador apasionado cuando tomaba la palabra ante la asamblea. Él lo había escuchado en varias ocasiones desde la galería reservada al público.

Tan sólo un par de meses atrás, había hablado en contra de un nuevo impuesto que atañía por igual a hidalgos y pecheros y que el consejero Chièvres pretendía establecer para su propio beneficio. Juan se había opuesto al pago de dicho impuesto por parte de los hidalgos y logrado que la ciudad lo rechazara. Lo más extraordinario del caso fue el entusiasmo de la multitud que lo acompañó de vuelta hasta su casa, porque entre ella no sólo había hidalgos, sino también gentes del común. Él le había advertido entonces que el rey no se lo agradecería, pero Juan se había limitado a sonreír. Y también estaban los recuerdos de su propia vida. Se había negado en todo momento a reconocer la locura de la reina, y ello le había acarreado múltiples sinsabores y la enemistad del difunto consorte real, don Felipe, aunque no se arrepentía y volvería a hacerlo. También recordó sin orgullo su participación en los enfrentamientos entre los Silva y los Ayala de Toledo, en los cuales él tuvo una participación muy activa peleando y... matando a sus conciudadanos.

–¿En qué pensáis?

La voz de su nuera interrumpió sus cavilaciones.

–Creo que Juan debería dejar la política y volver a la carrera militar.

–¿No estaréis hablando en serio? –María lo miraba asombrada–. ¿Deseáis que pase la vida en una guarnición perdida de la mano de Dios?

–Quiero que no arriesgue su seguridad.

–¿Acaso la vida de un político no es más segura que la de un soldado?

–No será la primera vez que los pueblos acaban empuñando las armas en contra de sus gobernantes.

María y su cuñado intercambiaron unas miradas preocupadas. ¿A qué se refería el viejo caballero? ¿Tal vez a los disturbios que habían agitado a los toledanos cincuenta años atrás? La ciudad se había alzado entonces en armas contra el poder de los señores feudales, pero el asunto había acabado casi antes de empezar, habiendo salido los nobles fortalecidos. ¿O a los disturbios provocados por enfrentamiento entre las dos familias más influyentes de la ciudad y sus seguidores, tan sólo hacía una decena de años?

–Eso no ocurrirá esta vez –aseguró María confiada–. Don Carlos ha de entender que las ciudades tienen sus propios fueros y administradores. Sus opiniones deben de ser atendidas para la buena marcha del reino.

–Yo lo entiendo, querida, pero ¿lo entenderá él?

Aquella noche, María tardó mucho rato en dormirse. Las palabras de su suegro revoloteaban machaconamente en su cabeza y también le daba vueltas a la situación política. Juan y ella hablaban a menudo sobre el asunto. Al principio sorprendida, y poco a poco más convencida, aunque incómoda al tratarse de los de su propia clase –de sus parientes, en una palabra–, lo había escuchado hablar acerca de las prerrogativas de los señores, beneficiados por innumerables mercedes a lo largo del último siglo. Muchas poblaciones de realengo habían pasado de las manos de los reyes a las de los nobles. En Sepúlveda, Ágreda, Badajoz, Córdoba, Segovia y en la propia Toledo había habido revueltas lideradas por la pequeña nobleza y los hidalgos, apoyados por los comerciantes y artesanos, en contra de las pretensiones de los grandes nobles, cada vez más poderosos y dominantes. La llegada de los flamencos no había hecho sino agravar el conflicto, puesto que éstos tenían todos los vicios de aquéllos y no pertenecían a la tierra. Entre unos y otros iban camino de acabar con las libertades castellanas.

–No hay nada extraño, querida, en que los procuradores en nombre de las villas y ciudades exijamos el mantenimiento de los fueros –le había dicho Juan una noche, poco antes de partir hacia Valladolid–. Todos los monarcas han jurado mantenerlos y defenderlos. Don Carlos se proclamó nuestro rey a miles de leguas de este reino, lleva aquí varios meses y aún no ha convocado Cortes, pero sus gentes gobiernan como si ya hubiera sido reconocido.

–¿Y qué más da que jure antes o después? –había preguntado ella sin darle importancia.

A fin de cuentas, no sería la primera vez que un monarca tardaba algún tiempo en someterse al juramento.

–Cuanto antes lo haga, mejor para todos. Hasta entonces será un simple usurpador de los derechos de su madre, nuestra reina doña Juana.

–Doña Juana, lo sabes muy bien, no está en disposición de gobernar.

–Pero fue jurada y no está muerta. El pueblo ha de estar seguro de a quién debe su lealtad.

María notaba un cambio sutil en los planteamientos de su marido. Había comenzado defendiendo los privilegios de los hidalgos y cada vez más a menudo hablaba de los asuntos del común. A ella aún se le escapaba el contenido de su discurso, pero estaba plenamente decidida a entenderlo aunque sólo fuera por entenderle a él también. A veces, recordaba la casita de Salobreña, en la cual se había refugiado durante su malogrado primer embarazo y también después del nacimiento de Pedro. Le gustaría regresar a aquel hermoso lugar donde viviría con Juan y crecería su hijo. Los tres juntos contemplarían las puestas de sol reflejadas en las aguas del mar, se amarían e ignorarían al resto del mundo. Pero sabía que no sentía en absoluto lo que pensaba. Le encantaba la vida de sociedad, estar metida en el trajín, conocer los chascarrillos de primera voz, escuchar los dimes y diretes de la clase política, conocer las opiniones de unos y otros. Y comenzaba a tener su propia opinión al respecto.

Por otra parte, Toledo le ofrecía sin duda algo que Granada no podía: el acceso inagotable a las fuentes del saber, los libros. Su padre disponía de una excelente biblioteca, pero ella no podía elegir y debía limitarse a los gustos de su progenitor y de sus educadores. En Toledo, sin embargo, era libre de acudir a casa del librero Andrés de la Espina, con quien había entablado una relación cercana; él la mantenía al corriente sobre las últimas obras impresas y sobre las tendencias literarias del momento. A Juan no le interesaba la literatura en general; prefería los tratados políticos o militares y, por supuesto, la lectura y redacción de las actas concejiles, pero alentaba sus gustos aunque sin poder evitar alguna broma de tiempo en tiempo.

–Mi esposa doña María Pacheco, la escolástica –le había presentado en una ocasión a un colega, y ella lo había fulminado con la mirada.

Había vuelto a leer las obras de los filósofos griegos que años atrás consideraba tediosas para desesperación de sus maestros, entre ellos el afamado Pedro Mártir de Anglería. Su padre lo había contratado como educador de sus hijos y era un pozo de conocimientos, pero, como la mayoría de los sabios, también era doctrinal y aburrido, o eso al menos le parecía a ella en aquel entonces. Ahora, sin embargo, recordaba algunas de sus enseñanzas y releía los *Diálogos* de Platón, obra traducida del griego por los árabes y del árabe al latín en la famosa escuela que tanto renombre había proporcionado a la ciudad en toda Europa. A pesar de que los pensadores más respetados frecuentaban las aulas universitarias de Salamanca, también existían en Toledo hombres y mujeres intelectualmente preparados, capaces de mantener interesantes discusiones filosóficas, como algunas de sus vecinas del barrio de Santa Leocadia, mujeres ilustradas, capaces de leer en latín igual o mejor que ella misma. Y también había otras personas, varios canónigos de la catedral, escribanos, hombres de leyes, médicos y demás, a quienes había tenido la oportunidad de conocer en las reuniones sociales –«populacheras» las había llamado ella en alguna ocasión– a las que tan aficionado era Juan. Poco a poco y casi sin darse cuenta, desdeñando charlas sin ningún interés, había ido aproximándose a ellos, sintiéndose aceptada con toda naturalidad a pesar de ser mujer. Las conversaciones acababan irremediablemente refiriéndose al mundo de la política y la proyección en ésta de los filósofos griegos, cuyas obras veían un nuevo auge a partir del interés por ellas de pensadores europeos de la talla de Erasmo y Tomás Moro, entre otros. La *res publica*, el gobierno de los súbditos, el ejercicio de la justicia, asunto éste avivado por la presencia en la gobernación de los consejeros y hombres de confianza del príncipe Carlos, era el tema principal de unas tertulias que iban dejando su impronta en la mente de la mujer cuya inteligencia precoz ya había sido advertida por el maestro Anglería.

Lo vio entrar en el patio, una tarde de mediados de febrero en la que la nieve no había dejado de caer desde temprano por la mañana, y el corazón le dio un vuelco; corrió escaleras abajo y se lanzó en sus brazos sin el recato esperado en una dama de su clase. Sólo entonces se percató de la palidez de su rostro y del vendaje que asomaba bajo el tocado de fieltro.

–¿Qué ha ocurrido? –preguntó aterrorizada.

–Nada importante, señora. No os preocupéis. Fue un mal encuentro con unos maleantes en el que yo llevé la peor parte. Éste es Pedro Sosa –añadió Juan señalando a su acompañante–, mi nuevo hombre de confianza. Gracias a él estoy aún vivo.

María apenas dirigió una mirada al hombre un tanto desarrapado y sucio que se mantenía apartado de ellos, volviendo sus ojos rápidamente hacia su marido. Un instante después, salía despedida y penetraba de nuevo en la casa.

–¡Martín! ¡Ficor!

Los dos hombres, uno viejo y otro algo más joven, llegaron corriendo alertados por los gritos, e igualmente lo hicieron Zaida y el resto de los servidores, así como Gutierre y su padre.

–Acompaña al amo a su habitación –indicó María al primero, dirigiéndose luego al más joven–: Tú, ¡ve en busca del doctor Martínez sin perder un instante! Zaida, la tina del baño y que el cocinero prepare un caldo de pollo con yema y un chorro de vino. Gutierre, ayudad a vuestro hermano a subir las escaleras.

Señor suegro, no ocurre nada grave, volved a la sala que vais a coger frío...

Juan entró apoyándose en el antiguo soldado sin poder evitar una sonrisa divertida.

–Ya te lo había dicho, mi buen Sosa. En esta casa doña María ordena y manda y todos, incluso yo, obedecemos.

A pesar de sus protestas, el herido se vio llevado por Gutierre y Martín medio en volandas hasta su habitación, mientras María continuaba impartiendo órdenes.

–Zaida, este hombre...

–Pedro Sosa, para serviros, señora –se presentó él de nuevo.

–Búscale ropas limpias y un lugar donde acomodarse. No estará de más que tome un baño y que el barbero le arregle un poco el cabello y la barba. No me gusta ver a mi alrededor personas descuidadas –ordenó a la esclava, mirando después al nuevo criado–. Gracias por ayudar a mi marido –añadió con una sonrisa y un tono amable, y echó a correr escaleras arriba como una chiquilla.

No cejó hasta que tuvo a Juan bañado, acostado y comido y el médico hubo afirmado varias veces para convencerla de que la herida no era de gravedad: «un golpe malhadado sin mayores complicaciones», aseguró; soportó ocultando su impaciencia las visitas en la habitación de su suegro, su cuñado y un par de amigos quienes, enterados del percance, se personaron aquella misma tarde en la casa, y hasta acortó el relato nocturno dedicado al pequeño Pedro, lo besó y, por una vez, lo dejó aún despierto en manos de Lucía.

–¡Por fin! –exclamó al penetrar en su habitación y cerrar la puerta con el pestillo–. ¡Creía que nunca iban a dejarnos solos!

Se tumbó junto a Juan, asió su mano con fuerza y cerró los ojos, apoyando su cabeza sobre el pecho de su marido.

–¿Te has quedado dormida? –preguntó éste al cabo de un rato.

–Escucho los latidos de tu corazón.

–¡Por Dios, querida, no estoy muerto! –rió él.

–¡Ni se te ocurra estarlo!

–Estoy bien, algo cansado por el viaje nada más y también

por la ausencia. Los debates han sido largos, las ceremonias pesadas, el tiempo desapacible y te he echado en falta a cada momento. Tu sola presencia me devuelve las fuerzas.

–¿Estás seguro de que estás bien?

–¡Repuesto del todo!

María abrió los ojos, lo contempló durante un rato y, después, se levantó de la cama. Se quitó el pequeño casquete de terciopelo azul adornado con perlas, la redecilla y las horquillas, y su cabello se desparramó por sus hombros como una cascada de seda negra.

–Entonces..., ¿ya tenemos rey? –preguntó.

–Sí, don Carlos reinará en nombre de su madre, quien continuará siendo la reina propietaria de Castilla –respondió Juan sin dejar de mirarla.

Lentamente, la joven soltó las sobremangas de piel de marta y las dejó caer al suelo.

–¿Habéis aceptado su solicitud de pedido?

–Sí...

–¿Cuánto?

–Seiscientos mil ducados, pagaderos en tres años.

Las manos de María se detuvieron en el tercer botón de su vestido de terciopelo también azul, adornado con pasamanería bordada con hilos de plata y almohadillas en los hombros.

–¿Sólo Castilla?

–Sólo Castilla; los otros reinos, que son más pequeños, deberán entregar por tanto cantidades menores. Don Carlos ha partido ya para Zaragoza y luego se dirigirá a Barcelona y a Valencia.

–¿Y las exigencias de las villas y ciudades?

–Las ha aceptado, en principio...

El vestido cayó al suelo y la vasquiña verde trébol fue tras él, quedando a la vista una saya blanca de lanilla, bordada con pequeñas flores también blancas. María soltó los lazos de la camisa de lino cuyo cuello ribeteado con una puntilla velaba el suyo hasta la barbilla.

–En principio...

–Ha aceptado aprender nuestra lengua y matrimoniar en

breve, pero, que yo sepa, no ha dimitido a ninguno de sus consejeros, ni ha nombrado a otros castellanos en su lugar.

Debido al fuego de la chimenea, al refugio acogedor de las mantas del lecho y al caldo de pollo o, tal vez, al calorcillo provocado en él por la visión de su amada desnudándose, el semblante del hombre había recuperado el color y sus ojos brillaban maliciosos. La camisa de lino, otra interior del mismo material que la saya y finalmente ésta, quedaron amontonadas en el suelo. Durante un rato, Juan contempló extasiado a su mujer y, después, alargó los brazos en un gesto mudo de súplica.

–¿Habrá problemas? –preguntó María acurrucándose junto a él.

–Algunos, pero ya se solucionarán.

–Te he echado en falta...

–Me conformo con que la tuya haya sido una décima parte de mi añoranza. No puedo vivir sin ti.

–Yo no quiero vivir sin ti.

Juan besó sus labios suavemente, sin prisas, sabedor de que aquella mujer extraordinaria era suya en cuerpo y alma, al igual que él lo era de ella.

–¿No va siendo hora de que Pedro tenga con quién jugar? –le preguntó.

–Es labor de los dos, ya lo sabes.

Rieron y, una vez más, ambos olvidaron el mundo convulso que se agitaba fuera de su habitación. Se bastaban el uno al otro.

Francisco Serrano, el impresor de la calle Ancha, penetró en la tienda de libros de maese Andrés de la Espina, situada en la misma calle, varios portales más abajo. Portaba un bulto envuelto en una tela de lino recién lavada que depositó encima de un mostrador atiborrado de libros, procedió a soltar con mimo la cinta y mostró el contenido al librero. Cogió a continuación el primer volumen de los cinco descubiertos al retirar la tela, se lo tendió ceremoniosamente a éste, como si le estuviera entregando un documento real o un valioso objeto de arte, y esperó. Maese Andrés se llevó el libro a la nariz para aspirar su olor y después acaricio con suavidad la cubierta de cuero, sintiendo bajo sus dedos los caracteres grabados con los nombres de la obra y del autor: *Encomio de la estulticia* de Desiderio Erasmo de Rotterdam. El libro había sido traducido del latín al castellano, llegando de manera semiclandestina a manos del librero, quien había encargado su impresión a Serrano. El hombre abrió el volumen y pasó las hojas una a una, comprobando si había errores, si las letras eran todas iguales, si los capítulos se hallaban colocados en perfecto orden y sonrió.

–¡Es un magnífico trabajo, querido amigo! –exclamó satisfecho.

El impresor le devolvió la sonrisa y un profundo suspiro se escapó de su pecho. Sabía que estaba jugando con fuego y el asunto podía traer consigo consecuencias muy graves. Aquel trabajo no había pasado por las manos de los frailes inquisidores que exigían supervisar y aprobar las obras impresas en su taller. La rápida expansión de la imprenta, artilugio seguramente inspirado por el Diablo, según ellos, y el peligro que suponía su existencia tenía preocupados a muchos clérigos. Hasta hacía no mucho, el saber era asunto de escolares y los libros manuscritos estaban sólo al alcance de unos pocos, pues eran difíciles y costosos de obtener, pero con la dichosa máquina hasta el más mísero de los estudiantes, o cualquiera capaz de leer, podía disponer de un ejemplar impreso. Cada día aparecían obras nuevas escritas por filósofos y pensadores, pero también por embaucadores y sacrílegos, y era necesario estar alertas. De vez en cuando y sin previo aviso, los dominicos aparecían por el taller, situado en los bajos de su propia vivienda, para comprobar que no se llevaran a cabo trabajos no autorizados y, de paso, controlar a la competencia. Ellos habían sido los primeros en disponer de una imprenta en Toledo y eran también los únicos autorizados para imprimir y vender a buen precio bulas que aseguraban la redención de algunos pecados para acortar el tiempo de Purgatorio y permitían el incumplimiento de algunos deberes religiosos, como la vigilia. Asimismo, imprimían libros de oraciones y todo tipo de indulgencias que suponían unos ingresos saneados, y no estaban dispuestos a repartir los beneficios del negocio.

La impresión del libro del gran pensador holandés la había llevado a cabo él solo, de noche, después de que su ayudante se hubiera marchado. No quería testigos y tampoco había impreso el florón con su marca para evitar problemas en caso de que alguno de aquellos ejemplares llegase a manos del Santo Oficio. Maese Andrés le había hecho el encargo señalando que uno de ellos sería para él y los otros irían a parar a personas de confianza, pero cualquier precaución era poca en los tiempos que corrían. Por menos de eso había ardido más de una persona en el brasero de la Vega, tras sufrir juicio público en la plaza de Zocodover.

A pesar de haber sido nombrado consejero del príncipe Carlos, el maestro Erasmo no era apreciado en los ámbitos eclesiásticos debido a sus duras críticas al estamento religioso, y Serrano estaba convencido de que los inquisidores no hubieran aprobado la impresión de una de sus obras. Además, le habrían hecho unas cuantas preguntas referentes al cómo y cuándo había obtenido él una de ellas, la más satírica de todas, y sobre quién le había hecho el encargo. La falta de humor de la clase religiosa, y en especial de los miembros de la temida Inquisición, era de sobra conocida. Como si el humor también fuera uno más de los pecados inscritos en la larga lista que predicadores y moralistas se empeñaban en exponer en todo momento, pero, a falta de algo que llevarse a la boca, de un trabajo digno, de una vivienda sin ratas, del poder disfrutado por los nobles, ¿qué le quedaba al pueblo sino la risa? Él había tenido suerte y no le faltaba trabajo, pero no estaba ciego. Uno de los cuatro críos de su amigo Matías, el curtidor de la calle Cordonerías, el más pequeño, había muerto de frío y hambre el invierno anterior, y los otros se habían salvado de puro milagro porque él se enteró a tiempo, ocupándose de suministrarles alimentos, ropas y carbón a pesar de una primera negativa por parte del curtidor. El hombre era orgulloso y no quería aceptar limosnas. Solucionó el problema encargándole varias pieles de badana, aunque no le hacían ninguna falta, pues ya tenía algunas y apenas las utilizaba. El verdadero estudioso buscaba el contenido de los libros, y las cubiertas de cartón o papel, en lugar de cuero, abarataban de manera extraordinaria el precio de los ejemplares.

Cuando regresó, y aunque aún no había anochecido, dio a su ayudante el resto de la tarde libre. Éste no se hizo repetir la orden y se despidió encantado hasta el día siguiente. Serrano, entonces, cerró la puerta con la tranca, echó un vistazo alrededor, retiró unos cuantos trozos de cuero, cartones, hojas de papel y algunas planchas de impresión de encima de un arcón y extrajo de él un sexto ejemplar de la obra. Las páginas estaban únicamente cosidas, sin cubiertas ni letras doradas o rojas, ni tampoco título. Aguantó el deseo de leerlo en aquel mismo instante y subió a su vivienda. No se había entretenido en el texto durante las semanas que le había llevado el trabajo, limitándose a colocar a toda velocidad los caracteres en las planchas para acabar cuanto antes el peliagudo encargo, pero no había podido evitar detenerse en alguna frase, en determinadas palabras, que indicaban claramente el contenido del libro: una sátira incisiva dirigida a todos los estamentos de la sociedad, en especial a los nobles y clérigos, incluidos papas, cardenales y obispos. No, a los curas no iba a gustarles el *Encomio de la estulticia,* y esto lo hacía aún más atractivo. Ahora que el trabajo estaba hecho y entregado, podía él dedicar tiempo a su lectura.

Avivó el rescoldo de brasas, echando ramas, serrín y tacos de madera proporcionados a buen precio por otro conocido, carpintero en la calle de la Chapinería, y colocó el pucherete que aún contenía un poco de potaje del mediodía. Después, asió un candil, lo alumbró y salió de la cocina, se dirigió al fondo del estrecho pasillo y ascendió por una escala de mano hasta topar con la trampilla de acceso a lo que él llamaba «su rincón», un sobrado bajo el tejado dentro del cual apenas podía mantenerse erguido, y depositó el candil sobre un cajón de madera que hacía las veces de mesa. El pequeño habitáculo estaba repleto de volúmenes apilados por orden según los temas. Había allí todo tipo de obras: algún viejo códice desdeñado por falta de calidad, libros de música, religiosos, una copia del primer libro encuadernado por su abuelo, *Tirant lo Blanch,* y otro de *Amadís de Gaula;* también guardaba poemarios y obras escritas en griego, aunque él sólo pudiera entender el latín. Todas las rendijas del tejado habían sido taponadas con pez para impedir las goteras y podían verse por doquier cepos para las ratas. Serrano estaba dispuesto a compartir su cama y su escudilla con los asquerosos animalejos, pero jamás les dejaría ultrajar su valioso tesoro. Se sentó en el suelo cruzando las piernas y comenzó a leer el libro, olvidándose de la cena.

Su padre y su abuelo habían sido encuadernadores en Salamanca y sus recuerdos estaban ligados desde siempre al olor de los cueros, pieles, cartones y colas utilizados por ellos, así como al uso de las herramientas, punzones, troqueles, agujas, cuerdas, nervios y demás útiles necesarios para transformar palabras escritas a mano en espléndidos volúmenes destinados a las casas de los ricos, los únicos que podían permitirse el lujo de pagarlos. Él había aprendido el arte de la impresión, y también el latín, con los dominicos de Salamanca, que disponían de su propia imprenta para editar libros religiosos, de oraciones y cantos. Estuvo trabajando con los monjes hasta que un buen día su camino se cruzó con el de maese Andrés de la Espina, quien había acudido al monasterio por asunto de negocios. Fue él quien le hizo un préstamo para poder adquirir la herramienta y alquilar un bajo para instalar la imprenta. Ahora, después de veinte años de trabajo, era propietario del local y del piso situado encima y, además, había devuelto la suma prestada, entregando su amistad incondicional al hombre que lo había hecho posible. Estaba dispuesto a realizar cualquier trabajo que éste le pidiera, y no era la primera vez que imprimía una obra sin beneficio económico. Imprimir cinco o seis volúmenes, cuando lo normal era un centenar, era una verdadera ruina, pero maese Andrés no era un cliente, era un amigo. No conocía el destino de su trabajo, pero tampoco lo indagaba. Le bastaba con que su benefactor se lo pidiese.

Primero por curiosidad, después por interés, se había acostumbrado a imprimir un ejemplar para él cada vez que recibía un encargo «especial». El esfuerzo era casi el mismo y él se beneficiaba de saberes que, de otra manera, jamás hubieran estado a su alcance. Así conoció el pensamiento filosófico griego traducido al latín, el famoso *Liber mortis*, el libro de los muertos, escrito por el príncipe Abdul ben Raschid y condenado por la Iglesia, o la *Divina Comedia* de Dante, también condenada, así como una traducción apócrifa de la Biblia y algunos textos escritos en castellano de escritores judíos y musulmanes, prohibidos por la Inquisición. No siempre era capaz de entender sus contenidos, pero el hecho de hallarse bajo sospecha los convertían en preciadas piezas que habían de preservarse.

Varios días más tarde, maese Andrés le envió un recado rogándole que fuera a verlo de nuevo, a la caída de la noche, le decía en su mensaje, después de cerrar el negocio. No había aquel día gran trabajo por hacer y se dedicó, junto al aprendiz, a limpiar los moldes, restregar con esparto las planchas de madera y acuchillar los pupitres. No podía quitarse de la cabeza el motivo de la llamada del librero y esperó impaciente el anochecer para envolverse en su capa y acudir a la tienda de su amigo, procurando no ser visto por nadie, tarea fácil visto el frío y la helada caída tras una jornada clara y luminosa, que habían ahuyentado incluso a los más asiduos parroquianos de las tabernas. No se detuvo ante el portal, dio un rodeo por el callejón y llamó a la trasera. El librero no tardó en acudir, candil en mano, y él lo siguió sin una palabra por entre cajas de madera y pilas de libros hasta un pequeño cuartito sin luz del exterior, utilizado por maese Andrés para hacer sus cuentas. Se hallaban allí otras dos personas, a las que en un principio no reconoció, y se sintió incómodo.

–Podemos comenzar –oyó decir a su anfitrión–. No esperamos a nadie más.

Aturdido, el impresor escuchó durante más de media noche hablar a los tres hombres. No había sido presentado, pero sus ojos no tardaron en acostumbrarse a la penumbra y acabó distinguiendo sus rasgos. Eran el canónigo de la catedral Rodrigo de Acebedo y el también canónigo y maestrescuela Álvarez Zapata, a quienes conocía de vista, sobre todo a este último, pues era el fundador y director de la escuela de Santa Catalina para eclesiásticos y solía hacerle algunos encargos. Les oyó decir palabras jamás antes escuchadas, ni siquiera intuidas, sobre asuntos de suma gravedad, traición dirían algunos, y permaneció callado sin perder ni una de ellas.

–El pueblo no sabe de los asuntos de la gobernación.

–O no le dejan saber –adujo el maestrescuela, respondiendo a la afirmación de Acebedo.

–No tiene capacidad para entender –insistió el canónigo.

–Decid más bien que no tiene la posibilidad. Hubo un tiempo, y vos deberíais saberlo, en el cual los pueblos se gobernaban a sí mismos. No eran naciones, ni estados, ni reinos, simplemente pueblos. Los reyes, los nobles, llegaron después.

–Reconoced que reyes y nobles han hecho grande a este reino.

–¿Grande? ¿Os habéis dado una vuelta por las callejas de Toledo? El pan no llega a las mesas, los chicuelos van casi desnudos a pesar del frío, las epidemias atacan a los pobres antes que a los ricos...

–Es ley de vida.

–Es la ley del hombre. Ahora nos ha llegado un príncipe extranjero cuyo único mérito es ser hijo y nieto de reyes, está rodeado por gentes extrañas a esta tierra que pretenden imponernos su dominio. Las villas tienen unos derechos adquiridos a lo largo de la Historia y quieren acabar con ellos; pretenden dirigir nuestros destinos, reorganizar nuestros asuntos públicos y, de paso, robarnos hasta el último maravedí.

–El rey lo es por voluntad de Dios.

–¿Fue voluntad de Dios enviarnos a un adúltero como Alfonso, a un depravado como Pedro, a un bastardo como Enrique?

–Pronunciáis palabras blasfemas.

–No hay más blasfemia que usar el nombre de Dios en vano y en provecho de unos pocos. La voz del pueblo es la voz de Dios.

Serrano escuchaba horrorizado el diálogo mantenido entre los dos hombres. Miró a maese Andrés, sentado a su lado, y sorprendió al constatar su mirada brillante y la sonrisa en sus labios.

–Las villas no aceptarán un monarca absoluto –retomó la palabra el maestrescuela.

–«Todos han de someterse a las potestades superiores; porque no hay potestad que no esté bajo Dios, y las que hay han sido ordenadas por Dios» –respondió Acebedo haciendo alusión a la Carta de Pablo a los Romanos.

–«No oprimirás a tu prójimo, ni lo despojarás» –dijo Zapata, repitiendo las palabras de Dios a Moisés, añadiendo después–: Los males de los hombres derivan de una mala organización y gestión de lo público.

–Los gobernantes se ocupan del bienestar de sus gobernados.

–El único camino hacia el bienestar público está en declarar la comunidad de bienes. La división entre ricos y pobres, opresores y oprimidos, surge de un desigual reparto de la riqueza.

–Una revuelta en contra de la autoridad sería aplastada irremediablemente.

–No, si nos unimos. No, si se escucha como una sola la voz de hidalgos, clero, artesanos y labradores, juntos.

–Ellos tienen la fuerza.

–Nosotros la razón.

–De nada vale la razón sin cañones.

–No harán falta. El clamor del pueblo acallará su sonido.

–Sois un insensato.

–Al igual que vos.

Los dos hombres se echaron a reír y maese Andrés se unió a ellos. Serrano tuvo la impresión de hallarse rodeado por unos locos que mejor sería estuviesen encerrados en el Hospital del Nuncio. ¿Quién le había dado a él vela en aquel entierro? En cualquier momento aparecerían los alguaciles del corregidor y se los llevarían a los cuatro a un calabozo del alcázar, húmedo y apestoso; los torturarían y después los quemarían en Zocodover por herejes y traidores. Respiró más tranquilo cuando, algo más tarde, los dos canónigos se despidieron y los vio desaparecer de su vista. Aún con el miedo en el cuerpo, esperó el regreso de su amigo que había acompañado a sus visitantes a la salida.

–¿Qué os ha parecido? –le interrogó éste nada más entrar en el habitáculo.

–¿El qué? –preguntó él, incapaz de responder de otra manera.

–¿No ha sido un espléndido ejercicio de dialéctica?

–Yo sólo he escuchado palabras insensatas en boca de dos locos.

–Palabras inspiradas por los antiguos griegos y algunos europeos de nuestros días.

–Palabras necias, os repito.

Maese Andrés se echó a reír y le palmeó en la espalda.

–He querido que vinierais porque confío en vos y espero vuestra ayuda.

–¿Mi ayuda? ¿Mi ayuda? –repitió el impresor aterrorizado de nuevo.

Pasaron el resto de la noche hablando. Cuando Serrano abandonó el cuchitril del librero, a punto de amanecer, la cabeza le daba vueltas y ni el frío gélido golpeándole con saña fue capaz de aclarar su mente. Se alegró de que fuera domingo, lo cual le evitaba tener que abrir el negocio y le daba tiempo para pensar. Quería correr, llegar cuanto antes a su humilde vivienda, pero el suelo estaba helado y era necesario pisar con cuidado para no resbalar y no romperse ningún hueso. La casa estaba fría, pero no se molestó en encender el fuego y se metió en la cama, vestido y todo, esperando quedarse dormido y olvidar su experiencia nocturna.

Él era un hombre tranquilo. Pasada la cuarentena, no había tenido la fortuna de encontrar aún a una buena mujer con la cual compartir su vida, ni tampoco tenía hijos, aunque no desesperaba. De hecho, su vecina, una viuda algo más joven que él, parecía ponerle buena cara cuando se encontraban. Era tejedora y algunas veces, incluso, habían intercambiado palabras sobre lo difícil que se estaba poniendo la vida para todos. No sabía leer, pero había mostrado interés por su trabajo, lamentando su falta de instrucción e insinuando que no le importaría aprender algunas letras. Había pensado en ofrecerse para enseñarle o para leerle un poemario, pero las palabras de maese Andrés se habían congelado en su alma como los carámbanos colgados de los tejados.

–Se aproximan tiempos difíciles, querido amigo –le había dicho al despedirse–, y la imprenta será una herramienta valiosa de apoyo.

–¿Para qué?

–Para dar a conocer las nuevas ideas.

Si aquellas ideas de las que hablaba el librero tenían algún parecido con las escuchadas esa misma noche en boca de los dos canónigos, podían darse todos por muertos, pensó Serrano, a quien el sueño no acababa de llegar. Por un instante, se dijo, tal vez sería conveniente hacer el equipaje y regresar a Salamanca, pero ¿cómo empezar de nuevo en pleno invierno y a su edad, sin amigos en aquella ciudad, sin dinero para el traslado ni para adquirir otro local? Aunque..., también podría negarse llegado el momento. Su último pensamiento fue para la viuda.

–Mañana mismo la pediré en relaciones –murmuró antes de lograr conciliar por fin el sueño.

Durante los meses siguientes, una calma relativa se instaló en las ciudades castellanas. Don Carlos se hallaba en Zaragoza, intentando recabar el servicio solicitado a los aragoneses: doscientos mil ducados, pero encontró allí las mismas dificultades que en Valladolid. Los aragoneses no estaban dispuestos a concederle los dineros solicitados sin prestaciones iguales a las reclamadas por Castilla. La situación degeneró en peleas entre éstos y los castellanos del séquito real, ensangrentando las calles de la ciudad del Ebro. Finalmente, los consejeros del rey obtuvieron los votos necesarios mediante promesas, amenazas y, sobre todo, sobornos a los más maleables de los procuradores. Tiempo era ya, puesto que se había gastado más de la mitad de la suma solicitada y se había tenido que recurrir a prestamistas usureros para poder hacer frente a los gastos de viaje y a los originados por el séquito real. Por fin pudo don Carlos continuar su viaje hacia Cataluña después de haber enviado a su hermano Fernando a Alemania, contraviniendo de esta forma una de las promesas hechas como respuesta a la solicitud de las ciudades. En Barcelona encontró igual oposición a la hallada en Castilla y Zaragoza para ser jurado como conde, a pesar de que la demanda económica era muy inferior a las anteriores: únicamente doscientas cincuenta mil libras, una limosna. Pero no todas tenían que ser malas noticias. En enero de 1519 supo el rey de la muerte de su abuelo Maximiliano. El camino hacia el Imperio era ahora sólo cuestión de tiempo y... de dinero.

La tía Margarita se encargaría de comprar las voluntades de los siete príncipes electores alemanes, vacilantes entre su elección o la del rey Francisco de Francia. Pero los príncipes alemanes eran más caros de convencer que los procuradores de sus reinos peninsulares y fueron precisos ochocientos cincuenta mil florines de oro para los sobornos e importantes promesas a las cortes europeas; entre ellas, la entrega a Francia del recién conquistado reino de Navarra –promesa que, por supuesto, no tenía ninguna intención de cumplir–. El banquero Jacobo Fugger le prestó una gran suma a cambio de un exorbitante interés y parte de las rentas de las órdenes militares: un importe de cincuenta millones de maravedíes anuales a cuenta de los servicios prometidos por los súbditos españoles de su Sacra Majestad, título éste adoptado por don Carlos a partir de su elección como emperador del Sacro Imperio Romano Germánico en junio de aquel mismo año.

Las noticias habían corrido de boca en boca, encrespando los ánimos, provocando protestas en las ciudades castellanas y en Valencia, lugar al que debía ir el rey para recibir el juramento y el servicio correspondiente y al cual decidió finalmente no acudir debido a las revueltas y, entre otras causas, a la peste que se abatía sobre la región y la huida de los nobles hacia latitudes más seguras. Siguiendo el parecer de sus consejeros, don Carlos decidió retornar a Castilla después de las festividades de la Natividad con la intención de convocar una reunión de las Cortes castellanas en Santiago de Galicia desde donde embarcaría a Alemania para recibir la corona imperial. Solicitaba, por otra parte, la entrega de doscientos mil ducados más para hacer frente a los gastos del viaje y de la coronación.

Ni un solo maravedí más!

Las palabras de don Pedro Laso de la Vega fueron recibidas con aplausos y gritos por parte de la mayoría de los regidores de Toledo y el numeroso público congregado para seguir la asamblea. Llevaban reunidos todo el día en la casa del Ayuntamiento, decididos a no abandonar sus puestos sin antes haber llegado a un acuerdo. Las propuestas se habían sucedido desde primeras horas de la mañana, siendo discutidas acaloradamente por las diversas facciones que componían el gobierno de la ciudad. Una y otra vez volvían sobre las exigencias realizadas con motivo de la jura en Valladolid un año antes, incumplidas a pesar de las promesas realizadas.

–¡Toledo debe oponerse a la marcha del rey y negarse a pagar la cantidad solicitada! –insistió Laso de la Vega.

–Habláis de Toledo como si fuera el centro del universo –terció uno de los regidores del bando leal a don Carlos, el de la familia Ribera– y tan sólo es una cagada de mosca en los designios imperiales.

Durante largo rato se intercambiaron improperios, insultos y gritos entre los miembros de la asamblea y Juan de Padilla desenvainó su cuchillo decidido a medirse con el hombre que insultaba a su ciudad. La rápida actuación de los alguaciles, dispuestos a descargar sus varas por igual entre unos y otros al menor asomo de alteración del orden público, calmó un tanto los ánimos exaltados.

–Escribamos a las ciudades y villas con derecho a voto en las Cortes, pidámosles que apoyen nuestra solicitud en Santiago –retomó la palabra don Pedro Laso una vez restablecida la calma–. Don Carlos tendrá que escuchar a sus súbditos.

–¡Un rey no tiene por qué escuchar a nadie! –exclamó a voz en grito el mismo individuo que había provocado el altercado anterior.

–¡No es el rey quien hace el reino, sino al revés! –respondió en el mismo tono el regidor Hernando Dávalos, uno de los más activos opositores a las demandas del nuevo emperador y, además, tío de Laso de la Vega y también de Juan de Padilla.

–Si don Carlos no atiende las peticiones de las ciudades, que tomen ellas de común acuerdo las medidas que parezcan más convenientes al reino y al Estado.

Las palabras de Laso de la Vega fueron recibidas con un gran aplauso acompañado por un estruendoso pateo que acalló las réplicas del bando opositor. Tras varios intercambios de opiniones, quedó finalmente decidido que Toledo dirigiría una carta a las demás ciudades exponiendo su postura en lo tocante a la marcha de don Carlos y a la entrega del dinero exigido para el viaje.

–Ha sido duro –comentó don Pedro al acabar la sesión.

–Mucho me temo que aún lo será más –respondió Padilla con el ánimo decaído.

Tenía ganas de regresar a su casa, recogerse junto a los suyos, en el cálido nido que él y María habían creado para su familia; deseaba hablar con su padre, a quien había visto fugazmente durante la mañana en la galería de invitados. Lo había observado menear la cabeza en tono dubitativo, no sabiendo si se debía al desacuerdo con las palabras pronunciadas por sus amigos y apoyadas por él o con la situación en general. Pero ¿qué otra cosa podía hacerse? Lejos de su mente estaba mostrarse contrario al rey y a lo que él representaba, pero cada día era mayor la inestabilidad del reino. Don Carlos no se dedicaba a la gobernación; únicamente parecía importarle la obtención de enormes cantidades de dineros sin detenerse a pensar lo mucho que costaba a sus súbditos reunirlas. No podían permanecer callados viendo el despilfarro de la Corte, los abusos de flamencos e italianos ocupados en la venta de cargos públicos cuyas ganancias sacaban a toda prisa del reino, el latrocinio del consejero Chièvres y sus próximos. Tan sólo unos días antes se había sabido que la mujer de Chièvres había embarcado en Barcelona trescientas ochenta acémilas cargadas hasta los topes de objetos valiosos expoliados en todos los rincones del reino. No, no podían callar, pues quien callaba se convertía en cómplice.

–Don Carlos se dirigirá a Valladolid antes de partir para Santiago. En cuanto llegue, enviaremos una representación para presentarle nuestras demandas.

La voz de Hernando Dávalos le hizo prestar atención a la conversación. Después de la tumultuosa reunión, se hallaban en una pequeña y acogedora taberna de la calle de la Trinidad, bebiendo un pote de vino con canela y sosegando sus estómagos con unas lonchas de cecina curada y queso manchego. No habían comido nada durante todo el día y los cuerpos les pedían algo de alegría.

–No la recibirá –vaticinó Gonzalo Gaitán que acababa de unirse al grupo.

–Tendrá que hacerlo.

–¿Por qué? ¿No habéis oído lo que ha dicho ese malnacido pariente de los Ribera? Un rey no tiene por qué escuchar a nadie.

–Éste sí tendrá que hacerlo –intervino Laso de nuevo–. Si las demás ciudades nos apoyan, si le negamos el dinero solicitado, no le quedará más remedio que escuchar.

–Aun así acabará marchándose a Alemania digamos lo que digamos. Nadie rechaza un imperio por un reino, pudiendo tener, además, los dos.

–Deberemos también solicitar que parte de la gobernación del reino recaiga en las ciudades, al menos la parte que les atañe –Laso continuaba con la idea ya expuesta durante la asamblea del Ayuntamiento.

–¡Por ello! –exclamó Dávalos, alzando el pote de vino y bebiendo el contenido de un trago.

–¡Y por Toledo! –brindaron sus compañeros.

Juan regresó muy tarde a su casa, acompañado por Sosa, que no lo abandonaba ni a sol ni a sombra, aunque manteniéndose siempre en un segundo plano y retirándose de su lado cuando se hallaba acompañado.

–No hace falta que vengas conmigo a todas partes –le había dicho él al comienzo de su relación, un tanto divertido por su entrega.

El hombre parecía estar siempre al acecho y aparecía en cuanto él se disponía a salir. Dentro de la casa, ni siquiera se percataba de su presencia.

–Acepté serviros y eso es lo que hago.

–Aquí, en Toledo, no corro ningún peligro.

–Cualquier hombre que se exponga en público como vos lo hacéis corre peligro, aquí o en cualquier otro lugar.

Las luces estaban apagadas, excepto el candil de la entrada. Le hubiera gustado jugar con el niño, hablar con su padre y su mujer, pero, por otra parte, estaba cansado y sólo deseaba meterse en la cama y dormir a pierna suelta lo que le pidiese el cuerpo. La jornada había sido una de las muchas agotadoras mantenidas durante los últimos tiempos y aún habría otras. Por un momento añoró los años transcurridos en la sierra de Cazorla, lejos de intrigas y discusiones. Los soldados eran rudos, pero obedecían sus órdenes sin rechistar. A pesar de lo que muchos pudieran pensar, él odiaba las discusiones, minaban su moral y lo agotaban físicamente.

–¿Qué opinas de lo ocurrido hoy durante la asamblea? –preguntó con curiosidad a Sosa mientras encendía una vela para subir a su habitación.

–Mi opinión no tiene importancia.

–Sí, claro que la tiene, como la de cualquier otro. Los regidores representamos a todos los habitantes de Toledo y ahora tú eres uno de los nuestros.

–Si me permitís que os lo diga, es mal asunto.

–¿El qué?

Había aproximado la vela al rostro del hombre. Aunque más aseado, seguía teniendo la misma expresión que en la mugrosa taberna de Valladolid, la de un soldado curtido y duro, difícil de conmover.

–Oponerse a las decisiones del rey. Él tiene poder y los vasallos no.

–Nuestras solicitudes son justas.

–No es una cuestión de justicia, sino de derecho. Él tiene ese derecho.

–No tiene derecho a abandonar su reino y arruinar a su pueblo.

–Vos se lo habéis dado.

–¿Yo?

–Vos y todos los que le juraron lealtad en Valladolid.

Juan penetró en su habitación dando vueltas en su cabeza a las palabras de su sirviente, pero estaba demasiado cansado y no quería seguir pensando. Depositó la palmatoria encima de la mesita de noche y contempló el rostro dormido de María antes de desnudarse, apagar la vela e introducirse en el lecho. Tenía los pies fríos e instintivamente los acercó a los de su mujer. Ésta se removió y él separó los pies.

–No me importa –la oyó decir medio dormida–. Deja que te caliente. Estás helado.

–Ha sido una jornada muy dura.

–En cuanto llegue el buen tiempo nos iremos a Mascaraque. Necesitas descansar y yo también...

Juan se apretó junto a su cuerpo, dejándose llevar por una sensación de bienestar que únicamente sentía a su lado, y cerró los ojos vencido por el sueño.

–Querido..., estoy embarazada...

Tardó un rato en asimilar la noticia. Hizo un esfuerzo y apoyó su mano sobre el vientre aún plano de María.

–Esta vez será una niña preciosa, como tú.

–Será lo que Dios quiera.

–Eso...

Al día siguiente, en una sesión mucho más tranquila que las anteriores, los procuradores de Toledo redactaron una carta dirigida a las demás ciudades y villas con voto en las Cortes castellanas, exponiéndoles su oposición a la marcha del rey a Alemania y negándose a costear los gastos de dicho viaje. Solicitaban, además, ser apoyados en sus demandas. También nombraron a cuatro representantes: a Laso de la Vega, a don Alonso Suárez de Toledo y a dos jurados más para que fueran en persona a entrevistarse con don Carlos a su regreso a Castilla, hecho previsto para comienzos del mes de marzo.

Una calma densa se apoderó de la ciudad. Quien más, quien menos conocía la decisión tomada por sus representantes, pero nadie se atrevía a predecir en qué acabaría todo aquello. Desde los que estaban claramente de acuerdo hasta los que temían una reacción negativa por parte del rey, no hubo nadie a quien la decisión consistorial dejase indiferente.

Febrero de 1520

El impresor Serrano había pasado los últimos meses presa de una desazón, aliviada en parte por la relación con su vecina. Tal como se propuso la noche en la que regresó a su casa con el alma en vilo por las palabras escuchadas en la tienda de libros, al día siguiente se armó de valor y pidió relaciones a la viuda. Sorprendida, o tal vez no tanto, Isabel le respondió afirmativamente.

–Esta casa –le informó, sin embargo– me la dejó mi difunto marido a condición de que no volviera a casarme. En caso de hacerlo, pasaría a ser propiedad de mi cuñado Bartolomé, con quien no me hablo, y él podría hacer valer sus derechos. De hecho, estoy segura de que lo haría sin perder ni un momento.

–Yo tengo casa propia...

–Vista la situación actual, más valen dos casas que una –continuó ella con desparpajo– y, entretanto, a Bartolomé puede Dios llamarlo a su vera. No anda muy bien de salud el desgraciado, y no hay más parientes a la vista para reclamar herencias.

–¿Y qué proponéis?

–Vos en vuestra casa y yo en la mía.

–Pensaba..., me hubiera gustado..., en fin, quería pediros en matrimonio.

Serrano soltó un suspiro como si la propuesta le hubiera costado un gran esfuerzo.

–Dadlo por hecho.

–Pero ¿cada cual en su casa?

–¿Sabéis que os oigo roncar por las noches?

El impresor permaneció callado, sin entender la razón de semejante pregunta.

–Mi dormitorio y el vuestro están separados por una pared –le aclaró ella con una sonrisa alentadora.

–Mísera compensación me parece a mí después de haberos solicitado en matrimonio...

La mujer se lo quedó mirando y luego se echó a reír. A Serrano se le iban los ojos tras los voluminosos pechos agitados por la risa. De buena gana le hubiera plantado las manos en ellos, pero se contuvo.

–¡Para ser hombre con edad y cultura, no parecéis muy espabilado! –le espetó la tejedora sin dejar de reír–. Abriremos una puerta entre las dos habitaciones. Además de imprimir libros, también sabréis algo de albañilería, ¿o no?

El hombre afirmó con la cabeza. Tal vez se estaba metiendo en un lío y él huía de los problemas como de la peste. ¿Cómo se le había ocurrido dar un paso que iba a complicarle la vida?

–Los frailes persiguen el fornicio –adujo en voz baja, temiendo ser escuchado por las paredes al referirse a la Inquisición.

–Nadie tiene por qué enterarse. Además, si es eso lo que os preocupa, tengo un primo de madre, cura en Mora, que nos casará y nos dará el papel de la boda en el caso de que los frailes o el propio Bartolomé sospechen algo.

Aquella misma noche el adobe de la pared que separaba ambas viviendas se vino abajo en cuanto él hizo un agujero con ayuda de un punzón. Entre los dos retiraron los escombros, dejando una abertura suficiente para pasar y que, al día siguiente, Isabel cubrió con una cortina tejida por ella misma. Con el frío, la helada y la nieve de los caminos, decidieron posponer el viaje a Mora hasta comienzos del verano, pero, determinados a ser marido y mujer y después de practicada la abertura, rezaron ante una imagen de santa Leocadia, la joven toledana martirizada en tiempos de los romanos y de la cual Isabel era piadosa devota; hicieron sus votos matrimoniales y se dedicaron con absoluta paz de conciencia a compensar sus años de soledad.

La vida del impresor cambió de manera sustancial a partir de entonces. Jamás habría imaginado lo agradable que podía ser tener una mujer en el lecho todas las noches. Nada comparable a la compañía de alguna de las rameras que ejercían en la mancebía de la ciudad, adonde acudía cuando la necesidad se hacía demasiado perentoria. Apenas hablaba con ellas, se desahogaba y en paz a medias, porque luego sentía remordimientos e iba a confesar a su parroquia de San Nicolás las relaciones mantenidas con aquellas mujeres que alegraban un poco su existencia. Isabel era divertida y limpia, muy limpia. Había repasado todas sus ropas y le había tejido un par de camisas y unas calzas dignas de un caballero y, además, sabía cocinar. Atrás quedaban los potajes insípidos, siempre iguales, calentados y recalentados hasta dar asco. Los dos trabajaban y ganaban algún dinero y eso se notaba en la mesa, a pesar de la carencia general. Se habría sentido el hombre más feliz del mundo si no hubiera sido por los rumores escuchados por todas partes durante los últimos tiempos. No había vuelto a hablar con maese Andrés sobre el asunto mencionado aquella noche, aunque se encontraban a menudo. No era difícil no encontrarse viviendo ambos en la misma calle, pero el librero no le había hecho ningún nuevo encargo y tampoco parecía tener intención de recordarle lo hablado. No obstante, los rumores eran cada día más insistentes.

–Dicen que el rey tuvo que huir de Valladolid.

–¿Cómo que tuvo que huir?

Matías, el curtidor, había ido a entregarle otra tanda de pieles a cambio del saco de trigo, la costilla adobada y las morcillas, además de otras cosas que él le había llevado aduciendo ser regalo de unos inexistentes parientes del campo.

–Él, sus consejeros y también algunos nobles castellanos de su séquito llegaron de la parte de Aragón y huyeron como liebres perseguidas –se regocijó el hombre–. ¡Ya era hora de que también los grandes echasen a correr a calzón quitado!

–¿Estáis seguro?

–Eso es lo que se dice por ahí. El rey llegó a Valladolid y la gente lo recibió con gritos y abucheos, alentada por curas, frailes y algunos hidalgos. Salió escapado hacia Tordesillas y ¡en buena hora!, porque dicen que poco después hasta seis mil hombres armados se juntaron en las puertas de la ciudad para impedir su salida.

Tras la marcha del curtidor, Serrano no pudo concentrarse en su trabajo, una partida de trescientas indulgencias encargadas por los franciscanos quienes, finalmente, también habían logrado dispensa para venderlas. Las noticias eran cada día más preocupantes y esta última era probablemente la más preocupante de todas. Que una ciudad osase atacar al propio rey era algo inconcebible y la respuesta real estaría en consonancia, de eso estaba seguro. Recordó las palabras de maese Andrés acerca de los difíciles tiempos que se avecinaban y no tuvo ninguna duda de que dichos tiempos habían llegado. Aquel día, por primera vez, acudió al Ayuntamiento, lugar donde se celebraban las reuniones del concejo. Se situó en la parte más oscura, tratando de pasar inadvertido, una precaución innecesaria puesto que él no era el único preocupado por la situación y el lugar estaba lleno de bote en bote. Vio a maese Andrés en las primeras filas y también al canónigo Acebedo y al maestrescuela Álvarez Zapata, y lo escuchado allí le puso los pelos de punta.

Don Carlos, en efecto, no había perdonado la ofensa de los vallisoletanos y su venganza había sido terrible. Los principales implicados en la revuelta fueron condenados a diversas penas: cárcel para muchos y exilio para otros tantos; a algunos cabecillas ordenó cortarles los pies y quemar las casas de otros que habían huido; varios sacerdotes y frailes amotinados fueron paseados por las calles, montados en burros y encadenados como vulgares delincuentes. Asimismo, amenazó con graves castigos a los comisionados toledanos enviados para presentarle sus demandas, y también a los de Salamanca que se les habían unido, exigiéndoles regresar a sus ciudades y escribió al corregidor para que enviara representantes de confianza a Santiago. Los comisionados, en lugar de obedecer, habían seguido al séquito real hasta Galicia y solicitado representar a sus respectivos concejos en las Cortes, pero don Carlos no sólo no había aceptado su demanda, sino que también los había desterrado. En ésas estaban las cosas cuando se recibió en Toledo una orden exigiendo la presencia en Santiago de Juan de Padilla y Hernando Dávalos, a quienes se acusaba de ser los principales instigadores de las protestas, para dar cuenta de sus acciones al propio rey.

Con curiosidad al principio y cada vez más asustado, el impresor escuchó el debate sobre la situación. Frases oídas en las calles, quejas alimentadas por la penuria, lamentaciones sobre el mal gobierno expresadas por algunos de sus clientes revoloteaban en su cabeza como un enjambre de abejas alrededor de un panal. Sueltas, no dejaban de ser expresiones de descontento sin más; juntas significaban que algo muy grave estaba ocurriendo o a punto de ocurrir. Siguió con atención las réplicas y contrarréplicas de los regidores y un sentimiento de alivio se apoderó de él cuando el señor de Padilla, a cuya esposa conocía por ser también clienta de maese Andrés, declaró estar dispuesto a acudir a la llamada del rey. Todo se explicaría, todo se aclararía. El regidor era un caballero conocido, un hombre de honor de quien nadie hablaba mal. Seguro que todo se trataba de un malentendido...

Regresó más tranquilo a su taller disponiéndose a acabar el trabajo para los franciscanos cuando, poco después, un alboroto le obligó a salir de nuevo a la calle.

–¿Qué ocurre? –interrogó a Alonso, el cordelero del portal de enfrente que abandonaba en ese momento su casa con un palo grueso de tres dedos en las manos.

–¡No vamos a permitir que los regidores acudan a presencia del rey!

–¿Quiénes no lo vais a permitir?

–Nosotros, ¡el pueblo! –respondió el cordelero con énfasis–. Los detendremos aunque debamos encerrarlos.

Serrano vio marchar al hombre y contempló también cómo otros vecinos, hombres y mujeres, se encaminaban hacia Bisagra, la antigua Bab-Shágra o puerta del campo. Sin darse cuenta de lo que hacía, cerró la puerta del taller y él también se dirigió en la misma dirección. Observó un gran tumulto poco antes de llegar a la calle del Arrabal y pudo comprobar cómo Padilla y Dávalos ascendían en dirección contraria rodeados por miles de hombres y mujeres vociferantes. Sintió miedo por los dos hombres. Una muchedumbre enfurecida podía ser capaz de cualquier cosa, pero, a medida que el grupo se aproximaba hacia donde él se hallaba, pudo comprobar que los gritos no iban dirigidos contra los hidalgos, sino contra el propio rey, y dicha constatación lo asustó aún más al recordar lo ocurrido en Valladolid. Regresó al taller en cuanto pudo y se encerró en él, dispuesto a no dejarse impresionar por las circunstancias y a acabar con el encargo de las indulgencias. Su ayudante no había acudido al trabajo aquel día e Isabel había salido para entregar unos lienzos bordados a la condesa de Fuensalida. Intentó hacer oídos sordos a los ruidos escuchados de tanto en tanto en la calle y centrarse en el trabajo.

–¡Buen negocio este de las indulgencias! –exclamó malhumorado al revisar el resultado de la primera impresión y comprobar dos errores en la hoja.

Él era un creyente fiel, no dejaba de asistir a la misa dominical y a la de las fiestas, acudía a las vísperas de los santos e incluso colaboraba en los preparativos de la procesión del Corpus Christi, pero el asunto aquel de las indulgencias no acababa de convencerlo del todo. En algún momento había sentido la tentación de adquirir alguna de las impresas por él mismo, sobre todo cuando acudía a la mancebía. Era una manera fácil y cómoda de obtener el perdón, pero comprarlo con dinero contante y sonante no le parecía serio. El arrepentimiento por una mala acción debía ser algo íntimo, hecho con la intención de no reincidir. ¡Bien lo sabía él! El párroco de San Nicolás, don Antonio, lo había amenazado con no darle la absolución la próxima vez que fuera a él con la misma falta, la de su desahogo con mujeres de la vida. Menos mal que Isabel había acudido en su ayuda y ya no tendría que volver a confesar, no al menos sus visitas a la casa de Venus. Tintó de nuevo la plancha, colocó una hoja de papel humedecido y presionó la plancha sobre ella antes de girar el torniquete de la prensa y volver a aflojarlo. Sonrió. Esta vez la impresión quedó perfecta. El escudo del papa León X podía apreciarse con total claridad, así como el texto. No se hablaba del asunto en Toledo y la mayor parte de la población lo ignoraba, pero una ciudad como aquélla, que recibía a cientos de visitantes extranjeros, no desconocía lo que ocurría en otras latitudes y el asunto de la venta de las indulgencias estaba, al parecer, dando mucho qué hablar en toda Europa. Un fraile alemán se estaba enfrentando a Roma por su causa y el Santo Padre amenazaba con excomulgarlo. Imprimió varias hojas más, pero tenía la atención en otra parte.

Su mujer aún no había regresado del palacio de la condesa

y comenzaba a impacientarse. ¿Y dónde diablos estaba Benito, su ayudante? ¿Es que todo el mundo había perdido la razón? A media tarde y con el estómago vacío, salió de nuevo a la calle, sorprendiéndose por el silencio reinante, y dirigió sus pasos hacia la sede del concejo. Al aproximarse al lugar, observó corrillos de gente discutiendo con acaloramiento sobre el asunto que tan agitado tenía a todo el mundo. Reconoció a su vecino Alonso, el cordelero, en uno de los grupos y se aproximó a él. Los regidores habían escrito una carta al rey excusando su presencia en Santiago por hallarse retenidos por los vecinos en la catedral.

–¿Están presos? –preguntó el impresor escandalizado.

–¡No, hombre! –le respondió el cordelero, que continuaba manteniendo el palo bien asido–. Pero tampoco van a decirle al rey que no acuden a su llamada por propia voluntad.

–De todos modos –añadió otro hombre a quien Serrano no conocía ni de vista–, tampoco les habríamos dejado salir aunque hubiesen querido. Si el rey desea parlamentar, que venga él a Toledo.

–¿Y qué ocurrirá si don Carlos envía al ejército? –interrogó de nuevo Serrano con cierto temblor en el tono de su voz.

–¡Que lo envíe! ¡Ya veremos entonces!

Alonso hizo girar el palo en el aire y se echó a reír siendo coreado por el resto del grupo, menos por el impresor. Poco después, éste abandonó el grupo y regresó a su casa. Comenzaba a anochecer y los atardeceres eran aún frescos. Notó un escalofrío recorriéndole el cuerpo, no sabiendo si debido al clima desapacible, responsable de que en Toledo pasara del invierno más crudo al verano más caluroso, sin que la primavera ni el otoño se dejasen notar demasiado, al hambre por no haber comido nada desde la mañana o al negro futuro vislumbrado tras los últimos acontecimientos. Vio luz en la ventana de la casa de su mujer y apresuró el paso. Sólo se sintió seguro al hallarse sentado junto a la lumbre con un cuenco, repleto hasta los topes de sopa de garbanzos, en las manos y la visión de un hermoso churrusco de costilla de cerdo encima de la parrilla, cuyo olor a tomillo, orégano y laurel mezclado con el de la grasa de tocino derretida habría sido capaz de resucitar a un muerto de varios días.

–¿Dónde has estado? –le preguntó a Isabel al cabo de un rato, después de haberse llevado varias veces a la boca la cuchara llena de sopa.

–En casa de la condesa, ya te lo he dicho esta mañana...

–Pero... ¡todo el día!

–La señora tenía arreglos por hacer y me ha pagado bien por ellos, por los lienzos y por otros encargos adeudados –explicó la mujer al tiempo que abría su faltriquera colgada a la cintura y extraía un ducado de oro reluciente–. Los flamencos no han pillado a éste, ¡ni lo van a pillar! –añadió echándose a reír.

–¿Y qué dicen?

–¿Quiénes?, ¿sobre qué?

–Don Pedro López de Ayala y su mujer sobre los acontecimientos...

–Había mucho movimiento en el palacio, hombres entrando y saliendo, pero, si quieres que te diga la verdad, yo estaba más atenta a la labor que a otra cosa. Además, desde el cuarto de la costura no se escuchan las conversaciones de los señores.

–Me huele mal...

–¿El churrusco? –preguntó Isabel alarmada, acercándose al fuego sin darle tiempo a contestar y volteando la costilla a toda prisa.

–No, este asunto. Nada bueno puede salir de él.

–A ti y a mí ni nos va ni nos viene. Allá los hidalgos, los nobles, el rey y toda su gentuza, ¡que se peguen entre ellos si quieren! Come, querido mío. Te veo mala cara.

El impresor le hincó el diente al pedazo de costilla, cuya carne se despegó del hueso con suavidad, deshaciéndose en su boca y llenando ésta de aromas, y dejó de pensar durante un momento. Volvió a hacerlo algo más tarde, acostado junto a Isabel. No podía evitarlo. Ya le decía su madre que tanta lectura ablandaría su mollera, pero él estaba convencido de que si la gente leyera, habría menos problemas. Cada cual pensaba tener razón y nadie escuchaba a los demás, ni el rey, ni los nobles, ni los vasallos y, sin embargo, nada era nuevo bajo el sol. Una y otra vez los pueblos se habían enfrentado con los poderosos, con otros que no lo eran, entre sí..., y vuelta a empezar. El sino del hombre no era el infierno, como pregonaban los curas, sino la guerra, y guerra habría si las cosas continuaban por el mismo camino.

Un par de días más tarde, un hombre vestido de negro de pies a cabeza se presentó en el taller dándole un susto de muerte.

–¿Sois vos Francisco Serrano? –preguntó el desconocido con un tono de voz que al impresor le pareció salida de ultratumba.

–Para serviros...

–¿El amigo de maese Andrés de la Espina, el librero?

Si aún le quedaban dudas, aquella segunda pregunta acabó por aclarárselas todas. El hombre era un miembro del Santo Oficio, habían encontrado los libros del maestro Erasmo y, siendo él el único impresor no eclesiástico de Toledo, estaba claro que le achacarían la impresión de la obra. No le quedaba pues más que encomendarse a Dios en aquellos momentos. Afirmó con la cabeza y esperó. Para su sorpresa, el hombre le tendió una hoja, una carta más bien.

–Maese Andrés os ruega que imprimáis este texto, todas las copias que podáis y se las hagáis llegar lo antes posible.

Dicho esto, el hombre hizo una reverencia y desapareció de su vista, dejándolo conmocionado y a punto de sufrir un ataque al corazón por el susto recibido. Benito, el ayudante, se aproximó y recogió la hoja que se había deslizado de los dedos del impresor.

–Bien, bien... –le oyó decir–. No os preocupéis, maestro, yo mismo me encargo de imprimirlo.

–¡Trae acá! –exclamó Serrano recuperándose y arrebatándole la hoja de las manos.

El texto en cuestión, elaborado por un grupo de frailes franciscanos, dominicos y agustinos de Salamanca, respondía a las preguntas hechas por los regidores de aquella ciudad respecto a las Cortes convocadas en Santiago. A medida que el impresor leía su contenido, los ojos se le abrían asombrados. Aquello no era una mera opinión, era una declaración en toda regla. Los frailes no sólo insistían en las solicitudes ya presentadas por las ciudades en Valladolid, sino que, además, aconsejaban rechazar la entrega de más dinero al rey y también la propia idea del Imperio. Castilla no tenía por qué sufragar la defensa de los otros señoríos de don Carlos y, en caso de no poder evitarse la marcha del rey, las Comunidades deberían hacerse cargo de la defensa del reino.

Impresor y ayudante trabajaron hasta muy entrada la noche sin intercambiar palabra. El joven estaba excitado y el mayor, meditabundo. A primera hora de la mañana, Serrano se presentó en la casa del librero y llamó a la puerta. Maese Andrés estaba vestido y, por su aspecto, parecía no haber dormido en toda la noche. Lo recibió con una sonrisa y cogió el paquete que el otro le tendió.

–Pasad, amigo mío, pasad.

Entre los hombres reunidos en la pequeña tienda de libros, el impresor pudo reconocer a varios vecinos y también al individuo vestido de negro que le había entregado la carta pocas horas antes. El hombre le sonrió y él le devolvió la sonrisa.

Poco después, don Juan de Ribera, el cabeza de la familia Silva y otros leales al rey se encerraban en el alcázar mientras grupos de ciudadanos se apoderaban de las puertas y puentes de Toledo.

María esperaba, intentando controlar su nerviosismo, a que Gaitán, Dávalos, Laso de la Vega, el canónigo Acebedo e incluso su amigo, el librero De la Espina, amén de otros cuantos, se despidieran de Juan a la puerta de su casa. Permaneció en su habitación, frotándose las manos y procurando respirar por la boca para llenar de aire sus pulmones, tal como le había recomendado el doctor Martínez, el médico de la familia. El ataque de asma se había presentado varios días antes, justo después de que su marido, en compañía de su tío y los criados de ambos, hubiese emprendido camino hacia Santiago.

–No vayas –le dijo ella en el momento de la despedida.

–Tengo que ir, es una orden de don Carlos.

–Sabe que a ti no puede comprarte y ordenará tu encierro.

–Ya veremos, querida, ya veremos...

La había besado en la boca en la intimidad de su habitación y en la mano delante de los sirvientes y de su padre.

–Esperad en buena salud mi regreso, señora, no será para largo y pronto me tendréis de vuelta –había añadido guiñándole un ojo para provocar su sonrisa.

Y después, aquel tumulto, aquellos gritos... Envió a Ficor a conocer las causas y el hombre regresó con el rostro demudado.

–Han apresado al amo –fue lo único capaz de decir–. A él y al señor Dávalos.

–¿Los soldados del rey?

–Las gentes del pueblo.

A trancas y barrancas logró que Ficor se explicara. Nada más salir de Toledo, hallándose aún a pocos pasos de la muralla, cientos, tal vez miles de toledanos –el hombre no supo decirlo– habían corrido en pos de los dos regidores, los habían rodeado y obligado a regresar, encerrándoles en la capilla de San Blas, en la catedral.

–¡Ahora mismo voy para allá! –exclamó María presa de gran agitación.

–No vayas, niña –le rogó Zaida–. No ocurrirá nada, ya lo verás.

–¡No esperaré a verlo! ¡Nadie va encerrar a Juan en su propia ciudad!

Los gritos alertaron a su suegro, quien bajó las escaleras apresuradamente.

–Han detenido a vuestro hijo –le informó María, al tiempo que cogía la vieja espada del famoso antepasado Juan Fernández de Padilla que colgaba en un muro–, pero yo voy a encargarme de que lo liberen ahora mismo.

–Deja esa espada –terció el anciano conciliador–. Permite que vaya a informarme.

–Yo voy con vos.

–No, deja que Ficor y Martín me acompañen. Tú quédate aquí. No es conveniente en estos momentos la presencia en un tumulto de...

–¿De una mujer? –preguntó María a la defensiva–. Pues esta mujer puede ser tan valerosa como un varón cuando...

–De una madre a punto de alumbrar –le interrumpió su suegro con una sonrisa, la besó en la mejilla y salió acompañado por los dos sirvientes.

La respuesta la dejó tan sorprendida que no rechistó cuando Zaida le pasó el brazo por la cintura y la acompañó escaleras arriba. Al entrar en la habitación, contempló su imagen abultada en el espejo de cuerpo entero, regalo de Juan por su último cumpleaños. Aún llevaba la espada en la mano y varios mechones de pelo habían escapado del tocado. Su aspecto era tan cómico que le entró la risa. Fue una risa nerviosa, en lugar de una explosión de alegría, que le provocó un ataque de tos. Poco después estaba sentada con una toalla cubriéndole la cabeza y aspirando los vapores producidos por la quema de las hojas de estramonio en un pucherillo que Zaida cambiaba cada dos por tres. La crisis duró dos jornadas enteras, durante las cuales pasó la mayor parte del tiempo dormitando, aunque algo más tranquila al conocer por boca de su suegro que Juan estaba bien y no corría ningún peligro.

Y ahora, su hombre, su compañero, su amor, estaba abajo y en breves instantes entraría en la habitación y ambos se abrazarían como si su separación hubiera durado años. Se sentó en una silla de brazos y cerró los ojos.

¿Cómo estaba tan ciego? Ella sabía mucho antes que él lo que iba a suceder. No sólo había escuchado sus palabras, sino también las de sus parientes, en especial las de su tío Villena con el cual mantenía contactos continuos, las de los sirvientes, las de los tenderos y, sobre todo, las de sus amigas de las reuniones en casa de doña Sancha de Guzmán. Escuchaba a todos y tomaba buena nota. La víspera se había hecho leer las hojas de té verde por Zaida. Ésta había fruncido el ceño y pronosticado tiempos revueltos en la casona de los Padilla. Lamentó no hallarse lejos de Toledo con su marido y su hijo, también lamentó no haber apoyado a su suegro y convencido a Juan para abandonar la política y volver a la carrera militar. Ahora era ya tarde. El rey había ordenado su presencia en tierras gallegas y él no había acudido; lo encarcelarían en una prisión insalubre para luego olvidarse de él. En la Corte no era nadie, no tenía un cargo importante, ni influencias, ni apoyos, y había osado desobedecer una orden real. De nada valdría aducir haber sido retenido por la plebe. Ella sabía, don Carlos sabía, todos sabían que era uno de los hombres más respetados de Toledo. El pueblo no haría nada para perjudicarlo, no se hubiera atrevido a retenerlo contra su voluntad.

Tan sólo una semana antes de ocurrir los hechos, había presenciado una disputa durante una comida familiar que había ido subiendo de tono hasta convertirse en una verdadera batalla verbal. Solamente había visto a Juan una vez en tal estado, el día de la discusión con su hermano Luis que había echado al traste sus relaciones. No fue menos sorprendente la cólera mostrada por su tío, el marqués de Villena, apoyado por su hermano Diego, quien hablaba en nombre de la familia Mendoza, y por su propio cuñado Gutierre, ambos presentes en la comida organizada por ella para celebrar la Pascua Florida. Había quedado bien claro quién apoyaría a quién en caso de entablarse un conflicto.

–¡Esto es pura basura! –había exclamado el marqués, agitando la declaración de los frailes de Salamanca, arrugando luego el papel y tirándolo al suelo.

–¿Tan mal os parece que los frailes recomienden no sacar dinero del reino y no dar dignidades ni oficios a los extranjeros? –preguntó Juan sin alterarse.

–¡Eso también lo queremos todos!

–Entonces, ¿qué es lo que tanto os indigna?

–No es labor de clérigos hacer recomendaciones políticas y mucho menos atreverse a amenazar al propio monarca.

–¿Amenazar?

–¡Amenazar, sí! ¿A qué viene hablar de Comunidades? ¿Qué Comunidades si puede saberse?

–Las ciudades, las villas, los concejos, los súbditos.

Juan se había levantado de la silla y dominaba a los demás comensales desde su altura. Por un instante, un breve instante, ella dejó a un lado la preocupación causada por la subida del tono de las voces y contempló a su marido con una mezcla de orgullo y admiración.

–Nosotros, todos, somos la Comunidad; nobles, hidalgos y plebeyos, soldados y artesanos, clérigos y labradores.

La discusión se prolongó durante un buen rato y, al final, su tío se levantó airado y abandonó la casa no sin antes decir la última palabra:

–Sois un hidalgo –dijo dirigiéndose a Juan– y os debéis a vuestra clase y a vuestro rey. Cualquiera que olvida su posición en la vida está abocado al más terrible de los fracasos y, os prevengo, estáis jugando con fuego y acabaréis quemándoos.

Ella no había intervenido, manteniéndose en un segundo plano para no agravar aún más la situación, pero había seguido con el alma en vilo la disputa entre su marido y sus parientes. Las cosas estaban llegando a un punto de difícil retorno y ella debería tomar pronto una decisión. Por un lado, la familia, la tradición, la educación y, por supuesto, el orgullo de casta pesaban como una losa sobre su ánimo; por otro, estaban la lealtad al hombre a quien amaba, al padre de sus hijos y también su propia convicción sobre la justicia de las demandas presentadas al rey por las ciudades. No era justo que don Carlos se empeñase en mantener en los puestos principales a gentes extrañas al país, ni tampoco que solicitase enormes sumas de dinero para obtener coronas en tierras lejanas, no escuchase a sus súbditos y amenazase a hombres como Juan por no plegarse a sus deseos; no era justo que doña Juana estuviese encerrada como si fuera una criminal, ignorada por todos, desterrada en su propio reino.

Abrió los ojos al oír el ruido de la puerta y contempló a su marido aproximándose a ella. Llevaba el cabello despeinado y la barba descuidada, sus ropas estaban arrugadas, pero sus ojos brillaban como siempre al verla después de una ausencia, larga o corta.

–Me ha dicho mi padre que has sufrido una crisis –le dijo al tiempo que la besaba en la frente–, pero veo que ya estás recuperada.

–Ha ayudado el saber que no te había ocurrido nada y que pronto estarías de nuevo a mi lado.

–Aquí estoy, querida, siempre a tu lado incluso cuando me hallo ausente, no lo olvides. Esté donde esté, siempre pienso en ti.

Juan se arrodilló a su lado, la rodeó con sus brazos y apoyó su cabeza sobre su vientre abultado, mientras ella le acariciaba los cabellos.

–Déjalo, Juan... –susurró María en una súplica.

–No puedo; las cosas han ido demasiado lejos. Toledo pertenece a la Comunidad y precisa de todos sus hijos. Pronto se nos unirán las demás ciudades; don Carlos deberá entonces escuchar nuestras demandas y aceptarlas. No somos súbditos rebeldes, sólo queremos lo mejor para Castilla, y él debería sentir lo mismo puesto que es su rey.

Juan alzó su mirada. Sus ojos brillaban esperanzados, animados por la misma luz que ella había observado en su noche de bodas, en su reencuentro después de su huida a Salobreña, en el nacimiento de su hijo, en su llegada a Toledo tan sólo cuatro años antes. Estaba emocionado y al mismo tiempo excitado, decidido a entregarse a una causa que creía legítima, dispuesto a arriesgar su seguridad por defender sus ideas. La Historia, y ella la conocía bien, estaba repleta de gentes esforzadas que habían osado enfrentarse a los poderosos, a los reyes, a los papas, y cuyo destino había sido siempre la muerte, la ruina o el exilio. Sonrió con ternura, lo besó en los labios y después entonó a media voz unos versos anónimos repetidos en salones y plazas:

> Dentro en el vergel moriré,
> dentro en el rosal matarme han.
> Yo me iba, mi madre, las rosas coger.
> Hallé mis amores dentro del vergel.

Con una sonrisa, Juan la acompañó en la estrofa:

> Dentro en el vergel moriré,
> dentro en el rosal matarme han.

–Estaré a tu lado porque creo en lo que tú crees –dijo ella por fin tras un silencio–, porque soy tu compañera para lo bueno y para lo malo y te quiero con toda mi alma.

A partir de ese día, María, la brava, la rebelde, se volcó en cuerpo y alma en el movimiento dirigido por su marido y otros caballeros toledanos. Juntos se enfrentarían al mundo, defenderían las libertades ciudadanas contra los flamencos, los nobles, el propio monarca y sus parientes si fuera preciso. No asistió a las asambleas, ni tampoco votó en su parroquia de San Román en la elección de los diputados después de que grupos del común armados y dirigidos por algunos hidalgos se hubieran hecho dueños de las puertas y puentes de la ciudad. Mantuvo, sin embargo, a partir de entonces, estrecho contacto con maestros, escribanos, párrocos y frailes, todos ellos personas preocupadas por legitimar las ideas comuneras. También sostuvo una correspondencia continua con sus hermanos, con sus primos Mendoza e incluso con su tío Villena, que había decidido trasladarse a su castillo de Escalona. Deseaba hacerles comprender, sin conseguirlo, las razones que impulsaban a Juan y a los demás a enfrentarse a la voluntad del rey. Sus parientes respondían invariablemente aconsejando prudencia y lealtad a las leyes establecidas e, incluso, le auguraban todo tipo de desgracias de seguir por el mismo camino.

Leyó y releyó la proclama de los frailes de Salamanca, la carta enviada por Toledo a los diputados de las otras villas castellanas y la enviada a don Carlos. Cuanto más profundizaba en el asunto, más argumentos en su favor encontraba. Los sabios griegos les daban la razón y también los pensadores europeos, cuyas opiniones iban llegando a Castilla con cuentagotas. El mundo estaba cambiando, una nueva luz iluminaba los destinos de Europa, los tiempos oscuros fenecían; la libertad era una llama hacia la perfección, hacia la plena realización; la sociedad estaba integrada por seres libres; los seres humanos debían ser todos iguales en el trabajo, sin admitir ningún tipo de esclavitud o servidumbre... La lectura de las obras de filósofos italianos como Pico della Mirandola, Campanella o Pomponazzi, que el librero de la calle Ancha le hacía llegar puntualmente en cuanto se hacía con alguna de ellas, llenaban su mente de ideas nuevas, de juicios sobre los cuales jamás se había detenido a meditar. Compartía con Juan cada nuevo hallazgo, transcribiendo para él, con una hermosa caligrafía de la cual estaba orgullosa, los pensamientos que estimaba más adecuados para aplicar en su situación y le leía párrafos enteros, comentándolos después hasta que el sueño los vencía y se dormían uno en brazos del otro.

También asistía a las reuniones celebradas en su propia casa, en donde en ocasiones los principales jefes comuneros discutían los pasos que debían seguir, limitándose al principio a escuchar y participando cada vez más en las conversaciones sin que, al parecer, a nadie extrañara que una mujer dejase oír su voz. De vez en cuando, ella misma se sorprendía de ser tan bien recibida, pero recapacitaba unos instantes y sonreía. Todos aquellos caballeros, excepto Juan, que la conocía bien, estaban convencidos de que la presencia entre sus filas de un miembro de las poderosas familias Mendoza y Villena no podía sino reforzar el movimiento y darle un barniz que únicamente ella y el conde de Fuensalida, don Pedro de Ayala, podían proporcionarle.

De todos modos, estaba dispuesta no sólo a pregonar las nuevas ideas, sino también a ponerlas en práctica. Una tarde llamó a Zaida a su habitación y la esperó sentada a su mesa de trabajo.

–¿Deseas algo, mi niña? –preguntó la esclava al entrar en el cuarto–. ¿Te encuentras bien?

–¡Estoy de maravilla! Quería darte esto.

Zaida se aproximó a la mesa y cogió el rollo de papel que le alargaba su ama al tiempo que la miraba sin comprender.

–Es tu libertad.

La mujer tardó en reaccionar, miró el papel, lo desenrolló y contempló durante unos breves instantes los garabatos escritos en él. No sabía leer, pero el temor se reflejó en su rostro, se hincó de rodillas y cogió la mano de su señora con los ojos llenos de lágrimas.

–¿Tienes alguna queja de mí? ¿Te he servido mal?

–¿Qué tonterías estás diciendo? –preguntó María a su vez, siendo ahora ella la sorprendida–. Te doy la libertad porque ningún ser humano ha de ser esclavo de otro.

–¿Por qué me haces esto? Te he servido desde que eras una niña, te he cuidado y protegido, he velado tus sueños y he estado a tu lado en todo momento...

Un gemido seguido de un llanto incontrolado impidió a Zaida continuar ante la cada vez mayor sorpresa de María.

–La libertad es el mayor regalo que una persona puede hacer a otra. No es de justicia mantener esclavos. Dios hizo a los seres humanos libres y responsables de sus acciones y así ha de ser

–manifestó ésta en tono doctrinal, antes de proseguir en otro algo irritado–. Mal pagas mi generosidad. Cualquiera diría que te he robado tu prenda más valiosa.

–¿Y qué haré yo ahora? ¿Adónde iré? ¿Cómo me ganaré la vida? –insistió Zaida en medio de hipidos y sorbetones–. Me das la libertad y me echas de tu lado. ¿Cómo sobrevivir sin familia, sin hijos que velen por mí en mi vejez, sin dinero?

María se la quedó mirando, de nuevo sorprendida, intentando comprender el temor de la mujer. Finalmente entendió y no pudo evitar una sonrisa que se hizo risa y pasó a provocarle un ataque de tos. Zaida dejó de llorar y se apresuró a servirle un vaso de agua y a masajear su espalda.

–Querida Zaida –comenzó a decir María, ya sosegada–, ¿cómo has podido imaginar siquiera que yo te echaría de mi lado, tú que eres mi amiga, mi hermana? Durante toda mi infancia fuiste la primera persona y la última que mis ojos veían al despertar y al acostarme. No te doy la libertad para que te vayas, aunque podrías hacerlo si quisieras; te la doy para que seas una mujer libre. De ahora en adelante te pagaré un jornal por tus servicios. Si algo me ocurriese, me gustaría imaginar que has regresado a Granada y has rehecho tu vida allí, junto al mar y a los tuyos, en la tierra que a ambas nos vio nacer.

Zaida miró el documento. El papel que le devolvía la libertad después de más de veinte años de esclavitud estaba arrugado y parte de la escritura se había borrado debido a sus lágrimas. Dirigió después su mirada a María y las dos se echaron a reír.

–Tendré que volver a escribirlo, ¡nadie podría ser capaz de leerlo ahora! –exclamó María.

–Deseo recordar a la señora la cena organizada para esta noche. Los invitados llegarán en breve y vos, como anfitriona, deberéis presentar un aspecto brillante.

–Y ahora, ¿a qué viene esto? ¿Por qué me hablas así?

–Porque lo que estaba permitido a la esclava no es correcto en la camarera personal de doña María Pacheco.

Zaida recompuso su cabello y sus ropas, un tanto revueltos tras los lloros, se secó los ojos con las mangas de su camisa, soltó el moño trenzado de su señora y comenzó a cepillar su cabello con intención de volver a recogerlo y adornarlo. Fue una de las pocas ocasiones en las que María permaneció callada y sin saber qué decir.

La noticia recorrió veloz los campos y las ciudades castellanas. Don Carlos había obtenido el famoso servicio, necesario para sufragar los gastos de su coronación como emperador del Sacro Imperio Romano Germánico, embarcándose a continuación en el puerto de La Coruña rumbo a Alemania después de haber nombrado al cardenal Adriano de Utrecht regente del reino.

–¡Nadie puede ya detener a la Comunidad! –exclamó eufórico don Pedro Laso de la Vega nada más conocerla–. El rey ha incumplido sus promesas, se ha marchado en busca de una corona que a los castellanos ni les va ni les viene y ha dejado en su lugar a un extranjero como regente. ¡Toledo deberá hacerse cargo de su propio gobierno!

Un par de semanas más tarde, en la festividad del jueves del Corpus Christi, la Comunidad se constituyó en medio de una gran ceremonia en la catedral y fue bendecida por tres obispos ante el cabildo y el pueblo reunido al completo. El día amaneció radiante, y radiantes estaban los rostros de los toledanos vitoreando a sus diputados, en especial a Laso de la Vega y a Padilla, que fueron los más aclamados por todos. Fue un día de sonrisas y parabienes; los nobles que aún permanecían en Toledo se mezclaron con clérigos, hidalgos y artesanos y durante unas horas, las primeras y las últimas en su historia, no hubo clases ni diferencias en la ciudad del Tajo.

–¡Ha sido una locura!

–¿Por qué?

–No se puede constituir una junta de gobierno sin autorización real.

–El rey se ha marchado.

–Pero hay un regente.

–Un regente extranjero, en contra de las promesas del propio don Carlos en Valladolid.

–No importa quién sea el regente. Representa al monarca y eso es suficiente para que nosotros acatemos su autoridad.

–Te recuerdo que Castilla ya tiene una reina propietaria.

–¡Doña Juana no puede reinar!

–A doña Juana no se le ha dado la oportunidad de reinar.

–Su comportamiento no es el de una persona en su sano juicio.

–Fue la ambición de su marido y de su padre la que la ha mantenido recluida, robándole la dignidad y el respeto debido.

–Está loca.

–Nuestro padre negó en todo momento su locura a pesar de las presiones y amenazas del difunto don Felipe y yo creo en su buen parecer, aunque tú, por lo visto, prestas más atención a los intereses de unos cuantos señores capaces de vender a sus madres con tal de obtener más poder.

Juan y Gutierre de Padilla se enfrentaban por enésima vez durante el último año y sus encuentros tenían un carácter cada vez más agrio. Su padre trataba de mediar entre ellos y lo mismo hacía María, pero la relación de los dos hermanos se había deteriorado y era difícil de recomponer, sobre todo desde el nombramiento del más joven como alcaide de la Peña de Martos a la muerte, unos meses antes, del tío de ambos y maestre de Calatrava. Juan afirmaba que dicho cargo le correspondía no sólo por ser el mayor de los dos, sino también por haber sido ésta siempre la voluntad del difunto. Estaba convencido de que su cuñado Luis tenía algo que ver con el asunto y no perdonaba a su hermano por haber aceptado el puesto y seguir el juego del marqués de Mondéjar. La firme postura de Gutierre contraria a la Comunidad no hacía sino empeorar la situación.

–Opina lo que quieras –Gutierre retomó la discusión tras un momento de silencio–, pero vuestra idea de la Comunidad es lo más absurdo que jamás se ha oído.

–¿Por qué es absurdo?

–Habláis de la Comunidad como si fuera el paraíso perdido y es pura utopía. Los pueblos no avanzan sin una mano firme para gobernarlos. Hablar del común es hablar de la nada. ¿Qué es el común? ¿Acaso piensas que un zapatero puede regir los destinos de esta tierra mejor que el rey a quien atacáis, nacido y educado para dicho fin?

–Nunca se ha dicho tal necedad. No entiendes nada, Gutierre. –Juan había fruncido el ceño y cruzado los brazos sobre el pecho, clara muestra de su enfado, aunque no levantó la voz–. No atacamos a don Carlos, no discutimos su autoridad ni sus derechos. Muy al contrario, somos súbditos leales, le pedimos que sea nuestro rey, permanezca aquí y no deje el gobierno en manos extrañas; que no arruine a Castilla para ir en busca de coronas a tierras lejanas. Se ha marchado y nosotros hemos decidido gobernarnos en su ausencia, guardarle el reino para cuando decida regresar adonde pertenece.

–¿Con qué derecho?

–El de hombres libres.

Gutierre abandonó Toledo camino de Andalucía pocos días después, forzado por el ambiente y las amenazas de quienes veían en él a un traidor a la Comunidad. También se marcharon algunos otros, entre ellos, el hermano de don Pedro Laso de la Vega, joven de unos veinte años y ya afamado poeta de nombre Garcilaso. Los jefes del movimiento veían con inquietud el incesante goteo de abandonos, pero preocupaciones más importantes vinieron a ocupar sus mentes y su tiempo.

Una carta procedente de Segovia obligó a los diputados toledanos a reunirse durante horas. Los segovianos les pedían ayuda para hacer frente al ejército real comandado por el alcalde de Corte Ronquillo, un individuo expulsado por Cisneros debido a sus turbios manejos y muy temido en Segovia pues había sido juez en dicha ciudad y aún estaba vivo el recuerdo de su conducta cruel y sanguinaria. El alcalde había aislado a la población para impedir su avituallamiento y pretendía castigar el asesinato del procurador Tordesillas y de otros dos regidores. Tordesillas había votado el servicio al rey a pesar de la orden expresa de no hacerla remitida por los diputados de su Comunidad. Se corrió la voz de que había sido sobornado y la ira se apoderó de los segovianos. A su regreso de Galicia intentó explicarse, pero una turba enfurecida no le permitió hacerlo; lo arrastraron por las calles para finalmente degollarlo y colgar su cuerpo en la plaza. Dos regidores que expresaron su malestar por tamaño desafuero sufrieron la misma suerte. La ciudad ardía de fiebre comunera por los cuatro costados. Agrupada en torno a Juan Bravo, su jefe militar, estaba dispuesta a hacer frente al ejército real y a quien hiciera falta, pero sus medios eran limitados y necesitaba refuerzos.

–¿Por qué has aceptado?

La pregunta de su padre fue las primeras palabras que Juan escuchó al entrar en su casa después de haber sido nombrado capitán general de la Junta, al mando del ejército toledano que acudiría en ayuda de Segovia.

–No lo sé, padre. De verdad que no lo sé –respondió con sinceridad.

Su nombre había sido pronunciado durante las deliberaciones y apoyado por la mayoría de los diputados, a pesar de su falta de entusiasmo. Era mucha la responsabilidad a la que obligaba semejante nombramiento y hubiese preferido no asumirla él solo. Por primera vez, las Comunidades se disponían a presentar batalla, a enfrentarse a las tropas del rey. No habría una vuelta atrás. Era un paso muy grave porque significaba el enfrentamiento directo con la Corona. Estaba dispuesto a acudir a la llamada de los segovianos, a luchar contra el indeseable Ronquillo, pero entre otros, no a la cabeza. A partir de ahora, se colocaba en el punto de mira de toda Castilla. Partidarios o contrarios, comuneros o realistas, hablarían de él como de un jefe y no estaba seguro de querer serlo.

–Sabes a lo que te expones, ¿verdad? –insistió su padre con preocupación.

–Lo sé. Ocurra lo que ocurra, yo seré el responsable.

–¿No hay forma de evitarlo?

–Me temo que no. –Juan permaneció unos instantes pensativo antes de proseguir–. Habría preferido a Laso como capitán general y él también lo deseaba, pero las votaciones a mi favor han sido mayoría y es necesario aceptar su voluntad.

–¿Por qué? ¿Por qué no puedes rechazar el nombramiento?

–Porque, padre, nuestro movimiento se basa precisamente en la libre elección. No es un rey, ni un duque o marqués quien nombra los cargos municipales, políticos o militares, sino los diputados elegidos a su vez por todo el pueblo. ¿No lo entiendes aún?

–Lo entiendo aunque no lo comparta del todo, pero hoy más que nunca tiemblo por tu integridad. No voy a inmiscuirme en tus decisiones, pero no sé si te das cuenta de que te enfrentas al propio rey.

–A él no, a los malos gobernantes dejados en su lugar.

–Es lo mismo, hijo, es lo mismo. ¿No sería posible una reconciliación? Yo mismo estaría dispuesto a acudir a Valladolid para hacer de mediador y hablar con el regente. A fin de cuentas, jamás un gobierno ha sido totalmente ecuánime ni perfecto, pero no hace falta hacer una guerra por eso.

Juan contempló a su padre con el corazón lleno de cariño, pero negó con la cabeza y subió a su habitación. Necesitaba estar con María, jugar un rato con Pedrico, olvidar el momento presente. Aún estaba a tiempo, pensó. La guerra no era cosa buena, la gente moría y las heridas abiertas tardaban mucho tiempo en cicatrizar dejando atrás un reguero de odios y deseos de venganza. Tal vez su padre tenía razón; podía evitarse el enfrentamiento, parlamentar, llegar a un acuerdo. El cardenal Adriano no desearía un choque de armas con los súbditos; su gobierno no estaba consolidado, no tenía el poder moral necesario para ser aceptado por el pueblo y él lo sabía. Cualquier iniciativa para evitar una guerra fratricida sería bien recibida, pero ¿por qué entonces había enviado al odiado Ronquillo contra Segovia, una de las ciudades adheridas a la Junta? No eran todavía más que cinco con Zamora, Madrid, Toro y Toledo, pero un acto de esas proporciones sólo lograría crispar aún más los ánimos y daría la razón a aquellos que reclamaban un único gobierno: el del pueblo.

Dejó de pensar en el asunto al entrar en su dormitorio y encontrar a su mujer y al niño tumbados en el lecho. María no se había encontrado bien durante los últimos días. Faltaban un par de semanas para el nacimiento y la gran humedad reinante en Toledo no era precisamente beneficiosa para sus problemas respiratorios. El médico le había ordenado permanecer en la cama y evitar la agitación. Había obedecido a regañadientes, aduciendo encontrarse bien y tener mucho que hacer, pero el doctor Martínez había sido tajante y también Juan.

–¿Cómo te encuentras? –preguntó éste acercándose al lecho y dejándose caer a su lado mientras su hijo aprovechaba la ocasión para sentarse encima de su vientre.

–Aburrida. Me siento como una inválida y recibo órdenes de todo el mundo, incluida Zaida, que se ha puesto hecha una furia porque se me ha ocurrido levantarme y andar un poco.

–No te enfades con los que te queremos bien –rió él.

–No me enfado, me desespero al verme aquí, obligada a no hacer nada.

–¿Qué quieres hacer? ¿Barrer, cocinar, remendar la ropa?

–Podría hacerlo, lo sabes bien.

–Lo sé. Serías capaz de hacer cualquier cosa que te propusieras, pero ahora, querida mía, tienes una obligación.

–¿Cuál? ¿Quedarme tumbada cuando hay tanto por hacer?

–Traer al mundo a nuestro hijo. No hay nada más importante para ti y para mí en este momento.

–Voy a tener un hermano –terció el pequeño Pedro muy serio y provocando la risa de los dos adultos.

–Puede que sea una niña...

–No, es un chico y yo soy capitán como tú.

María miró a su marido, pero no dijo nada.

–¿Cómo sabes que yo soy capitán? –preguntó Juan al crío, evitando la mirada de su mujer–. Sólo tienes cuatro años.

–Lo dice Ficor. ¿Qué es un capitán?

La oportuna llegada de Lucía en busca del niño para llevárselo a cenar lo sacó del brete. Una vez a solas, la pareja permaneció en silencio.

–¿Capitán? –preguntó de nuevo María al cabo de un buen rato.

–La Junta me ha elegido para acudir en ayuda de Segovia al mando de dos mil hombres y romper el cerco del ejército real.

–Es la guerra entonces.

–Quién sabe... No estoy muy seguro de haber hecho bien aceptando el puesto.

–¿Por qué?

María se había sentado en la cama y observaba con atención el rostro de su marido, que mantenía los ojos cerrados.

–Es mucha responsabilidad llevar a unos hombres a la lucha, no son soldados, habrá muertos...

–¿Es eso lo que te preocupa o el hecho de enfrentarte a las tropas del regente?

–También.

María se reclinó de nuevo sobre los almohadones, asió la mano de Juan y comenzó a hablar. La ambición de los flamencos, de algunos nobles castellanos y del propio rey estaba en la base del conflicto. Los ricos lo eran cada vez más, mientras el número de los pobres aumentaba sin cesar. La pobreza generaba desórdenes, pero el mal gobierno era responsable de dicha situación. El rey había exigido y conseguido de los castellanos unas cantidades enormes de dinero para lograr su ambición: ser coronado emperador; continuaba otorgando privilegios a sus más próximos, había dejado en su lugar a un eclesiástico flamenco incapaz de comprender al pueblo que gobernaba, quien enviaba ahora un ejército profesional contra una ciudad de mercaderes y artesanos.

–No puedes abandonarlos a su suerte –concluyó, refiriéndose a los segovianos.

–No quiero hacerlo, pero preferiría ser un simple soldado.

–Eres el mejor de todos ellos.

–Laso es mejor.

–Te prefieren a ti.

–¿Y tú?

–Yo también te prefiero a ti.

Días después el ejército comunero salía en dirección a Segovia, encontrándose a medio camino con otros quinientos hombres enviados por la Comunidad de Madrid y uniéndose a la tropa segoviana liderada por Juan Bravo. Entre todos impidieron que Ronquillo lograse su propósito.

Las ciudades indecisas que todavía no se habían adherido a la Junta lo hicieron entonces. En Salamanca, un curtidor de nombre Villosca levantó al pueblo contra una mayoría de nobles e hidalgos claramente opuesta a la Comunidad; en León, sin embargo, fueron nobles y eclesiásticos los que alentaron el levantamiento; en Murcia, el corregidor fue asesinado.

María tenía noticias puntuales de todo lo que acontecía gracias a los dos criados, el suyo, Ficor, y el de Juan, Sosa. Uno y otro se turnaban para cabalgar en una y otra dirección llevando los mensajes de sus señores.

Así supo que los imperiales, como comenzaban a llamar a las tropas del regente, habían acudido a Medina, una de las ciudades más activas de Castilla, para tomar las piezas de la artillería real guardadas en aquella plaza: bombardas, falconetes y morteros, así como la pólvora necesaria para su uso. Ante su enorme sorpresa y furor, los medinenses se negaron a entregárselas y, además, les quitaron las ruedas y las escondieron para así hacer imposible su traslado. Eran días de feria y la ciudad estaba repleta de visitantes. Mercaderes llegados de todos los puntos del reino y de lugares tan alejados como Génova, Francia, Valencia o Portugal se hallaban allí negociando con pieles, cueros, joyas, espadas, especias, alfombras, tejidos de todas las clases, incluidos brocados, y ganado. Los tenderetes con las mercancías se extendían por varias calles, las posadas estaban a tope de huéspedes y todas las calles rebosaban de animación.

La llegada de los soldados, bajo las órdenes de don Alonso de Fonseca y del propio Ronquillo, en busca de la artillería y el rumor, rápidamente propagado, sobre el destino de la misma hicieron reaccionar con prontitud a la población encolerizada por la inminente amenaza de un ataque por parte de las tropas reales; se cerraron las entradas a las calles y los ciudadanos, jóvenes y viejos, se aprestaron para la lucha. Al no lograr doblegar su resistencia, los imperiales lanzaron alcancías incendiarias rellenas de alquitrán con la intención de distraerlos, pero provocaron un incendio tan arrasador que a punto estuvo de borrar Medina de la faz de la tierra. Los almacenes y las lonjas del convento de San Francisco utilizadas para las mercaderías, así como cerca de mil casas ardieron hasta no quedar ni rastro de ellas, pero los rebeldes continuaron en sus puestos y los atacantes se vieron obligados a replegarse.

También llegaron noticias hasta Toledo sobre la indignación de los habitantes de Valladolid al conocer la noticia de la quema de Medina. Los vallisoletanos se lanzaron a las calles, hicieron tocar las campanas a rebato y destruyeron las casas de los procuradores que habían votado el servicio al rey, así como la del general Fonseca. Al igual que la ciudad del Pisuerga, otras como Burgos y Palencia se alzaron indignadas y las algaradas se extendieron a Extremadura y Andalucía.

–Después de todo, el regente ha hecho un gran favor a las Comunidades –afirmó Sosa al presentarse ante María para llevarle las últimas noticias–. Todas, menos las andaluzas, han enviado a sus representantes a la Junta Santa de Ávila.

–¿Y mi marido? –le interrogó María preocupada.

–El amo está bien. Le recibieron en Medina como a un héroe y le fueron entregadas todas las piezas de artillería que los medinenses negaron a los imperiales.

–¿Dónde está ahora?

–En Tordesillas, señora. Ha tenido audiencia con la reina propietaria quien, al parecer, apoya a la Junta –le informó Sosa tan orgulloso como si él mismo hubiera sido recibido por doña Juana.

–¿Qué día llegaron los nuestros a Tordesillas?

–Hace dos semanas por el mediodía, señora, con tan buen ánimo que todos escuchamos misa en un descampado antes de que mi señor de Padilla, el obispo Acuña y el señor Bravo acudieran a presencia de la reina. Echaron de allí al marqués de Denia, el carcelero de doña Juana, y organizaron fiestas y torneos para honrarla como se merece.

María sonrió con tristeza. De haber sobrevivido al parto, su hijo tendría ahora esas mismas dos semanas.

Se hallaba sentada en una de las sillas moriscas llevadas a Toledo desde Granada, abrigada con una bata de grueso terciopelo a pesar del calor del verano y una manta sobre sus piernas. Al serle notificada la llegada del criado, se trasladó al gabinete de trabajo después de ordenar a Zaida y a los demás sirvientes no decir a Sosa ni media palabra sobre el alumbramiento. El hombre nunca permanecía alejado de Juan más tiempo del necesario y regresaba a él después de haberse repuesto un poco de la cabalgada. Sólo era preciso callar mientras él permaneciese en la casa.

–No quiero que mi esposo se preocupe. Su cabeza y todos sus sentidos deben estar ahora puestos en su misión –añadió al observar el gesto de extrañeza de Zaida.

La mujer hizo un gesto negativo con la cabeza, pero acabó haciendo otro afirmativo antes de dejarla bien instalada y tapada en la butaca.

–Mi señor desea saber si os encontráis bien y si hay alguna novedad en el estado de su señoría...

Sosa no pudo evitar una mirada azorada hacia el vientre de María. El pequeño cojín escondido bajo la manta y las manos reposando sobre él habían engañado por completo al hombre.

–Dile a mi marido que su hijo esperará su regreso para nacer. Dile también que Toledo lo apoya como un solo hombre y que las cosas están tranquilas aquí.

Lo vio partir y deseó con toda su alma poder ser ella quien acudiera a Tordesillas para reunirse con Juan. Llevaban ya casi un mes alejados el uno del otro y la separación se le hacía cada día más difícil.

El parto duró toda la noche y parte de la mañana siguiente; hubo momentos en los cuales creyó morir y otros en los que sintió desgarrarse sus entrañas, pero ni una sola queja se escapó de sus labios. Trajo al mundo a un pobre pequeñín débil y medio vivo. No lloraba, apenas respiraba y no hubo manera de hacerle mamar a pesar de todos sus esfuerzos y los de Zaida, que untó el pezón de María con miel de romero y se lo introdujo en la boca para obligarle a chupar. Ésta sintió tanta pena por él que las lágrimas empaparon su camisa y mojaron la pálida carita de la criatura apoyada sobre su pecho. Ella misma lo bautizó con el nombre de Íñigo y sólo permitió que se lo llevaran de su lado cuando lo sintió frío e inerte. Al mismo tiempo tomó la decisión de ocultar la tragedia a Juan hasta que pudiera notificárselo por su propia boca. Conociéndole, sabía que acudiría a su lado en cuanto supiese la noticia, pero era mucho lo que se dirimía en Castilla en aquellos momentos. Él no podía abandonar su puesto y no sería ella la causa de que lo hiciera.

La llegada a Toledo como vicario del arzobispado de su primo Francisco de Mendoza alivió un tanto su dolor. Sus relaciones nunca habían sido muy profundas y se habían visto en contadas ocasiones, pero era su pariente y además sacerdote; podía hablar con él con mayor libertad que con su propio confesor, confiarle sus angustias y también sus esperanzas.

–Debéis conseguir que Juan abandone –le dijo su primo una tarde en que, como todas, acudió a la casona para interesarse por su salud–. Las cosas han llegado ya demasiado lejos y este asunto no podrá acabar sino en catástrofe.

–¿También vos estáis contra él?

–Ni estoy en su contra ni a su favor, pero lo que comenzó como una reivindicación en defensa de unas libertades se está convirtiendo en una sublevación en toda regla. El rey ha nombrado al condestable Velasco y al almirante Enríquez miembros del Consejo Real. ¿No se le pedía nombrar a castellanos para los puestos de la gobernación? Pues, ahí están y también cumplirá con las otras demandas. Debe dársele tiempo. No se puede lograr todo por la fuerza. Cada vez son menos los nobles que apoyan a las Comunidades debido a que éstas han empezado a reclamar unos derechos que no aparecían antes por ningún lado.

–¿Como cuáles?

–Piden que tanto cristianos como moros u otros de cualquier clase y condición sean libres y que no se paguen las alcabalas ni otros tributos.

–A un sacerdote debería parecerle bien la igualdad entre los seres humanos y que los pobres no pecharan si nada tienen –replicó María con acritud.

–Debería parecérselo, sí, si el mundo fuera otro, pero es el que es. Los campesinos se sublevan contra sus señores, los pueblos contra sus regidores, hay robos y abusos por todas partes y los canónigos ponen en duda la legalidad del movimiento. Han enviado una carta al rey declarándose sus fieles servidores.

–Toledo les obligará a doblegarse. Esos orondos canónigos, hijos de viejas familias favorecidas por la Corona a lo largo del último siglo, propietarios de casas y negocios, padres de hijos bastardos, no tienen derecho a hablar de legalidad.

–¡Cuidado, María! Estáis hablando de hombres de Dios.

–¿Hombres de Dios? ¿Es acaso el arzobispo Croy un hombre

de Dios o el sobrino del señor de Chièvres? No ha puesto los pies en esta ciudad desde que ocupó el cargo, fue hecho cardenal de la noche a la mañana y naturalizado castellano al día siguiente. ¡Vamos, primo, no me digáis que a vos todo eso os parece bien!

–Soy un fiel servidor de la Iglesia y debo acatar sus decisiones.

–Pues Juan y yo somos servidores de la Comunidad y también pensamos acatar lo que ella disponga.

A partir de aquel día, María tomó la decisión de recuperarse costara lo que costase. En ausencia de Juan no podía fiarse de nadie. Ella se ocuparía de que la ciudad se mantuviese leal, de que no flaquease en esos momentos, cuando la unión era más necesaria. Siguió las órdenes del médico al pie de la letra, algo que causó en éste una agradable sorpresa, acostumbrado como estaba a encontrar siempre la tozuda oposición de su paciente. También tomó sin rechistar tisanas de verruguera, excelentes cordiales, ensaladas de berros para combatir su debilidad y sopas de ortigas para la inapetencia, preparadas por Zalda, a pesar de lo mucho que le desagradaban y que a veces le hacían sentir unas enormes ganas de vomitar. Asimismo se obligó a ejercitarse todos los días para fortalecer sus piernas y sus pulmones; recobró el gusto por los paseos y se dejó ver por calles y plazoletas, especialmente por Zocodover; entabló conversaciones con tejedores, albarderos, boneteros, calceteros, artesanos en general y tenderos, se interesó por las familias cuyos miembros se encontraban en el ejército comunero y no dejó de controlar el aprovisionamiento de armas y víveres en todo momento.

Poco a poco, sin casi darse cuenta ella misma, la delgada figura vestida con buenos paños pero sin ostentación de alhajas ni adornos, siempre acompañada por una morisca silenciosa, algún criado y, a veces, por su hijo, fue haciéndose más y más conocida para los toledanos. Hasta tal punto llegó a serles familiar que, en ocasiones, algunos se atrevían a preguntarle sobre la marcha de las hostilidades, la salud de la reina o el futuro que a todos aguardaba. María encontraba natural que sus conciudadanos se dirigieran a ella en lugar de hacerlo a algún diputado o representante popular, transmitía las quejas de aquéllos a éstos y participaba de manera activa en las reuniones de su parroquia. No había olvidado, sin embargo, las palabras de su primo y decidió no perder de vista a los canónigos de la catedral, sobre cuyas palabras y opiniones Acebedo y al maestrescuela Zapata la mantenían informada.

Una idea se fue entonces fraguando en su cabeza y cuanto más pensaba en ella, más factible la veía. Su hermano, Francisco de Mendoza, de igual nombre que el primo vicario, era sobrino nieto al igual que ella del gran cardenal Mendoza, hermano del marqués de Mondéjar, sobrino del duque del Infantado, sobrino del marqués de Villena, sólo por hablar de algunos de sus parientes. Su familia por parte de padre y madre poseía casas en la ciudad y también tierras. ¿Cuántos eclesiásticos podrían mostrar credenciales semejantes? Además era un hombre honrado, eso le constaba, y piadoso; en un par de cartas que le había escrito no se oponía abiertamente a las Comunidades y hasta parecía simpatizar algo con el movimiento. En cuanto se presentase la primera ocasión, propondría a Francisco para el cargo de arzobispo. A Croy no se le había visto el pelo y su nombramiento se había llevado a cabo de forma tan arbitraria que hasta los canónigos se habían opuesto a él. Cuando la Santa Junta venciese a los enemigos del reino y las cosas volvieran a la normalidad, sería necesario nombrar a personas de confianza para los cargos importantes y en Toledo, sin duda alguna, el arzobispado era el más importante de todos ellos.

Octubre de 1520

El trabajo mantenía ocupado al impresor Serrano desde primeras horas de la mañana hasta bien entrada la noche, sin tiempo para pensar ni para echar en falta a Isabel. Su cuerpo cansado únicamente ansiaba tumbarse en el lecho y dormir unas pocas horas para recuperarse y volver a empezar de nuevo al día siguiente. Habían hecho por fin el viaje a Mora en cuanto los caminos fueron transitables, pasados los duros meses del invierno, y el primo cura los casó tras echarles un sermón por los meses vividos en pecado, aunque después de la ceremonia abrió una botella de vino de Ocaña para celebrar su vuelta al redil. Les hubiera gustado quedarse algún tiempo en el pequeño pueblo agrícola donde las horas pasaban sin prisas y el ambiente era cordial, pero era preciso comer y el trabajo estaba en Toledo. Tuvieron, no obstante, que emprender de nuevo el camino cinco meses más tarde cuando ni las faldetas ni las toquillas pudieron ocultar por más tiempo el estado de buena esperanza de la tejedora.

–No es prudente en tu situación –le aconsejó él, preocupado.

–Menos prudente sería quedarme aquí y dar pie a las habladurías de las comadres. Aquí todo se sabe y ya habrá alguien que se encargue de comunicárselo a mi cuñado.

–¿Y qué más da si se sabe? Tenemos el papel.

–Eso es precisamente lo que espera Bartolomé para quedarse con la casa y ¡no le daré el gusto! –exclamó Isabel poniendo las manos en jarras–. Iré al pueblo y ya pensaremos luego qué hacer.

No hubo manera de convencerla y una mañana temprana de finales de agosto, cuando las calles estaban aún vacías de gente, tomaron una vez más el camino hacia Mora. Matías, el curtidor, les prestó su viejo carro y un burro, casi o más viejo que el carro, para no verse obligados a ir andando. Él regresó al día siguiente y se dispuso a imprimir una proclama en la cual se hacía constar el apoyo recibido de doña Juana por la Santa Junta y el traslado de ésta de Ávila a Tordesillas, un trabajo, que le llegó, como siempre, de manos de maese Andrés. Tal vez, pensó el impresor, su mujer y el niño, cuando naciera, estarían mejor lejos de la ciudad. Le dolía la rodilla izquierda y eso era un mal presagio. Se la había roto cuando era chaval y bajaba al río a pescar en compañía de otros mozalbetes; un resbalón, una mala caída y varios meses con muleta fueron el resultado de la aventura. Desde entonces le dolía siempre que iba a cambiar el tiempo o algo malo se avecinaba. Podía ser lo uno o lo otro, pero algo le decía que esta vez no era el clima lo que afectaba a su articulación.

Acudía a todas, sin faltar a una, las asambleas que tenían lugar en su parroquia y también, de vez en cuando, a las celebradas en el Ayuntamiento. Los diputados elegidos por el pueblo ocupaban ahora los puestos de los regidores a quienes nadie prestaba atención a pesar de continuar en sus cargos. Él se mantenía siempre en silencio, escuchaba a los demás y llegaba a sus propias conclusiones. El acuerdo, casi unánime, de los primeros meses de vida de la Comunidad se resquebrajaba poco a poco. Eran detalles, comentarios, discusiones, sin importancia aparente a veces, que minaban el buen entendimiento e iban conformando dos tendencias claras para cualquiera que no estuviese ofuscado por el entusiasmo. Cada vez más se escuchaban voces insinuando la conveniencia de llegar a un acuerdo con el Consejo Real, acalladas con furia por quienes acusaban de traidores a aquellos que predicaban la moderación, amenazándoles con echarlos de la ciudad y quemar sus casas. Pero al mismo tiempo que la mesura iba ganando simpatizantes entre los hidalgos dirigentes que veían escapar el control de sus manos, el común tomaba mayor conciencia de la trascendencia del momento. Por primera vez desde hacía siglos, el pueblo se hacía oír; el campesino que trabajaba de sol a sol y pagaba pechas desorbitadas, el artesano en lucha feroz contra la competencia extranjera beneficiada por las propias leyes del reino, el pequeño comerciante cuyo género languidecía a la espera de un comprador, los pobres, las viudas sin sustento e incluso las monjas y los frailes de los conventos tenían voz y representación en el gobierno de la ciudad.

–¡A la vista está que no nos hacen falta reyes ni nobles para gobernar! –exclamó entusiasmado maese Andrés de regreso a la calle Ancha después de haber asistido a una asamblea en la parroquia de San Nicolás.

–¿Creéis en verdad en el triunfo de la Comunidad? –le interrogó Serrano con escepticismo.

–¡Por supuesto, querido amigo! ¡Por supuesto!

–Los nobles ya no apoyan la causa.

–¿Y cuándo la han apoyado?

–Al comienzo...

–Al comienzo se limitaron a esperar a ver por dónde soplaba el viento –le interrumpió el librero–. Los Grandes, los verdaderamente Grandes, no se han mojado en todos estos meses. Desean la victoria del rey porque en ella se halla su propia fuerza, pero no quieren que ésta llegue demasiado pronto para poder decirle: «Mirad lo que ha ocurrido por habernos apartado del gobierno». Quieren demostrarle que él los necesita y no moverán un dedo hasta no ver sus prerrogativas confirmadas o sus bienes en peligro.

–Hubo, sin embargo, algunos que sí la apoyaron –insistió Serrano.

–Miembros de la pequeña nobleza, segundones de las grandes familias, personas beneficiadas por privilegios cuyos fines nunca han coincidido con los del pueblo. Salvo unas pocas excepciones, como el conde de Fuensalida o doña María Pacheco, apoyaron el movimiento mientras pudieron controlar el juego, pero han mudado de casaca en cuanto han visto que se les escapa su influencia. Nuestra verdadera fuerza, la fuerza de la Comunidad, está en las gentes del común y son ellas quien deben defenderla.

–No hay dinero para armar ejércitos.

–Pero hay razón y justicia y, os recuerdo, somos muchos más. Dueñas y otras poblaciones se han alzado contra sus señores y pronto toda Castilla será un clamor contra la opresión, los abusos de los nobles propietarios por la gracia real. Hasta el último rincón de esta tierra se gobernará a sí mismo y el hijo de la reina tendrá que dar su brazo a torcer.

Esta conversación, junto a varios altercados que tuvieron lugar en la ciudad tras algunas reuniones tumultuosas que acabaron con la expulsión o encarcelamiento de personas contrarias a la Comunidad cuyas casas y bienes fueron quemados y saqueados, sólo aumentó la preocupación de Serrano. No obstante, y sin alcanzar dichos extremos, él había llegado a simpatizar con el movimiento. Maese de la Espina y sus colegas tenían razón. La justicia era mayor cuando los ciudadanos intervenían en la gobernación. Él era un hombre libre y, podía decirse, más culto que la mayoría de sus vecinos; no era siervo de nadie, su casa y su negocio le pertenecían, pero, hasta ese momento, jamás había podido dar su opinión o participar en la cosa pública; estaba obligado a apartarse cuando su camino se cruzaba con el de los nobles, a situarse en la parte trasera de la iglesia, a sufrir la censura de los inquisidores, a ver morir a gente de pura miseria. Eso sí, él y cientos, miles como él existían a la hora de pagar las alcabalas. Era contrario a las leyes de Dios que los ricos no pagasen y los pobres sí.

Una tarde, se presentó en el taller el hombre que ya en una ocasión le había visitado llevándole de parte del librero el manifiesto de los frailes para imprimir, aunque en esta ocasión había trocado sus negras ropas por otras más elegantes de color granate. Se había topado con él en varias ocasiones más y habían intercambiado unas palabras esporádicamente, aun cuando nunca hubieran llegado a intimar. Tan era así, que ni siquiera conocía su nombre. Pensó que, en esta ocasión, el hombre le traería un nuevo encargo de maese Andrés pero, para su sorpresa, no fue así. El individuo señaló al aprendiz con un gesto de la cabeza, indicando la conveniencia de que el muchacho se ausentara durante su conversación. El primer impulso del impresor fue negarse, pero un sexto sentido le recomendó no hacerlo y envió a Benito a por tintas a casa del tintorero Domingo de Yepes, dos calles más abajo, permaneciendo ambos en silencio hasta que el aprendiz hubo salido del local.

–Tiempos revueltos son éstos –comenzó diciendo el visitante y, ante la falta de comentarios por parte del impresor, continuó–: pero siempre llega la calma tras la tempestad y las cosas vuelven a su lugar. ¿Estáis de acuerdo conmigo?

Serrano afirmó con la cabeza, incapaz de adivinar adónde quería llegar el extraño personaje.

–Sois una persona valiosa, maese Serrano, domináis el arte de la impresión. Podéis, por tanto, transmitir las ideas y eso es bueno... cuando las ideas también lo son.

–Me limito a ganarme la vida con mi trabajo, señor de... –afirmó el impresor con recelo.

–También lo hacen el pellejero y el bonetero, pero ellos no saben leer ni escribir. Las palabras se las lleva el viento y se olvidan, pero la letra impresa queda ahí, al alcance de todos. Transcurrirán los años y los siglos y lo escrito será testimonio del presente, de ahí la importancia de los cronistas de pluma y también de los impresores que imprimen sus trabajos.

Serrano estaba empezando a impacientarse, pero no quería ser descortés y menos sin saber con quién se las había.

–¿Deseáis algo, señor...? –insistió, intentando conocer el nombre de su interlocutor.

–Pérez..., señor Pérez..., para serviros.

Era a todas luces un nombre falso, o eso al menos pensó el impresor. Observó al hombre con mayor atención. Vestía paños caros y la empuñadura de su espada era de plata, llevaba el cabello bien cuidado, al igual que el bigote y la barba recortada y lucía un anillo de oro macizo con una gema incrustada en su dedo meñique. En una palabra, el extraño era cuando menos un hidalgo pero, por su porte, ropas y modales, él hubiera apostado cualquier cosa a que su posición estaba por encima de una simple hidalguía. El instante de vacilación al decir su nombre no hacía más que corroborar su impresión. Decidió informarse sobre él aquel mismo día; acudiría a casa de maese Andrés en cuanto el visitante se marchara.

–El caso es que vos no ignoráis los graves asuntos que se cuecen en el reino en estos momentos. Las cosas se tornan más graves cada día que pasa y, antes o después, tendrá lugar el desenlace definitivo.

–No sé adónde queréis llegar, señor... Pérez.

–Nuestro señor, don Carlos, tomará buena cuenta de aquellos que se le hayan opuesto y también de los que lo hayan servido bien. Vos formáis parte del círculo del librero De la Espina y de otros hombres como él...

–Vos también, según me pareció apreciar la primera vez que vinisteis aquí –le interrumpió Serrano con gravedad.

–En realidad conozco a maese Andrés bastante menos que vos. Aquéllos fueron momentos de confusión y hoy ya no lo son. Las Comunidades tienen los días contados, pero la bicha coleará aún antes de ser destruida definitivamente.

–No entiendo lo que intentáis decirme, ni sé por qué razón habéis venido, señor, pero yo tengo trabajo. Os ruego que abreviéis y me aclaréis vuestras intenciones.

¿Por qué tardaba tanto Benito en volver con las tintas? Era un buen trabajador, pero se distraía con el vuelo de una mosca. En esos momentos estaría de cháchara con Domingo de Yepes y él comenzaba a sentirse incómodo con aquel visitante inesperado e intranquilizador.

–Represento a un caballero poderoso que desea estar informado acerca de los pasos dados por los miembros más representativos del movimiento comunero de Toledo. La recompensa por dicha información será generosa una vez finalizado el conflicto.

–¿Queréis que yo sea un delator? –exclamó el impresor al comprender, atónito y a la vez escandalizado, la propuesta del individuo–. ¿Por qué no hacéis vos ese trabajo?

–Porque yo he de ausentarme de la ciudad y no sé cuándo podré regresar y porque vos no sois un caballero ni un hidalgo, estáis bien situado, sois respetado y nadie sospechará de vos.

Serrano estuvo a punto de lanzarle a la cabeza la plancha con los caracteres de plomo ya dispuestos en la que estaba trabajando, pero se contuvo. La puntería no era su fuerte y nadie llevaba encima una espada si no sabía utilizarla.

–¿Y si me niego? –se limitó a preguntar con voz temblorosa, debida a la furia que sentía y también al miedo.

–Ya os he dicho que este asunto acabará en breve. La sublevación es un crimen contra lesa majestad y todos los que la apoyan acabarán en la soga o descuartizados. No me gustaría ver colgado a merced de los buitres el cadáver de un buen impresor como vos.

Benito llegó justo cuando el hombre pronunciaba sus últimas palabras y el impresor respiró algo más tranquilo.

–Lo pensaré, señor Pérez, lo pensaré... –dijo antes de coger la caja que le tendió su ayudante y centrar su atención en las tintas.

–Estoy convencido de que así será, maese Serrano. Volveremos a vernos.

El hombre se despidió con una ligera inclinación de cabeza y salió del local dejando tras de sí al impresor sumido en un mar de preocupaciones. La amenaza era clara: o ejercía de chivato de sus amigos y vecinos o colgaría de una soga..., en el caso de que los nobles del rey acabaran ganando la partida. ¿Por qué se veía él en un apuro tal? Era un hombre sencillo, no quería problemas, se dejaba llevar por los acontecimientos, pero ¡convertirse en un malsín de sus propias gentes!

–¿Quién era ese caballero?

Le sobresaltó la voz de Benito y dio un respingo.

–Tenemos trabajo atrasado –fue su seca respuesta.

Acudió presuroso a la tienda del librero en cuanto cerró el taller. Maese Andrés no recordaba al hombre del cual le dio las señas. Sí, bueno, hubo muchas gentes nuevas en los primeros días del movimiento, algunas eran mercaderes de paso, otras procedían de la comarca e incluso las hubo llegadas de Salamanca. No conocía a todos ni tampoco sus nombres, no podía ayudarle.

–¿Es algo importante? –preguntó finalmente el librero.

–No..., es que me interesaba hablar con él. Me hizo un encargo y no ha venido a recogerlo...

Regresó a su casa con mal cuerpo, determinado a partir cuanto antes hacia Mora. Le daba igual si tenía que pasar el resto de su vida arando la tierra o cuidando vacas. Cualquier cosa antes que verse obligado a traicionar a los suyos o perder el cuello. Él no era ningún héroe ni pensaba serlo. El temblor no lo abandonó a pesar de la sopa caliente y la manta en la que se enrolló para introducirse en el lecho. Cuando por fin se durmió era más de medianoche. A la mañana siguiente se despertó más tarde de lo acostumbrado, se vistió unos calzones nuevos y una camisa que aún no había estrenado; acudió al barbero y se hizo arreglar el cabello y la barba. Después pasó por el puesto de cuchillos de la calle de los Mercaderes y adquirió uno de buenas proporciones y hoja afilada, funda incluida, que colgó del cinto, dirigiéndose a continuación al Ayuntamiento para apuntarse a la milicia de la ciudad.

María llevaba ya un buen rato acostada, pero no tenía sueño –apenas dormía desde la muerte del pequeñín, como lo llamaba en su fuero interno– y se hallaba inmersa por segunda vez en una obra escrita en latín que maese Andrés le había hecho llegar nada más recibirla: *Utopía*, de Tomás Moro, consejero del rey de Inglaterra, Enrique VIII. A pesar de que el doctor Martínez le había recomendado aprovechar todas las horas de la noche para recuperar las fuerzas y descansar, para cerrar los ojos y relajar el cuerpo aunque no pudiera dormir, a ella le parecía una pérdida de tiempo. ¿Qué mejor momento que la noche para estudiar, sin ruidos, ni distracciones? La obra del pensador inglés la tenía fascinada, era de una sencillez tal, se dijo, que hasta a ella misma podría habérsele ocurrido. La idea de una república bajo la autoridad de un buen monarca en la cual la política quedara supeditada a la moral y se suprimiera la propiedad privada, el ejército y la intolerancia, casaba perfectamente con la doctrina comunera aunque ésta tuviera aún largo camino por recorrer.

«Por eso, cuando contemplo y medito sobre todas esas repúblicas que hoy florecen por ahí, no se me ofrece otra cosa, séame Dios propicio, que una cierta conspiración de los ricos que tratan de sus intereses bajo el nombre y título de república. Y discurren e inventan todos los modos y artes para, en primer lugar, retener sin miedo de perderlo lo que acumularon con malas artes; después de esto, para adquirirlo con el trabajo y fatigas de todos los pobres por el mínimo precio; y para abusar de ellos. Estas maquinaciones, tan pronto que los ricos han decretado que se observen en nombre del pueblo, esto es, también de los pobres, se hacen ya leyes.»

Le gustaba leer en voz alta, disfrutaba con el sonido de su propia voz, una costumbre adquirida durante la infancia cuando lo hacía para sus maestros. El ruido de la puerta la obligó a levantar la mirada del libro. No podía creer lo que veían sus ojos. Ante ella, como un aparecido, estaba Juan en persona con el aspecto de un animal apaleado. No había escuchado ladrar a los perros, nadie le había avisado de su llegada; Sosa llevaba varios días sin aparecer y ella tampoco había enviado a Ficor porque era necesario a su lado. La última noticia recibida había sido la del traslado de la Santa Junta de Ávila a Tordesillas. No se preguntó la razón por la cual su marido aparecía en casa así, de repente, cuando se le creía a leguas de distancia y tampoco preguntó. Se levantó rauda y corrió hacia él, asiéndolo por un brazo y obligándole a sentarse en el lecho; le despojó de la casaca y le quitó las botas, forzándole a reclinarse sobre los grandes cojines de terciopelo utilizados por ella momentos antes para poder leer con comodidad.

–¿Qué ha ocurrido? –le preguntó al fin.

–Han elegido a Girón como capitán general.

–¿A Girón? ¿A Pedro Girón? ¿A mi pariente? ¿Están locos? –preguntó incrédula.

–Han considerado que era más adecuado que yo para el cargo...

–¿Girón más adecuado? ¿Acaso no saben que está resentido contra la Corona porque no le ha concedido el ducado de Medina-Sidonia al que aspiraba? ¿Qué es, una rabieta lo que le ha animado a posicionarse a favor del movimiento?

–Imagino que sí lo saben, pero es el único Grande que tienen a su lado y deben de pensar que su nombramiento ayudará a la causa.

–¡Estúpidos! Acabarán llevándonos a todos a la ruina. ¿Has vuelto solo?

–No, me han acompañado los toledanos. Juan Bravo y los suyos también han regresado a Segovia. Puesto que ya no hacíamos falta allí y la Junta se encarga de todo, no había motivo para dejar nuestras ciudades y a nuestras familias desprotegidas.

María cogió una botellita de vidrio y vertió un poco de perfume en un pañuelo bordado que luego pasó por la frente de su marido.

–Me alegro de que estés aquí...

–Yo también de estarlo..., te echo en falta y me gustaría tenerte a mi lado en todo momento.

–A mí me gustaría cabalgar contigo como hacíamos en Cazorla, ¿recuerdas? Recorríamos la región a galope tendido y regresábamos agotados, con las mejillas enrojecidas por el aire de la sierra y los cabellos revueltos.

–¡Cómo olvidarlo!

Juan cerró los ojos, agotado por el viaje y las decepciones. La entrada triunfal en Tordesillas parecía prometer tanto y, no obstante, ¡se había conseguido tan poco! La entrevista con doña Juana le causó una gran impresión. Nunca la había visto, pero su padre le era fiel hasta la médula y siempre había negado su supuesta demencia. A él le pareció una mujer triste, desinteresada del mundo que la rodeaba, y hermosa, con una belleza algo ajada a pesar de ser aún joven. No le dio la impresión de estar loca como todo el mundo, incluido su hijo, se empeñaba en afirmar; sólo un poco ida en algunos momentos en los cuales parecía no mostrar atención ni escuchar lo que se le decía. Habló con ella, le explicó el motivo de su presencia allí y le juró lealtad. Doña Juana refrendó su nombramiento como capitán general y aceptó el traslado de la Junta a Tordesillas para formar Corte en aquella población. Ya no eran cinco, sino catorce las ciudades representadas de las dieciocho con derecho a voto, aunque seguían faltando las cuatro andaluzas.

La Junta también decidió asumir la responsabilidad de la gobernación, dimitir a los miembros del Consejo Real, incluido el cardenal Adriano, y expulsarlos de Valladolid donde aún permanecían a pesar de que la ciudad se había adherido con entusiasmo a la causa comunera. A partir de entonces sólo habría un gobierno en Castilla, el legítimamente elegido por los ciudadanos; la Junta se encargaría de recabar los impuestos y rentas, nombrar a los corregidores y juzgar a los funcionarios corruptos. Las revueltas antiseñoriales en muchos pueblos del reino habían venido a complicar la situación puesto que los señores, hasta entonces a la expectativa, habían comenzado a reclutar soldados para defender sus propiedades y a entablar conversaciones entre ellos. Y la reina... Juan suspiró profundamente. A pesar de sus buenas palabras, doña Juana se había negado a firmar ningún documento. Le ofrecían su libertad, abandonar aquel palacio testigo de su drama, la vuelta al mundo, a la Corte, al puesto que le correspondía, le ofrecían el reino cuya propiedad detentaba..., y ella se había negado a firmar. Nadie en su sano juicio hubiera rechazado una oportunidad semejante, y, sin su apoyo, el movimiento tenía ante sí un futuro difícil.

No podía abrir los ojos, deseaba perderse en el sueño, olvidarse del mundo y de sus problemas y se dejó desvestir por María sin fuerzas para hacerlo él mismo. Notó cómo ella se acurrucaba a su lado, le cogía de la mano y entrelazaba sus piernas con las de él. Le acarició el rostro y reposó su mano sobre sus pechos para cerciorarse de que estaba allí, junto a él, como siempre. Le hubiera gustado hacerle el amor, tenía necesidad de hacérselo, pero sus músculos no respondían.

–El niño... –musitó al palpar el vientre plano de su mujer, al recordar...

–Shhh... –lo acarició ella a su vez, besando sus labios–. Mañana...

Durante un par de semanas disfrutaron de una relativa tranquilidad. El otoño se presentaba alegre; días claros y noches frescas, salpicado de colores y tranquilo en Toledo y sus alrededores. La pareja retomó sus paseos hasta las cercanías del alcázar. Acompañados por el pequeño Pedro y la silenciosa Zaida, se llegaban hasta la parte más alta de la ciudad, a veces llevando consigo un cestillo con bollos y frutas y una garrafilla de agua; se sentaban en el suelo sobre una manta y contemplaban el maravilloso paisaje de cuya visión nunca se cansaban. Veían las torres de las iglesias, los tejados de conventos y casas, enrojecidos por las luces del atardecer y escuchaban el sonido de las campanas y las voces lejanas que les llegaban como un eco de sus propios pensamientos. Al otro lado, la sierra, con la fortaleza y el río, el inmenso padre Tajo, como lo llamaban los antiguos a la espera de las lluvias para llenar su cuenca vacía por la sequía. El tiempo se detenía para ellos y nada parecía recordarles que aquella tierra que tanto amaban se desgarraba un poco más cada día.

Otras veces recorrían las calles de la ciudad, acudían al mercado o a las reuniones en su parroquia de San Román. En todas partes eran recibidos con sonrisas; la gente se abría para dejarles paso, los saludaban amistosamente, como si fueran conocidos de toda la vida y nunca volvían a casa sin algunas frutas y verduras, huevos o dulces, regalo de los tenderos. En una ocasión se acercaron incluso al corral de comedias para asistir a la representación de la obra titulada *Tragicomedia de Calisto y Melibea*, escrita pocos años antes por el doctor en leyes Fernando de Rojas. Hacía tiempo que no se conocía un éxito similar en Toledo y el público se apretujaba por entrar. Daba la impresión de que la gente deseaba olvidar la incertidumbre que planeaba sobre su existencia, reír con los cómicos y llorar con las desventuras de los protagonistas de la comedia, un drama en realidad, y así conjurar las suyas propias. Allí, en el corral, se mezclaban comuneros y realistas, hidalgos y artesanos, hombres y mujeres, con el solo fin de pasar un rato entretenido. Juan consiguió plaza en un balconcillo que María y él compartieron con un regidor de la oposición y su familia. Ambos hombres habían intercambiado más de una vez agrias palabras durante las sesiones en el Ayuntamiento, pero se saludaron con cortesía y disfrutaron del espectáculo.

De camino a su casa y con la escenificación de los cómicos aún en las retinas, María canturreó la canción de Melibea:

Óyeme tú, por mi vida, que yo quiero cantar sola.

Papagayos, ruiseñores,
que cantáis al alborada,
llevad nueva a mis amores,
cómo espero aquí asentada.

La media noche es pasada,
y no viene.
Sabedme si hay otra amada
que lo detiene.

–¿Hay una amada que te detiene? –preguntó con una sonrisa pícara.

–Hay una, sí, que me robó el corazón hace diez años y aún no me lo ha devuelto –respondió Juan apretando la mano de su mujer apoyada en su brazo–. ¿Te ha gustado la obra?

–No lo sé...

–¿No lo sabes?

–No me gustan las historias que acaban mal. Esa caída de Calisto que le provoca una muerte tan absurda y, luego, el final de Melibea tirándose desde la terraza...

–Los pecadores pagan sus culpas.

–¿Es pecado amar? ¿No habrías tú pagado a una alcahueta por conseguir a la mujer amada?

–No, yo la habría pedido en matrimonio, aunque –Juan sonrió– no hubiera sido bien recibido.

–Es cruel recordarme mi comportamiento infantil y orgulloso...

–Le habría ofrecido la luna y las estrellas en prueba de mi amor –prosiguió él sin darse por aludido–, habría yacido con ella y todos los días de mi vida, sin faltar uno, le habría dicho lo mucho que la amaba, cuánto la necesitaba y lo afortunado que me sentía por tenerla a mi lado.

–Yo también te amo –le susurró ella al oído antes de entrar en la casona.

Subieron las escaleras sin apenas prestar atención a los saludos de los sirvientes; entraron en su habitación y cerraron la puerta. Cuando bajaron de nuevo, Zaida los recibió con un plato de perdices confitadas acompañado por otro de almodrote de berenjenas salpicado con menta y perejil picados, una jarra de vino blanco, del llamado «vino de reyes» por su excelente calidad, y una bandeja de bizcochos bañados con mermelada de pétalos de rosa. Ante la mirada sorprendida de María por tanta exquisitez en un día normal de la semana, la morisca se limitó a sonreír.

La noticia cayó en Toledo como un jarro de agua fría: Burgos había decidido retirarse de la Junta y volver a la obediencia real; el condestable Velasco había accedido a otorgar a la ciudad todas sus demandas. Los ricos comerciantes lograban así sus propósitos; las ventajas evidentes de una alianza comercial con otras ciudades europeas, en especial flamencas y alemanas, no podían sino favorecer sus negocios, ahora que todas estaban gobernadas por el rey-emperador.

–¡Es un verdadero desastre! –exclamó Juan al conocer el hecho por boca de Gonzalo Gaitán.

–Bueno, ¡ya volverán! –respondió éste con su optimismo habitual–. El condestable ha prometido mucho, pero dudo que vaya a cumplir su palabra. Los burgaleses volverán cuando se den cuenta del engaño.

Juan no estaba tan seguro como su amigo. Don Carlos había renunciado al servicio otorgado bajo presiones en La Coruña y también había nombrado a miembros de la nobleza castellana para gobernar con el cardenal Adriano. Había respondido a dos de las solicitudes más importantes realizadas por las cortes. No había razón, por tanto –aducía el condestable–, para continuar oponiéndose. Al rey se le iba con súplicas y no con exigencias –insistía–, pero las Comunidades habían demostrado que podían gobernarse a sí mismas y lograr mayores cotas de justicia y de libertad. No deseaban renunciar a lo obtenido. Don Carlos jamás habría revocado sus propias decisiones de no haberse visto forzado a hacerlo. La noticia de que Valladolid, por su parte, se había opuesto a la pretensión de sus diputados de imitar a los de Burgos, expulsando de la ciudad a todos aquellos que habían apoyado tal iniciativa, alivió un tanto la desazón de los toledanos, que lo celebraron con vítores y exclamaciones de alegría.

El asunto, sin embargo, era mucho más grave de lo que cabía pensar. Los nobles habían creado un verdadero ejército bien provisto con el cual tenían intención de enfrentarse a los comuneros y restablecer el orden en Castilla. Tampoco la Junta se había quedado atrás, adquiriendo armas y municiones en Vizcaya y Guipúzcoa para reforzar la artillería obtenida en Medina e intentando transformar las desorganizadas milicias en batallones disciplinados. Aparte de los voluntarios que podían contarse ya por miles, el nuevo capitán general, don Pedro Girón, disponía de un destacamento de mercenarios veteranos y el obispo de Zamora, don Antonio de Acuña, un peleón de sesenta años, comandaba un ejército de frailes reclutados en su diócesis, además de varios cientos de voluntarios.

–Es preciso reforzar las defensas de la ciudad y desplazar unos cuantos destacamentos por las poblaciones de la región –afirmó Juan al conocer las maniobras de los nobles.

–No parece que vayan a atacar Toledo –aseveró Gaitán por su parte.

–No lo harán aún, no hasta que estén seguros. Primero intentarán reconquistar Tordesillas y luego Valladolid, pero nosotros debemos estar preparados porque, antes o después, aparecerán por aquí.

–En ese caso, tal vez sería mejor regresar a Tordesillas para ayudar a los nuestros...

–Todavía no.

–¿Estás resentido porque eligieron a Girón en tu lugar?

Juan miró a Gaitán y frunció el ceño.

–Sé que algunos piensan que es así, pero puedo asegurarte, amigo mío, que ni estuve ni estoy resentido, simplemente estoy decepcionado. No me habría importado si hubieran elegido a Laso, a Bravo o a Zapata. Todos ellos han demostrado ser buenos soldados, pero Girón es un recién convertido a nuestra causa; ha esperado a que le negasen el ducado para unirse a las Comunidades y representa lo que tratamos de combatir. No me fío de él –concluyó.

–¿Y el obispo?

–¿Acuña? Es esforzado y valiente, no le teme a Dios ni al diablo y blande la espada como un soldado avezado, pero no necesitamos locos en nuestras filas, sino hombres que sepan actuar con cordura en cada momento. Reforcemos Toledo y luego ya veremos.

Durante los siguientes días se revisaron las puertas y los puentes, se instaló más artillería a lo largo de toda la muralla y especialmente en el alcázar, se llenaron los graneros con vituallas de todas las clases y se recordó a los hombres de más de dieciséis años y menos de sesenta que sus servicios serían requeridos llegado el momento. Por su parte, la población apiló balas de paja dentro de las viviendas para proteger los muros, hizo acopio de provisiones y acudió a los conventos con ofrendas pidiendo a monjas y frailes que rogasen a Dios, a la Virgen y los santos para que las furias de la guerra no se abatiesen sobre ella. Algunas familias se dirigieron a casa de sus familiares en el campo, otras enviaron a los niños, pero la mayoría se sentía más segura tras los muros de la ciudad y permaneció en ella.

El invierno llegó aquel año antes de lo previsto. Las heladas cubrieron la campiña con un manto blanco e hicieron intransitables las empinadas calles de Toledo, aunque los chavales aprovecharon la ocasión para lanzarse cuesta abajo sentados en sacos en medio de grandes risas y alborotos; las chimeneas humeaban sin parar y los artesanos que trabajaban en los portales de sus casas o al aire libre intentaban mantenerse calientes con la ayuda de braserillos de carbones. También llegaron a la ciudad campesinos, obligados por la necesidad, otros por temor a lo que se avecinaba y muchos dispuestos a unirse a las milicias ciudadanas comandadas por Juan de Padilla. Las reuniones en las veintiuna parroquias duraban horas y algunos líderes hidalgos fueron amonestados por los párrocos por no dejar hablar a los presentes, aduciendo que todos los vecinos, hasta los más humildes o pobres, tenían derecho a la palabra y a expresar sus ideas. No les gustó a algunos que un simple artesano o una prostituta tuvieran los mismos derechos que ellos y hubo varios que dejaron de asistir a las asambleas, reuniéndose a partir de entonces en sus propias casas.

Nadie creyó, en principio, la noticia de que Tordesillas había caído en manos del ejército realista sin apenas lucha. Los comentarios iban de boca en boca, pasando de la estupefacción a la indignación, de la incredulidad al pesimismo. El ejército comunero se había dirigido hacia Medina de Rioseco, lugar donde se hallaban el regente y los miembros del Consejo Real, huidos de Valladolid ante la presión de los vecinos, amén de un buen número de nobles. Girón y sus hombres habían acampado en una aldea de nombre Villabrájima, a tan sólo una milla de distancia, a la espera de los acontecimientos que tardaban en producirse. Los nobles no parecían dispuestos a iniciar las hostilidades mientras no vieran amenazadas sus propiedades, a pesar de la enorme cantidad de dinero que costaba el mantenimiento del ejército y que, por supuesto, no salía de sus bolsas, sino de las arcas reales. Las relaciones entre el cardenal Adriano y los Grandes estaban llegando a un punto de ruptura cuando, para sorpresa de todos, Girón levantó el campamento y se dirigió a Villalpando, dejando libre el camino hacia Tordesillas. En menos de dos días la ciudad había sido ocupada por los imperiales, con la única resistencia de una guarnición muy inferior en número; la reina fue encerrada de nuevo en sus habitaciones, custodiada por una fuerte escolta, y trece procuradores de la Junta fueron hechos prisioneros. El estupor dejó paso a la indignación y fueron pocos los que no creyeron en una traición por parte del noble, pronosticándole una muerte infame si se le ocurría poner los pies en Toledo.

–¡Hemos perdido a la reina! –exclamó Juan desalentado al conocer el hecho por boca de su criado Sosa, quien, a su vez, había sido informado por el propio mensajero que había llevado la noticia.

–Aún no se ha perdido la partida –afirmó María, moviendo uno de sus alfiles y comiéndose un caballo de su suegro.

–Sin la reina, será difícil ganarla –aseveró éste–. Tal vez va siendo hora de que todo el mundo entre en razón. Aún puede llegarse a un acuerdo de forma que ninguna de las dos partes acabe descalabrada. Nada bueno puede salir de una confrontación como ésta.

–¿Qué hacen los Grandes? –preguntó María a su vez, aparentemente más interesada en el juego que en la pérdida de Tordesillas.

–Esperan.

–¿Y Girón?

–Ha dimitido y se ha retirado del movimiento.

–Habrá ido a esconderse como la rata que es y ahora esperará el premio por su traición, pero no me da la impresión de que el hijo de la reina sea del tipo de hombre que perdona fácilmente, ni siquiera a los traidores vendidos a su causa.

–Si el ejército real no ha emprendido la marcha, tal vez sea porque los nobles esperan alcanzar un acuerdo –intervino el padre de Juan, fijo en su idea.

–¿Y las tropas? –inquirió de nuevo María.

–Muchos hombres continúan en Villalpando, otros se han dirigido a Valladolid y también parece ser que hay muchas deserciones.

–Hora es de que el ejército comunero vuelva a tener a su cabeza un jefe honrado, capaz de unirlos a todos contra el enemigo, o ya podemos darnos por perdidos.

María se había levantado de la silla y miraba fijamente a su marido. Pedro López de Padilla también se levantó y asió a Juan por el brazo.

–Escúchame, hijo. Nadie pensaba que se llegaría tan lejos cuando esto comenzó. Las Comunidades han defendido sus libertades con valor y nuevas ideas; el Consejo atenderá sus solicitudes y se las transmitirá a don Carlos. Nada volverá a ser igual en Castilla, de eso puedes estar seguro, pero es necesario parlamentar antes de que sea demasiado tarde.

–Las Comunidades no son aún lo suficientemente fuertes para imponer sus condiciones –afirmó María.

La llegada de un mensajero reclamando la presencia de Juan en el Ayuntamiento interrumpió la conversación. Los diputados, acompañados por cientos de personas, se hallaban reunidos en el interior y en los aledaños del edificio. El lugar era un hervidero de gente, escenario de gritos y discusiones, empujones e insultos. Los vecinos acudían al reclamo de las voces acaloradas que llenaban el aire y podía decirse que no cabía ni un alfiler en la plaza que separaba la casa consistorial de la catedral. La aparición de Padilla silenció el vocerío –si en algo estaban todos de acuerdo era en el gran respeto que sentían por el jefe comunero–, pero las discusiones recomenzaron en cuanto él y sus acompañantes hubieron entrado en el edificio. Tras una sesión tumultuosa que duró horas, Toledo decidió enviar un contingente a Valladolid. La Junta reclamaba hombres y armas; era necesario recomponer el ejército comunero, ir contra los nobles y luchar hasta el final. La suerte estaba echada y ya no había posibilidades de volver atrás.

–Bueno, querida, de nuevo nos separan –confió Juan a su mujer de regreso a su casa–. Dentro de unos días salgo al mando de mil quinientos hombres. Nos uniremos a las tropas madrileñas de Zapata, y Salamanca también envía gentes.

–Recuperaréis Tordesillas –afirmó María con los ojos brillantes.

–Laso de la Vega y otros quieren que nos concentremos en Valladolid y conquistemos la Torre de Lobatón para así poder negociar en superioridad de condiciones con los regentes y los nobles.

–Sólo estaréis en superioridad de condiciones cuando logréis el apoyo firmado de la reina, cuando todas las ciudades y pueblos se hayan adherido al movimiento, cuando hasta el más humilde de los castellanos alce el pendón de la libertad. El pueblo está en marcha y precisa mantenerse unido.

–Tú serías mucho mejor capitán que yo. –Juan la miraba con una sonrisa no exenta de admiración–. Sabes encontrar las palabras justas para cada momento; todos te seguirían sin discutir.

–Hablo por tu boca, amor mío. Gracias a ti he aprendido a mirar a mi alrededor; son tus ideas las que fluyen de mi cabeza. Me duele la separación, lo sabes, pero también sabes que aún me dolería mucho más la pérdida de lo conseguido con tanto sacrificio y esfuerzo.

Aquellas fiestas de la Natividad fueron muy diferentes a las del año anterior. No hubo invitados, risas, regalos ni velada nocturna en la vieja casona. Los Padilla asistieron a la misa en la iglesia de San Román. Todos los canónigos, menos Acebedo, el maestrescuela Zapata y alguno más, se habían opuesto a la Comunidad. No tenían el cuerpo para compartir la ceremonia sagrada con ellos y otros ciudadanos del mismo parecer y prefirieron acudir a su parroquia. El anciano señor de Padilla se quedó en casa por recomendación del médico. Los últimos meses y, sobre todo, la próxima marcha de su querido hijo mayor habían hecho mella en su salud; cualquier pequeño esfuerzo lo dejaba agotado y sin ánimos, permaneciendo en reposo la mayor parte del día. No obstante, todos los miembros de la familia, señores y sirvientes, volvieron a sentarse juntos a la mesa después de la misa, disfrutaron de una cena copiosa, aunque sobria dada la situación, y rieron con las gracias del pequeño Pedro, ajeno por completo a la gravedad del momento.

Dos días más tarde, Juan de Padilla partía en dirección a Valladolid al mando de sus toledanos.

–Dos cosas, querida mía –le recomendó a María en el momento de la despedida–: no permitas que las personas contrarias a las Comunidades se hagan con el poder ni bajes la guardia. Me han llegado noticias de que el prior de San Juan de Jerusalén, don Antonio de Zúñiga, tiene puesto un ojo en nosotros, quiere someter a Toledo y a su región. Es un hombre ambicioso, siempre lo ha sido, y está bien apoyado por su hermano, el duque de Béjar.

Su entrada en la ciudad del Pisuerga, acompañado por Zapata y el contingente llegado desde Madrid, fue apoteósica. El pueblo se apiñaba en las calles a pesar del frío y de la lluvia; ventanas y balcones estaban repletos de gentes ansiosas por ver al jefe que les devolvía la confianza; lo vitoreaban, bendecían el vientre de la mujer que le había dado la vida y alzaban a las criaturas para que pudieran verlo y ser vistas por él. Juan respondía con timidez a las aclamaciones, halagado por el cariño que le mostraban y aterrorizado, al mismo tiempo, por su tremenda responsabilidad. Durante el trayecto hasta el Ayuntamiento veía en cada mujer a su querida María, en cada niño a su hijo, en cada hombre a los esforzados comuneros dispuestos a luchar, a realizar los mayores sacrificios por la tierra de sus mayores. También le vinieron a la mente los consejos de su padre, consejos sabios, llenos de experiencia, conciliadores, pero la esperanza en las miradas y los corazones de las miles de personas reunidas a su alrededor era más fuerte que las palabras del anciano. María tenía razón, nadie podría quebrar la voluntad de un pueblo unido.

Benito, el ayudante del impresor, fue de los primeros en presentarse como voluntario para el contingente de Toledo. Acudió a continuación al taller y le mostró a su jefe el arcabuz casi nuevo y la bolsa de la pólvora que le habían entregado. Parecía un niño con zapatos nuevos y no dejaba de colocar el arma descargada sobre su horquilla y apuntar por la mirilla como si estuviese en plena batalla.

A Serrano se le izaron los pelillos de la nuca. Odiaba las armas, incluso las descargadas, eran instrumentos del diablo para matar a otros seres humanos, pero en manos de un mozalbete como Benito le parecían aún más mortíferas. ¿Qué sabía el chaval de la vida y de la muerte? Tentado estuvo de hacerle desistir de sus propósitos, pero sabía que todo era inútil. Nada de lo que él dijese sería capaz de hacerle cambiar de opinión. La guerra para él era un juego, una aventura, y ya se imaginaba convertido en un héroe, aclamado por la multitud. Vio partir a la tropa toledana en medio de los vítores de la población y se preguntó atónito cómo podía nadie alegrarse por un hecho tan dramático. Muchos de aquellos hombres no volverían a sus casas, yacerían en tierra sin sepultar, a merced de las aves carroñeras, desvalijados por sus propios compañeros o por los contrarios, que igual daba; y los que volvieran lo harían con terribles heridas, si no en el cuerpo sí en el alma, que jamás sanarían del todo. Llevar en la conciencia la muerte de una o más personas debía de ser un lastre difícil de liberar. Él continuó, sin embargo, formando parte de la milicia de Toledo, encargada de mantener los ojos bien abiertos para evitar altercados y pillajes y, de paso, sentirse seguro en caso de que el extraño señor Pérez volviera a presentarse con sus exigencias. No estaba dispuesto a ir a la guerra, pero tampoco a traicionar a ninguno de sus vecinos, estuviese o no de acuerdo con ellos. Maese de la Espina lo mantenía al corriente de los acontecimientos.

El librero había organizado un grupo de información en el que no faltaban los correos que se desplazaban por toda la región llevando y trayendo mensajes y noticias, y conocía los hechos apenas dos días después de haber tenido lugar. A veces le pedía que imprimiera un comunicado y otras él mismo los leía directamente en la asamblea popular de San Nicolás. El hombre, sin embargo, no perdía de vista su negocio y continuaba dando al impresor obras para imprimir, lo que le permitía a éste evadirse entre las tintas y planchas, centrarse en el trabajo y no pensar en Benito y los demás, con la mente puesta en una idea fija:

poder ir en busca de Isabel y del niño en cuanto le fuera posible.

Un melero que hacía la ruta Toledo-Mora-Orgaz le había traído la noticia justo antes de la Natividad. El primo cura le había escrito una carta en la cual le anunciaba el nacimiento de su hijo, un chico, a quien habían cristianado con el nombre de Juan Bautista, en recuerdo de su abuelo materno. Le informaba de que tanto la madre como el niño estaban en perfecto estado de salud y que el parto había transcurrido sin mayores sobresaltos que los naturales en dichas ocasiones. El impresor celebró la llegada de su primer hijo bebiéndose media garrafilla de licor y durmiéndose después con la sonrisa en los labios. A fin de cuentas y a pesar de unos cuantos, la vida seguía. Echaba en falta a Isabel y también sus guisos. Desde su partida sólo habían estado dos veces juntos, una de ellas por el Corpus. Cerró el taller y se desplazó a Mora durante cuatro días, encontrando a su mujer gorda, pero feliz, y él se sintió igual. Más gorda estaba aún cuando fue al pueblo aprovechando la fiesta de Santa Leocadia, a comienzos de diciembre. Isabel tuvo que insistirle para que regresara cuando él insinuó la conveniencia de quedarse hasta el parto.

–El niño puede venir a tiempo o tardar un par de semanas más y ¿qué vas a hacer tú aquí mientras tanto? Si no trabajas no hay dinero y esta criatura –dijo sonriendo ufana al tiempo que colocaba las manos sobre su enorme vientre– no vendrá con un jamón bajo el brazo por mucho que algunos digan.

Regresó de mala gana. No había querido confesar a su mujer lo solo que se encontraba, lo mucho que la necesitaba. Al conocer la noticia del nacimiento, su primer impulso fue acudir a casa de Matías para pedirle el burro y el carro, pero luego recordó que ya no había burro; el curtidor le había comentado en su última visita que el viejo animal había muerto, y renunció a echarse a andar por unos caminos embarrados donde acechaba la guerra. Le pidió al melero que la próxima vez que pasase por Mora le comunicase a Isabel, o al primo cura en su defecto, la inmensa alegría sentida por la llegada del niño y su intención de ir a buscarles en cuanto el tiempo lo permitiera.

No supo muy bien por qué razón lo hizo. Un día el cordelero de enfrente le dijo que se alistaba. La Junta había llamado a todos los hombres en edad de combatir y, añadió su vecino, no era de gente honrada prestar oídos sordos al llamamiento de la patria. Tal vez, se dijo Serrano, la partida pasase por Mora y él podría entonces ver a Isabel y al niño. No le sería difícil despistarse y esconderse en casa del primo cura. Apenas había tenido trabajo en las últimas semanas. Los franciscanos no le habían hecho ningún nuevo encargo debido, según le informaron, a que los comuneros se hacían con todas las rentas, impuestos, alcabalas, dinero de la Cruzada y de la venta de libros religiosos e indulgencias disponibles, y maese Andrés únicamente le hacía encargos para imprimir proclamas que no cobraba porque «cada uno colabora como puede», le dijo y él no se atrevió a replicar. Así pues, una mañana atrancó bien la puerta de la casa e igualmente hizo con la del taller, metió una muda y unas calzas en una bolsa, pasó por el taller de Matías, el curtidor, le entregó las llaves y se sumó al grupo que salía para unirse al ejército del pueblo.

Para su tranquilidad, no le dieron un arcabuz ni ninguna otra arma.

–Ya os las darán cuando estéis allí –respondió el funcionario comisionado del reclutamiento a la pregunta del cordelero–. Aquí no andamos sobrados y mejor no quedarnos sin ninguna por si acaso.

Partieron saliendo por la puerta vieja de Bisagra y tomaron el camino de Ávila para desde allí dirigirse a Dueñas, centro de operaciones del obispo Acuña y sus huestes. Cuanto más andaban, más se arrepentía el impresor de haber tomado una decisión tan drástica sin haberse detenido a pensar un poco sobre el asunto. Iban justo en dirección opuesta a Mora, pero ya era tarde para arrepentimientos. Tardaron casi cinco días y medio en realizar el trayecto y, al llegar, los alojaron a todos en un granero y les proveyeron de armas y pólvora. Miró el mosquete que le habían puesto en las manos y observó horrorizado los ejercicios de tiro de los recién llegados, asombrándose de la pericia mostrada por algunos de sus vecinos.

–Es que yo suelo ir a cazar liebres con mi cuñado –le explicó el cordelero, echándose a reír a continuación–. ¡Cazar hombres tiene que ser mucho más fácil!

Él intentó disparar una vez, pero el ruido, el fogonazo y el susto que se llevó lo convencieron de que nunca sería capaz de dominar aquel artefacto por mil veces que lo intentara, y pensó en solicitar una pica en su lugar, pero de nuevo lo amparó la suerte. El obispo necesitaba un hombre que supiese leer y escribir para tomar nota de sus mensajes y llevarlos a los diversos puestos desperdigados por Tierra de Campos. No quería desprenderse de ninguno de sus frailes y solicitaba un civil para dicho cometido. Los voluntarios de Toledo le informaron que entre ellos había un impresor y la plaza le fue asignada antes de poder abrir la boca. No era trabajo fácil. Debía cabalgar detrás de Acuña montado en un burro, estar dispuesto en todo momento a tomar notas y salir de inmediato hacia el destino indicado. El obispo no se quedaba atrás cuando lanzaba el ataque; vestido con armadura de pies a cabeza y espada en mano, iba en primer lugar arengando a su tropa, amenazaba con los más terribles castigos a quien viera salir huyendo, maldecía con todas las penas del infierno a los contrarios y arrasaba las comarcas por donde pasaba quemando, destruyendo y matando, aunque todos los días, antes de entrar en faena, decía misa para, según él, poner su alma y la de sus hombres en paz. Lo más asombroso, según constató Serrano, era que sus gentes lo adoraban y lo seguían en las empresas más descabelladas, las más audaces y también las más crueles, dirigidas contra las ricas propiedades de los nobles. Estaba decidido a erradicar de una vez por todas los feudos señoriales, y lo estaba consiguiendo.

Un día, varias semanas más tarde, vio por fin la oportunidad de abandonar al obispo al ser enviado a Valladolid con un mensaje para Juan de Padilla. Valladolid era grande, entregaría el mensaje y desaparecería entre la gente como uno más. Ya vería después el modo de encontrar el camino a Mora. Cabalgó durante todo un día y respiró aliviado al encontrarse en una ciudad, tras más de un mes de dormir en tierra, comer cuando había oportunidad e ir de un lado para otro detrás de las ancas del caballo episcopal. El hombre que lo recibió tenía un aspecto feroz, pero su mirada era amable y sus palabras también lo fueron.

–Descansa un rato y repón las fuerzas mientras le llevo el mensaje al capitán –le dijo señalándole una mesa tocinera colocada cerca de un buen fuego sobre la cual se hallaba una fuente de asado a medio comer y una enorme hogaza de pan.

No se lo hizo repetir dos veces y se le saltaron las lágrimas al comprobar lo hambriento y necesitado que se encontraba. Había perdido unas cuantas libras de peso y, en parte, recobrado la figura esbelta de su juventud gracias al ayuno obligado de los últimos tiempos; estaba sucio, cansado y desalentado. Sólo quería hallarse junto a Isabel, sosteniendo en sus brazos a su precioso hijo, porque seguro que era un niño precioso. Le daba igual quién ganara o perdiera la maldita guerra que le había quitado el sueño aunque no hubiera conseguido endurecer su corazón como, al parecer, les ocurría a otros en su misma situación.

–Es dura, ¿verdad?

Estaba tan ensimismado dándole un bocado al asado que dio un respingo al oír la voz del hombre que lo había recibido y se lo quedó mirando alelado.

–La vida militar es dura, ¿no es cierto? –repitió el soldado.

Y él afirmó con la cabeza.

–Me llamo Sosa y soy el hombre del capitán Padilla.

–Yo soy Francisco Serrano, impresor de Toledo.

–¿Cuánto llevas con el obispo?

–Demasiado...

Miró asustado a Sosa temiendo haber dicho algo inconveniente, pero el hombre se echó a reír y le palmeó en la espalda.

–Un poco de vino te irá bien –se limitó a decir éste.

El alcohol, el calor del fuego y la amabilidad del soldado le hicieron sentirse de nuevo en casa. Le habló de su negocio, de su terror a las armas, pero, sobre todo, de su mujer y del hijo a quien no conocía.

–Quédate con nosotros –le dijo Sosa, algo achispado él también por los efectos del alcohol–. Antes o después volveremos a Toledo y pasaremos por Mora.

–¿Tú crees? ¿Y el obispo?

–¡Que le den caña! Tiene un ejército de frailes que saben leer y escribir, que utilice a alguno de ellos. Duerme aquí esta noche y mañana hablaré de ti a mi señor. Seguro que encontrará la forma de ocuparte.

Aquella noche Serrano durmió de un tirón sobre unas mantas, cerca de las brasas de la chimenea, con el estómago lleno y el corazón alegre. Sosa le informó al día siguiente de que su asunto estaba arreglado; podía quedarse en la tropa del capitán general haciendo lo mismo que en la del obispo, es decir, redactando avisos y llevándolos a los otros puestos de mando.

–Es el hombre más honrado que conozco y uno de los más valientes también –añadió con orgullo refiriéndose a Padilla.

Un par de semanas después el impresor cabalgaba tras el caballo de Padilla como había hecho tras el del obispo Acuña. Esta vez le habían proporcionado una mula dócil aunque tozuda que hacía bueno el dicho y a la que, a veces, resultaba difícil hacer obedecer. Permaneció en la retaguardia cuando el capitán y sus hombres atacaron la perla del feudo del almirante Enríquez, la Torre de Lobatón, una fortaleza sólida y bien equipada que resistió cuatro días antes de rendirse. También observó las muertes, robos y violaciones a las que se entregaban muchos de los comuneros tras penetrar en la plaza, y sintió una gran tristeza en el alma. Los hombres, realistas, comuneros, ricos o pobres, eran iguales, reflexionó pesaroso, cuando dejaban asomar sus instintos más ocultos. Lamentó que el jefe a quien admiraba no pusiese coto a tanto desmán aunque él no participase en el saqueo, y decidió una vez más emprender el camino hacia Mora en cuanto pudiera escabullirse de la fortaleza o el ejército comunero emprendiera nuevamente la marcha.

Un encuentro inesperado le hizo olvidar de momento sus planes. Eran varios miles los hombres alistados en el ejército de Padilla e imposible conocerlos a todos, pero un día observó a un joven que cojeaba bajando por la cuesta del castillo; se apoyaba en un palo y se las veía mal para no caer. Acudió en su ayuda y abrió los ojos agradablemente sorprendido.

–¡Benito!

El asombro de su aprendiz fue similar al suyo. Durante un instante, los dos se miraron en silencio, emocionados, antes de fundirse en un abrazo.

La herida en la pierna del joven no era grave, pero no podía dar muchos pasos seguidos sin sentir un dolor profundo que lo obligaba a sentarse; se había quedado en los huesos y un rictus amargo aparecía allí donde meses antes brillaba una sonrisa alegre y despreocupada. Quería regresar a su casa, le dijo, junto a sus padres; añoraba Toledo y ya había tenido guerra suficiente para el resto de su vida.

–Me he hecho viejo en unos meses, maestro –confesó–, y no quiero matar ni que me maten.

Viendo a su ayudante tan deprimido y en tan mísero estado, el impresor tomó la decisión de llevárselo de vuelta con él, aunque no podrían hacerlo hasta que la herida sanase del todo. Era impensable echarse al camino en tales circunstancias. Con harto pesar, decidió tener paciencia, aunque sentía sus nervios a flor de piel, y se dedicó a obtener comida por todos los medios para alimentar al muchacho a fin de que recobrase las fuerzas cuanto antes. Diariamente examinaba la herida, la limpiaba y vendaba de nuevo, obligando a Benito a andar para recobrar la movilidad del miembro lesionado. Consideró que el muchacho estaba ya curado cuando éste pudo, por fin, correr sin aparente dificultad y decidió que al día siguiente ambos partirían de vuelta a su tierra.

Habían transcurrido casi tres meses desde la conquista de la Torre de Lobatón y Juan de Padilla no había hecho ningún movimiento desde entonces. Nadie entendía por qué no se decidía a atacar Medina de Rioseco, cogía presos al regente y demás grandes nobles protegidos en aquella plaza y aseguraba la victoria de las Comunidades. Los hombres estaban cansados de esperar y, además, llevaban tiempo sin cobrar su soldada; algunos habían desertado; las tropas de Madrid regresaron a sus casas; muchos iban a sus pueblos para la siembra y volvían días después con bolsas llenas de lacón, morcillas, patas de cerdo, huevos y algunas otras cosas. No daba la impresión de que hubiera una guerra y el capitán general tampoco ofrecía explicaciones. No había por tanto, según el impresor, ninguna razón para continuar allí y menos cuando, al parecer, resultaba tan fácil salir y entrar de la plaza amurallada. En cuanto anocheciese se marcharían en dirección sur, a Mora, allí recogerían a Isabel y al niño y, luego, a Toledo, a casa.

Aquella misma noche, cuando ambos estaban disponiendo sus cosas y guardando algunos víveres en sus morrales, Padilla dio la orden de abandonar la fortaleza.

Abril de 1521

Serrano encontró a Benito agazapado tras un arbusto, temblando de miedo y con los calzones mojados. A su lado yacía un soldado realista de su misma edad con un boquete en plena cara, de forma que ni su propia madre hubiera sido capaz de reconocerlo. Al impresor le costó Dios y ayuda llevarse a su ayudante de allí. El muchacho parecía anclado al suelo, como sujeto por los tobillos, y tuvo que arrastrarlo por la fuerza fuera del campo de batalla hasta un recodo del río, oculto por unos matorrales. Y aún le costó un esfuerzo mayor hacer que reaccionara; le habló, lo sacudió por los hombros, le dio un par de cachetes, pero todo fue en vano. Benito no respondía, no hablaba e incluso tampoco parpadeaba. Parecía una estatua. Finalmente, lo cogió por las axilas y lo empujó al Hornija. El agua estaba helada y obró el milagro. El aprendiz pareció despertar de un sueño profundo y terrorífico, miró a su alrededor con los ojos desencajados y buscó un arma para defenderse de su agresor, echándose a llorar a continuación al reconocer a su maestro.

–¡Ha sido horrible, horrible! –gimió.

Habían emprendido marcha hacia Toro después de casi tres meses de inactividad. Allí esperarían refuerzos, se reharía el ejército y podrían enfrentarse a las tropas del condestable Velasco, pero, nada más abandonar la fortaleza, vieron llegar tras ellos a la caballería imperial.

–Sus jinetes cayeron sobre nosotros por la retaguardia –explicó Benito entre hipidos como si Serrano hubiera estado ausente en el momento del ataque–. Intenté cargar mi arcabuz, pero la pólvora estaba mojada y no prendía. Veía morir a mis compañeros y yo seguía allí, intentando cargar mi arma...

La caballería del condestable había caído a destajo sobre

ellos, atacándoles sin tregua, desperdigándolos por los campos y dejando la tierra cubierta de cadáveres. Él se agazapó junto al arbusto, donde lo había encontrado el impresor, esperando a que todo pasara, tratando de hacerse invisible, cerrando los ojos para no ver la masacre.

–Un ruido me hizo levantar la mirada y vi delante de mí a un enemigo dispuesto a matarme –prosiguió el joven–. Entonces, alcé mi arma y disparé. Creía que no funcionaría, la pólvora estaba tan húmeda...

Tras el fogonazo y el humo, constató que él aún respiraba, pero el soldado yacía a su lado con el rostro desfigurado. Aquél era su primer muerto, confesó; al menos el primero a quien estaba seguro de haber matado.

–Jamás podré olvidarlo, ¡jamás! –gimió de nuevo.

–La guerra es así, Benito –intentó consolarle el impresor–. La gente mata y muere y, la mayoría de las veces, no sabe ni por qué. No te tortures más y busquemos el medio de regresar a casa.

La noche comenzaba a caer. No había dejado de llover en todo el día, sus piernas se hundían en el barro hasta la pantorrilla y les costaba un gran esfuerzo avanzar entre cadáveres, armas y objetos de todo tipo.

–Tendremos que esperar hasta mañana para poder ver el camino, pero no podemos quedarnos por aquí a merced de las patrullas, matan a todo bicho viviente –afirmó Serrano, intentando idear algo para continuar en vida mientras Benito asía los faldones de su camisa y lo seguía dando tumbos como un sonámbulo–. «Si no puedes vencerlos, únete a ellos», no sé si es un dicho musulmán o cristiano, pero sirve igual dada la situación –añadió.

Un rato más tarde, ambos se mezclaban entre los últimos hombres del condestable que entraban en la pequeña población de Villalar. En la oscuridad, enlodados y agotados como estaban todos los infantes, dos hombres más pasaban totalmente desapercibidos. El espectáculo era aterrador, el suelo estaba cubierto de cadáveres, los heridos se contaban por decenas y los dos toledanos pudieron contemplar horrorizados cómo algunos de ellos eran rematados sin piedad en el mismo lugar en el que habían caído. El pequeño pueblo había ardido y su población había huido o permanecía acurrucada junto a los restos de las que habían sido sus viviendas con el rostro sombrío y los ojos empañados, sin comprender por qué aquellos hombres encolerizados se abatían sobre ella, arrasaban sus casas y se llevaban su ganado.

Serrano y Benito encontraron un rincón seco, bajo un tejadillo de una casa próxima a la iglesia, y se dejaron caer al suelo, dispuestos a salir de aquel infierno en cuanto les fuera posible. Ninguno de los dos hablaba y tampoco podía cerrar los ojos a pesar del cansancio; los gritos y cantos de los vencedores, sus sombras deformadas, reflejadas en los muros por las luces de los hachones, y el dolor por la pérdida de amigos y compañeros eran suficientes para mantenerlos despiertos.

–¡Eh! ¡Vosotros! ¡Arriba!

El hombre que los interpelaba podría haber pasado desapercibido entre otros. No era alto ni fuerte, pero su ferreruelo negro forrado de armiño sobre la armadura, la gorra amplia de terciopelo, también negra, las botas hasta medio muslo y, sobre todo, el tono de su voz mostraban que no era un soldado de tropa. Con el corazón en un puño y las piernas flojas, los dos toledanos se pusieron en pie, esperando su inmediata ejecución.

–¡Venid conmigo! –les ordenó, y ellos obedecieron sin tan siquiera pestañear.

Anduvieron sólo unos pasos hasta llegar a una casa, de las pocas que habían quedado en pie, en cuya puerta colgaba un cartel con la palabra POSADA escrita con letras desiguales y apenas legibles de tan gastadas.

–¡Uno a cada lado de la puerta! –rugió de nuevo el hombre con una potencia de voz en desacuerdo con su tamaño físico–. ¡Y que nadie pase sin orden expresa mía o de alguno de los capitanes!

El hombre penetró en la posada, dejándolos mudos y estupefactos durante un buen rato. Como pudieron comprobar, el edificio estaba rodeado de soldados y también había unos cuantos más en su interior. Las voces les llegaban claras y pudieron escuchar las discusiones de los jefes vencedores tratando sobre la suerte que esperaba a los capitanes comuneros apresados. Se les paró el corazón al oír que unos pugnaban por enviarlos a Valladolid a la espera de la decisión del rey y otros, los más, por ejecutarlos inmediatamente.

–Si los dejamos con vida, el pueblo puede volver a unirse como ya lo ha hecho en otras ocasiones. –Les temblaron de nuevo las piernas al reconocer la voz del hombre que los había interpelado momentos antes–. ¡Por los clavos de Cristo y las lágrimas de su Santa Madre! ¡Antes los estrangulo con mis propias manos!

–Calmaos, prior –escucharon otra voz–. Es una decisión muy grave. Son prisioneros de guerra y no sería de caballeros...

–¡Ni un muerto! ¿Lo oís? –interrumpió de nuevo el colérico señor–. No hemos tenido ni un muerto y ellos han perecido por cientos. Hemos llevado a nuestras tropas a la victoria y yo pienso perseguir a los rebeldes hasta el último rincón de Castilla, pero no lo haré, ¡lo juro!, si esos hijos de mala hembra siguen con vida.

–Estoy de acuerdo con el prior de San Juan.

–Pero almirante...

–Nuestra ha sido la victoria y nuestra ha de ser la decisión. Si dejamos que continúen vivos, la noticia se sabrá y dará nuevos ánimos a los rebeldes y a muchos otros que aún no han participado en el levantamiento, pero esperan la mínima oportunidad para hacerlo.

–Son sólo dos hombres vencidos...

–Son más que dos hombres. Son una idea, una esperanza que persistirá mientras sigan vivos. La rebelión no acabará si nosotros no acabamos con ellos para que no quede ni media duda. El escarmiento ha de ser público y notorio y deberá enviarse mensajeros por todo el reino para anunciar el final de los principales traidores al rey y a Castilla.

La discusión continuó durante un buen rato. Con el corazón en la garganta, Serrano y su ayudante escucharon la sentencia de muerte para los jefes del movimiento, Juan de Padilla y Juan Bravo.

–Será mañana entonces –oyeron decir a quien todos llamaban almirante–. Que se les haga un juicio rápido, se les proporcione un cura para confesar y útiles de escritura por si quieren escribir a sus familiares.

Los caballeros reunidos habían comenzado a abandonar la posada sin prestar atención a los dos improvisados guardianes, quienes, pegados contra el muro, rogaban para que nadie más se fijase en ellos.

–¡Ah! –añadió el almirante ya en la calle–, y que se les den ropas decentes. No quiero que alguien vaya por ahí diciendo que fueron degollados de forma indigna, vestidos con harapos como pordioseros. Han sido jefes y morirán como tales.

Serrano iba a echar una ojeada dentro del local para comprobar que ya no quedaba nadie importante dentro y poder así escabullirse del lugar, cuando el llamado prior salió y sus miradas se encontraron.

–¿En qué batallón estás? –le preguntó el hombre a bocajarro.

–En el vuestro, señor –respondió el impresor poniéndose tan tieso como pudo y con un aplomo que él mismo se asombró de su sangre fría.

–¿Tu nombre?

–Francisco Serrano.

–Bien. Ya veo que no estás bebido como la mayoría de esos rufianes. –El prior soltó una carcajada, señalando a unos soldados que dormían la mona entre los escombros, y el toledano se limitó a sonreír, por si acaso–. Son bravos, ¡vive Dios!, pero esta noche quiero a un hombre sobrio a mi lado. ¡Ven conmigo! Harás guardia a mi puerta.

Serrano y Benito se miraron acongojados, pero no quedaba más remedio que obedecer. El primero siguió a su nuevo jefe hasta una casona que aún se mantenía en pie, mientras el joven aprendiz se deslizaba desalentado hasta quedar sentado en el suelo embarrado.

Al día siguiente, el conde de Haro y el prior de San Juan, don Antonio de Zúñiga, montaron de nuevo a caballo y salieron hacia el sur en pos de los rebeldes, decididos a erradicar de las tierras de Castilla cualquier asomo de desobediencia o protesta. Sin apenas descanso, sus hombres se vieron obligados a marchar a paso ligero pisando el barro formado por las lluvias y los excrementos de las caballerías que los precedían. Serrano había logrado escabullirse de la vista de su nuevo jefe, mezclándose entre los soldados de la tropa que se dirigían a Toledo. A la luz del día, más valía pasar desapercibido y alejarse de un personaje que llamaba tanto la atención, no fuera a ser que alguien le hiciese preguntas a las cuales no sabría responder. De todos modos permaneció en el batallón del prior. Al menos así tendría más posibilidades de acercarse a Mora y regresar después a su casa, se dijo mientras caminaba sintiendo el terrible mordisco del hambre en su estómago, ya que llevaba más de dos días sin probar bocado. Estaba preocupado por Benito. Había intentado localizarlo cuando todos, soldados y civiles, fueron convocados para la ejecución, pero no había conseguido dar con él entre los miles allí reunidos.

Aún se hallaba conmovido e impresionado por la ceremonia que se había visto obligado a presenciar. Todo fue muy rápido; los caballeros ascendieron a un cadalso improvisado para la ocasión, acompañados de unos frailes y de otros señores a quienes él no conocía. Una vez allí, se leyó la sentencia que los condenaba a muerte por traidores y uno de los dos gritó algo interrumpiendo la lectura, pero tampoco pudo oír sus palabras por hallarse bastante alejado. Uno después de otro fueron degollados. Él había escuchado los murmullos de los espectadores, pero no había querido ser testigo del final de unos hombres a quienes admiraba. En el preciso instante en el que el verdugo iniciaba la labor, su mirada se perdió en el cielo azul y gris en el cual el viento transportaba velozmente nubes de formas caprichosas. Aquél sería un buen año para las cosechas, pensó; la primavera estaba siendo lluviosa y las cuencas de los ríos se llenarían, desbordando agüeras y regando huertas. El agua correría cuesta abajo por Toledo, llevándose las inmundicias y saneando la ciudad; la hierba crecería verde y abundante y el ganado, escuálido por la hambruna, recobraría su buen aspecto de años antes. Cuando dirigió de nuevo la mirada hacia el cadalso, los cuerpos de los jefes comuneros yacían sobre él y sus cabezas cortadas habían sido ensartadas en sendas picas que fueron colocadas en la picota. Poco después fue también ejecutado Francisco Maldonado, primo de Pedro Maldonado, dirigente salmantino, cuya vida había logrado preservar el conde de Benavente en contra de la opinión de los demás jefes realistas.

Se detuvieron en Madrigal para pasar la noche y el impresor pudo, al fin, llevarse algo caliente a la boca. No encontraron resistencia a pesar de ser aquella tierra comunera; los mensajeros habían ya pasado por allí anunciando las malas nuevas y podían observarse rostros compungidos y ojos enrojecidos por el llanto, pero no se escuchó ni una queja. Los habitantes alojaron a parte del contingente, otra parte ocupó la iglesia y el resto alzó las tiendas en la plaza y al descampado. Arramblaron con las vacas, las aves de corral, los huevos, los embutidos y los sacos de cereales, dejando a la población sin nada pero, a cambio, no hubo ensañamiento con ella. Sólo se colgó al escribano y al alguacil, acusados por un vecino de haber alentado el apoyo a la Comunidad. Al médico no lo colgaron porque no estaba muy claro de qué lado estaba y porque el párroco, leal al emperador, intercedió en su favor, aduciendo la necesidad de sus servicios, pero derribaron su casa a modo de escarmiento por no haberse posicionado claramente por la autoridad real.

El prior dirigió a sus hombres hacia Mora, dejando Toledo a su derecha, tras un par de semanas de camino durante las cuales toparon con algunos rebeldes, poca resistencia y mucha tristeza, tal vez porque una a una todas las ciudades y pueblos comuneros, excepto Madrid y Toledo, habían ido rindiéndose, dando por perdida la lucha que durante unos meses había alentado la esperanza en el corazón de sus poblaciones.

–Entraremos en Toledo –afirmó– después de pacificar la región y acabar con el obispo de Zamora, el hijo del Anticristo.

A Serrano le dio el corazón un salto al conocer por un compañero las intenciones del prior. ¡Por fin! Después de tantos avatares, estaba a un paso de poder tener a su mujer y a su hijo en brazos. Casi se le saltaron las lágrimas de la emoción y apresuró el paso para no quedarse a la cola y entrar de los primeros en Mora, pero la excitación de momentos antes se transformó en perplejidad. El pueblo había sido arrasado completamente, quemado, destruido, y no se veía ni un alma. Alelado, el impresor se dejó arrastrar por sus compañeros hacia una campa, algo más lejos, donde instalaron el campamento. Un poco más tarde, el hombre se adentró entre las ruinas, intentando encontrar la iglesia y la casa adosada a ella donde vivía el primo cura, pero tampoco había iglesia ni casa. Los restos del templo estaban calcinados, el techo de madera había desaparecido, así como todo el maderamen que sostenía la estructura y únicamente quedaba un par de lienzos medio derruidos. Su mirada se topó con algo que colgaba de un hierro; era una toquilla chamuscada de mujer, la cogió sin saber muy bien por qué lo hacía y la contempló sin verla.

–Ha sido un hecho terrible, sí señor, y desventurado, pero ¡estas cosas ocurren! ¡La culpa fue de esos malditos comuneros! De todos modos, comendador, esta vez os habéis pasado y tendréis que rendir cuentas.

La voz del prior lo sacó de su estado hipnótico. Don Antonio de Zúñiga y varios de sus capitanes se habían aproximado al lugar y el impresor reculó hasta quedar oculto por la sombra de uno de los muros que aún quedaban en pie. Desde allí podía ver y escuchar a los recién llegados.

–Fueron ellos quienes nos atacaron primero –se disculpó el interpelado.

–¿Así, sin más?

–Al parecer, Carvajal y sus hombres les habían robado el ganado...

–¿Y por unas vacas había que matar a toda la población?

–Eran partidarios del obispo Acuña –se justificó nuevamente el hombre–, rebeldes confesos. Se alzaron en armas, no permitían que entrásemos y nosotros respondimos.

–¿Y esto? –interrogó el prior haciendo un gesto con la mano para abarcar lo que quedaba de la iglesia.

–Se metieron dentro, el cura, las mujeres, los niños, los viejos y muchos hombres. No había manera de hacerlos salir, así que se nos ocurrió obligarles. Amontonamos leña en la puerta y les prendimos fuego, lanzando también algunas balas encendidas de paja seca al tejado. ¡Fue una desgracia! No imaginamos que las llamas se iban a tragar la iglesia a la velocidad que lo hicieron.

–¿Cuándo ocurrió?

–El mismo día en que cayó Villalar.

Serrano no pudo escuchar más. El prior y sus acompañantes se habían retirado de vuelta hacia el campamento. Él continuaba con la toquilla chamuscada entre los dedos y tenía dificultades para respirar. ¡Muertos! ¡Todos muertos! A pesar de lo escuchado y de lo que sus propios ojos veían, no creía nada. Isabel y el niño estaban sanos y salvos; habrían regresado a casa y allí lo estarían esperando. Era preciso ir a Toledo, pero antes necesitaba saber algo. Siguió con la vista a los caballeros y echó a andar tras ellos. Al llegar al campamento vio a un soldado llamado Esteban, natural de Peñaranda, con el cual había hecho buenas migas.

–A mí me da igual quién tenga razón en este asunto, pero no soy tonto. Los nobles tienen poder y dineros y con dineros se puede comprar todo: artillería, caballería y hombres –le había dicho en un momento de confidencias, y había concluido–: Es más sabio apostar a carnero ganador que acabar en una zanja como todos esos desgraciados que mueren por algo que nunca se hará realidad. El rico siempre ha sido rico y el pobre, pobre.

–Oye, Esteban, ¿sabes quién es aquel caballero? –le interrogó sin mostrar demasiado interés al llegar a su altura.

–¿El rubio que está junto al prior?

–El mismo. Creo haberlo visto antes en alguna ocasión...

–Seguro que sí. Es el comendador don Diego López de Ávalos, él y el prior son parientes. Todos esos señorones son parientes, ¡por eso se ayudan los unos a los otros!

Regresó al pueblo, tratando esta vez de encontrar a alguien que pudiera informarle acerca del cura y de su prima, pero por mucho que buscó, sólo encontró a un viejo ciego que pedía inútilmente una limosna. El hombre, además de ciego, había perdido la razón y no hubo manera de sacarle una palabra coherente; le dio un par de maravedíes que le quedaban de su última soldada y aquella misma noche tomó el camino hacia Toledo. No llevaba encima más que lo puesto, el cuchillo comprado meses atrás y una idea fija en la cabeza. Había reconocido en el asesino de las gentes de Mora al hombre que se había presentado en el taller meses atrás para exigirle que se convirtiera en delator de sus vecinos.

Sosa llegó a la casona al atardecer del día siguiente después de la ejecución de Juan de Padilla. Había cabalgado desde Villalar sin detenerse en toda la noche, la rabia en el cuerpo y la angustia en el corazón. ¿Cómo decirle a doña María que su hombre había sido ajusticiado? ¿Cómo entregarle las cartas que llevaba bajo su sayo y le quemaban como tizones ardientes? ¿Cómo decirles a los toledanos que su admirado jefe había muerto de manera innoble, sin juicio, sin derecho a defenderse? Mantenía las mandíbulas cerradas, aguantando el chaparrón que no cesaba de caer, procurando no pensar, pero era imposible no hacerlo y, entonces, las lágrimas se escapaban de sus ojos e iban a mezclarse con las gotas de agua que resbalaban por su curtido rostro de soldado. El almirante Enríquez le había permitido permanecer junto a su señor hasta el final y llevarle las cartas a doña María. En cualquier otra ocasión él hubiera admirado a un caballero como el almirante, hombre ponderado y dispuesto al diálogo, pero ahora lo odiaba con todas sus fuerzas pues era él quien había decidido la muerte de su señor, él y otros como el conde de Haro o el prior de San Juan, en contra de la opinión del condestable Velasco y del propio cardenal Adriano.

–¡Noble Juan de Padilla! ¡Noble señor! –gritó en la noche, intentando conjurar las imágenes que aun con los ojos abiertos veía ante sí.

¡La lucha había sido tan desigual! El número de infantes y caballeros de uno y otro bando era bastante similar, pero el miedo y la traición se apoderaron del ejército del pueblo. Corrieron despavoridos delante de la caballería real e intentaron refugiarse en el pueblo, creyendo que allí estarían a salvo, a pesar de los gritos de sus jefes que los alentaban para que diesen la cara y se enfrentaran con valor al enemigo... Pero no los escucharon. Tampoco sirvió para nada la artillería, mojada la pólvora y escapados sus responsables. Los embarrancados cañones de bronce en los barbechos semejaban espantajos plantados en los campos para ahuyentar a los cuervos.

–¡Huid, señor! ¡Huid! ¡Todo está perdido! –le gritó él a Padilla al constatar que únicamente quedaban unos pocos para enfrentarse a las fuerzas imperiales.

–No permita Dios que las buenas gentes que creyeron en la Comunidad digan que salvé mi vida huyendo como un cobarde –le respondió el capitán con un deje de reproche en su voz por haberle propuesto una acción indigna de él.

Sosa se pasó el antebrazo por el rostro para secar el agua que empañaba su visión, pero sus ropas estaban tan mojadas como su cara.

–¡Adelante mis buenos compañeros! ¡Éste es nuestro destino! ¡Que nuestras ciudades y pueblos sepan que en ningún momento nos ha faltado el valor! ¡Por la libertad! ¡Por la Comunidad!

Las palabras de Padilla resonaron en la noche martilleando los oídos del soldado.

Fue un pequeño grupo de caballeros empuñando sus lanzas el que se enfrentó a la temible caballería real; vio cómo se abalanzaban sobre su señor, lo derribaban del caballo, lo herían en una pierna y lo hacían prisionero. Ya preso y maniatado, un hijo de perra se aproximó a él y le dio un tajo en la cara. A los que no murieron en aquel momento también se los llevaron presos y los encerraron en una casa del pueblo, separados de sus jefes.

–¿A quién sirves? –le había preguntado un hombre alto como un castillo y cubierto con una capa de pieles que acudió a la casa para examinar a los detenidos y que luego supo era el almirante Enríquez, uno de los virreyes.

–A mi señor, Juan de Padilla –respondió él con orgullo.

–¡Pues ve a servirle en sus últimas horas de vida! –exclamó el hombre al tiempo que hacía una seña para que uno de sus soldados lo llevase a la posada donde se hallaban retenidos los dirigentes comuneros.

Fue una noche extraña. Su señor disponía de un cuarto para él solo, le habían proporcionado agua y útiles de aseo, ropa limpia, papel, pluma, tinta y lacre, y le habían servido una buena cena. En algún momento lo sacaron de la habitación y hubo de responder a las preguntas de dos hombres con aspecto de escribanos que no dejaban de tomar notas. Luego le comunicaron que al día siguiente sería ejecutado. Compartió con él la cena, pero apenas hablaron. Le dio la impresión de que él deseaba apurar el tiempo que le quedaba, que no deseaba malgastarlo en palabrerías o vanas lamentaciones. De vez en cuando su mirada se perdía en un punto de la habitación y sonreía como si estuviera pensando en algo divertido, en un momento feliz, en alguien... Luego su expresión se volvía grave, cerraba los ojos y parecía estar rezando. No fue hasta la madrugada cuando comenzó a escribir las dos cartas que él llevaba a Toledo. Una para la ciudad, otra para doña María.

–Procura que lleguen a sus manos, mi buen amigo –le recomendó al entregárselas y él sólo pudo responder con un gesto afirmativo.

A partir de entonces comenzó un gran movimiento en la posada y sus alrededores, los soldados reales ocuparon el lugar por completo, los alcaldes también llegaron, entró un fraile dominico en el cuarto y él salió para no escuchar la confesión de su señor, su amigo y compañero. Después vio cómo lo sacaban con las manos atadas y lo llevaban a la plaza donde el verdugo estaba presto. Él lo siguió como un perrillo con el rabo entre las patas detrás del ataúd de su dueño.

–¡Malditos seáis, bastardos!

El grito de Sosa fue el aullido del lobo acorralado, el bramido del oso herido, el llanto del padre ante el cadáver de su hijo.

Poco después entraba por la puerta de la muralla al grito de «¡Padilla!». Los hombres de la guardia no se atrevieron a detenerlo y lo siguieron con la vista mientras ascendía cuesta arriba. Atravesó la ciudad a galope tendido, sin prestar atención a las gentes que se apartaban asustadas de su camino ni escuchar sus gritos de protesta y penetró por el portón de la casona sin tan siquiera apearse. Martín, Ficor y los demás criados salieron a toda prisa al escuchar sus gritos y los cascos del caballo pateando furioso sobre las losas del patio. María apareció a continuación, asomada a la barandilla del primer piso. Sus ojos se encontraron durante un breve pero intenso instante y el hombre tuvo la seguridad de que ella lo había sabido con tan sólo mirarle. Para cuando llegó al primer piso, ella había desaparecido por la puerta de su dormitorio. En su lugar, encontró a la criada morisca impidiéndole la entrada.

–Luego, más tarde... –le susurró Zaida antes de penetrar ella también en la habitación y cerrar la puerta.

El hombre aprovechó para mudarse de ropas, lavarse la cara y las manos y comer algo. Hasta entonces no se había percatado de cuán cansado y hambriento se sentía. Tenía las piernas tan embotadas que no podía sostenerse sobre ellas; también tenía sueño, mucho sueño, pero el agua fría lo espabiló y también el aguardiente de bagazos y hierbas aromáticas capaz de resucitar a un muerto que Martín le sirvió en un pote de barro más grande de lo normal. A pesar de las miradas de los criados y de alguna pregunta sobre la razón de su intempestiva presencia en Toledo, Sosa no abrió la boca sino para comer y beber. Nunca había sido muy hablador, así que nadie insistió demasiado conociendo su carácter. Zaida se presentó en la cocina cuando Ficor se disponía a encender los candiles y le hizo una seña para que la siguiera.

–Procura no cansarla demasiado –le aconsejó mientras subían las escaleras–. No se ha sentido bien estos últimos días y está algo débil, necesita reposo.

No respondió, pero en aquel momento deseó haber muerto junto al millar de comuneros cuyos cuerpos se pudrían en los campos de Villalar.

María estaba sentada en la silla larga, fabricada ex profeso para ella de manera que no tuviera que estar todo el tiempo tumbada durante sus crisis de asma y posterior recuperación; tenía la mirada puesta en el cielo gris azulado, iluminado por las últimas luces del sol que desaparecía en el horizonte. El soldado permaneció quieto en el umbral de la puerta mientras Zaida le indicaba repetidamente por medio de gestos que se aproximara. Lo hizo despacio, cogiendo aire y apretando con la palma el lugar de su pecho donde guardaba las cartas. Al llegar a la altura de la silla, se arrodilló y besó la mano que colgaba lánguida del reposabrazos.

–Y bien, mi buen Sosa, ¿qué noticias me traes de mi marido?

El hombre creyó sentir un débil temblor en la voz de la dama, pero ella había vuelto sus ojos hacia él y lo miraba con serenidad.

«Lo sabe...», se dijo una vez más.

Besó de nuevo su mano, extrajo las cartas y se las tendió sin decir palabra. La vio vacilar antes de romper el sello y abrir la que iba dirigida a ella; la observó mientras leía y comprobó que, en efecto, le temblaba el labio inferior y también le temblaban las manos. Sintió tanta congoja que a punto estuvo de echarse a llorar y pedir perdón por no haber sabido defender a su señor como en aquella primera ocasión, en Valladolid.

Las sombras habían caído sobre la ciudad y la última luz del anochecer se resistía a desaparecer. Zaida se acercó con un candil y lo depositó en la pequeña mesa llena de libros colocada al lado de la silla larga. María dejó la carta sobre su regazo y cogió la áspera mano del soldado.

–Sé que estás cansado, mi buen amigo, pero necesito saber. Lo comprendes, ¿verdad? Tú estabas con él, fuiste tal vez la última persona que vieron sus ojos y yo necesito saber.

–La última persona que vieron sus ojos fuisteis vos, señora.

–No me hagas sufrir más de lo que ya sufro –le rogó ella sin fuerzas–, ten piedad de mí.

–La última persona que vieron sus ojos fuisteis vos, señora –repitió el soldado sin amilanarse por el gesto furioso de Zaida–. Brillaban igual que cuando os veía bajar las escaleras para acudir a su encuentro; igual que cuando regresamos de Tordesillas, os lo juro por mi salvación. Mi señor Padilla sólo pensó en vos hasta el final.

María cogió de nuevo la carta y leyó en voz alta.

–«Señora, si vuestra pena no me lastimara más que mi muerte, yo me tuviera enteramente por bien aventurado...» ¿Has oído, Zaida? ¿No es lo más hermoso que hombre alguno haya podido escribir?

–Lo es, doña María –afirmó la morisca–, pero es ya tarde y vos debéis descansar.

–¿Descansar? ¿Para qué? No hay razón alguna para descansar. Él ya no volverá.

–Tenéis un hijo.

–Ah..., sí..., mi pobre Pedrico, ¿cómo le diré que se ha quedado huérfano? Y dime, Sosa, ¿cómo ocurrió?

Lentamente, sin omitir detalle, el hombre le narró lo ocurrido en Villalar, el final desastroso de una batalla que, en realidad, no merecía ese nombre pues había sido una escabechina; la traición de muchos de los suyos, la captura de su señor y de los demás; la decisión de los nobles, la noche en vela. Sólo se detuvo al llegar al momento de la ejecución.

–¿Por qué callas? –preguntó María al observar la vacilación del soldado.

–Tal vez sería mejor continuar mañana... –respondió él confuso.

–No hay mañana para mí, querido amigo, continúa por favor.

Con la boca seca y la mirada amarga, el hombre prosiguió su relato.

–Fueron llevados al cadalso y un pregonero anunció que era la justicia de Su Majestad a aquellos hombres a los que mandaba degollar por traidores. El señor Juan Bravo lo interrumpió gritando que ellos no eran traidores, sino celosos del bien público y defensores de la libertad del reino. Entonces, mi señor Padilla le dijo que aquél era el momento de morir como verdaderos cristianos y luego...

–¿Qué le dijo exactamente? –le interrumpió María con un dejo de curiosidad que sorprendió a Sosa.

–Le dijo: «Ah, mi amadísimo Bravo, ayer fue el día en que debimos morir como convenía a hombres nobles y valientes; pero hoy debemos hacerlo como verdaderos cristianos».

–Sí, es muy de él hablar así –sonrió María.

–Y luego, el señor Bravo pidió ser el primero porque no quería, dijo, ver..., ver morir al hombre más noble y bueno de toda Castilla.

Sosa calló, pero María no le instó a seguir; había cerrado los ojos y parecía dormida; se había perdido en los recuerdos, incapaz de imaginarse la vida sin Juan.

La oscuridad había envuelto finalmente la ciudad, las nubes

cubrían el cielo por completo sin dejar un resquicio a la luz de la luna y el silencio era total. Un manto de luto había caído sobre Toledo, aunque sus habitantes no tuviesen todavía conocimiento de la desgracia y durmiesen confiados en la victoria que nunca llegaría.

Zaida permaneció toda la noche en vela. María no se movió de la silla larga y ella se sentó a su lado, en el suelo. A la luz del candil observaba, atenta a cualquier síntoma, el rostro de la mujer a quien servía desde que era una niña y no podía sino sentir una gran ternura por ella. La pequeña tozuda, la joven rebelde, la dama arrogante, la comunera convencida, era ahora tan sólo una mujer desgraciada, de futuro incierto; viuda a los veinticinco años, madre de un hijo de corta edad y con un rey por enemigo. Parecía dormir, pero ella sabía que no dormía; la conocía demasiado bien y temía que en cualquier momento sufriera una crisis de aquellas en las que la veía ahogarse, el aire no entraba en su cuerpo y movía la boca como un pez fuera del agua. Ponía entonces el oído sobre su pecho y escuchaba los latidos de su corazón desbocado. Eran momentos muy angustiosos. La enferma sufría, pero ella y todos los que la amaban sufrían también, impotentes por no poder ayudarla. No obstante, parecía tranquila y la morisca se preguntó hasta qué punto se daba cuenta de su situación. No había derramado una sola lágrima al conocer la noticia, no había caído desmayada como hubiera hecho otra en su situación, ni se había mesado el cabello como las mujeres de su raza ante la pérdida de un ser querido. Doña María había permanecido serena, demasiado. Contempló la carta que continuaba sobre su regazo y estuvo tentada de cogerla. No sabía leer, pero el trazo de la escritura le diría si el marido de su señora temblaba al escribirla o, al contrario, se mantenía firme en la adversidad. No lo hizo; hubiera sido irrespetuosa con el último hálito de un hombre ya difunto. Tendrían que huir de Toledo, pensó después; no podían quedarse en la ciudad. Los hombres que habían matado al señor buscarían también a su mujer y a su hijo. Pero ¿adónde irían? Tal vez podrían regresar a Granada, esconderse entre los suyos, en el Albaicín o en alguno de los hermosos pueblos que bordeaban el mar. Allí reharían sus vidas y la señora recuperaría la salud...

–¿En qué piensas?

Le sobresaltó la voz de su ama y estuvo a punto de soltar un grito asustado. María había abierto los ojos y la miraba fijamente.

–En nada, señora.

–Siempre se piensa en algo, Zaida, siempre.

–¿Qué haremos ahora, señora?

–¿Qué podríamos hacer? –preguntó María a su vez, con una media sonrisa bailando en sus labios.

–Marcharnos cuanto antes, niña. –La morisca volvía a hablarle como cuando aún era su esclava–. No puedes quedarte aquí, vendrán a por ti y a por el pequeño.

–¿Y abandonar Toledo? ¿Abandonar el hogar de mi marido? No te preocupes, querida Zaida, Juan está con nosotros.

–El señor..., el señor... está muerto –susurró Zaida en un lamento, secándose las lágrimas con el borde de la mano.

–Nadie muere hasta que es olvidado y Juan de Padilla no lo será por mucho que algunos se empeñen. Mientras yo exista, su recuerdo estará vivo y cuando yo ya no esté, otros se encargarán de mantenerlo.

María volvió a cerrar los ojos. Los diez años vividos con Juan habían pasado como un suspiro, un sueño del que acababa de despertar bruscamente, y no era posible volver atrás. No quería llorar aunque notase un nudo en la garganta, aunque sintiese que se ahogaba y algo dentro de ella acabara de romperse en mil pedazos; aunque ya no hubiera esperanza. Él ya estaba en paz, pero ella lloraría su ausencia el resto de la vida con el corazón destrozado y el alma arrasada por la más terrible de las tempestades: la soledad. Tendría tiempo para llorar, todo el tiempo del mundo, pero no ahora. Ahora era el momento de mantener la cabeza fría porque era mucho lo que estaba en juego, muchas personas dependían de su entereza y su hijo necesitaba a su lado una madre fuerte y ¡vive Dios que ella lo sería!

Los últimos meses no habían sido fáciles. Desde las fiestas de la Natividad, las tierras del reino de Toledo estaban en manos de dos hombres a cual más temible; dos religiosos cuya misión como representantes de la Iglesia debería haber sido otra muy diferente a la de empuñar la espada. El obispo de Zamora, don Antonio de Acuña, comunero, y el prior de la orden de San Juan de Jerusalén, don Antonio de Zúñiga, realista, comandaban sendos ejércitos que tenían aterrorizadas a las poblaciones al sur del Guadarrama. Las noticias de muertes, saqueos, quemas, robos, violaciones y otras desgracias por parte de ambos contingentes llegaban continuamente a la ciudad y María estaba segura de que, antes o después, los dos irados se enfrentarían bajo las propias murallas de Toledo como ya lo habían hecho en otros lugares de la región.

La muerte en Alemania del arzobispo Croy, el joven imberbe sobrino de Chièvres, no había hecho sino agravar la situación. El arzobispo se hallaba acompañando a don Carlos, quien había convocado en la ciudad de Worms la llamada dieta del mismo nombre para examinar y juzgar la doctrina del fraile excomulgado, Martín Lutero. En menos de tres años sus tesis en contra de las indulgencias habían logrado un gran predicamento, en especial entre los príncipes alemanes, y comenzaban a plantear serios problemas a la Iglesia romana, de la cual el emperador era acérrimo defensor.

Ella propuso a su hermano Francisco para la mitra toledana, siendo apoyada por los procuradores y sin encontrar demasiadas trabas por parte de los canónigos, pero Acuña había movido bien los hilos; sus partidarios lograron que la Santa Junta lo nombrara para el cargo y, según decían las últimas noticias, se dirigía hacia Toledo apoyado por el entusiasmo de pueblos y aldeas. A pesar de no tenerle ninguna simpatía, era obligado reconocer que era un soldado de primer orden y que sus victorias eran mucho más numerosas que sus derrotas. No había cedido en ningún momento, ni tampoco había intentado llegar a acuerdos secretos con el enemigo y además, eso era importante para ella, siempre había apoyado a Juan. Sin embargo, el arzobispado era demasiado valioso para dejarlo en manos de un hombre tan iracundo como aquél y, a pesar de lo que dijese la Junta, ella seguía decidida a apoyar a su hermano porque, entre otras cosas, la presencia de Acuña en la ciudad no haría sino menoscabar su propio liderazgo, asumido tras la marcha de Juan.

Ya no podía contar con Laso de la Vega ni con otros que, como él, habían exaltado al pueblo al comienzo del conflicto. Su disposición por llegar a un acuerdo con los gobernadores había encolerizado a las gentes del común, que los habían tildado de traidores y amenazado con derruir sus casas; se habían visto obligados a esconderse o a huir. De todos modos, siempre podría contar con el tío de su marido, Hernando Dávalos, fiel a la idea comunera y la persona de su mayor confianza.

Así estaban las cosas cuando a finales de marzo, el día de Viernes Santo, durante el oficio de Tinieblas, un clamor se extendió por toda la ciudad, gritos y salvas de fuego alertaron a la población, que rápidamente salió de casas e iglesias para saber lo que ocurría. Acuña había entrado en Toledo cubierto con una capa y se había dado a conocer en la plaza de Zocodover, quitándose la capa y dejando ver la coraza que llevaba puesta. La multitud enfervorizada lo había aclamado, llevándolo hasta el mismísimo sitial del arzobispo e interrumpiendo de paso el oficio para escándalo de los canónigos y demás personas que se hallaban dentro del templo. Ella, recordó, no pudo oponerse. Aunque no estuviera de acuerdo, la voluntad del pueblo era lo único que le importaba, pero sus augurios pronto se hicieron realidad. El obispo y el prior se enfrentaban día sí y día también en las zonas próximas al Tajo, así como en otras del reino de Toledo.

A pesar de su aparente aplomo, ansiaba que Juan regresara y le enviaba cartas rogándole que así lo hiciera. Ella era mujer y, aunque respetada, a veces observaba miradas, pillaba al vuelo comentarios o gestos de algunos diputados e, incluso, de menestrales que preferían ser dirigidos por un hombre, tal como habían demostrado a la llegada de Acuña.

Y ahora... Juan no volvería y el futuro se presentaba oscuro como la noche.

Amanecía cuando se quedó por fin dormida. Zaida se apresuró a cubrirla con una manta y a avivar el fuego de la chimenea, durmiéndose después ella también.

Al día siguiente todo el mundo en Toledo conocía las infaustas nuevas aunque las primeras reacciones fueran de estupor e incredulidad, asegurando muchos que eran mentiras de los imperiales para minar su resistencia y amenazando con la muerte a cualquiera que osara darles pábulo o propagarlas entre la población. Sin embargo, las pruebas eran cada vez más contundentes. Llegaron algunos escapados de Villalar y relataron la derrota y la ejecución de sus jefes, también llegaron mensajeros enviados por los virreyes y el propio Sosa se encargó de confirmar la noticia a todo aquel que se acercaba para informarse. Al anochecer, cuando ya no hubo ninguna duda al respecto, comenzaron a repicar todas las campanas: las de la catedral, las de las veintiuna parroquias y hasta la del más humilde de los conventos, pasando por las de las numerosas ermitas y oratorios. La ciudad entera se convirtió en un clamor de duelo, en un llanto inconsolable que duró horas. Entonces, cosa nunca antes vista, sin que nadie la convocara, se formó una procesión interminable de gentes que recorría las calles y pasaba por delante de las casas de los Padilla mostrando su gran aflicción. Hombres, mujeres y niños caminaban entre lloros y oraciones, portando velas, hachones o simples candiles que iluminaban el cielo, de forma que los escapados que continuaban llegando y los habitantes de los alrededores creyeron que la ciudad ardía.

Pedro López de Padilla y su nuera, emocionados, contemplaron durante un rato el largo cortejo desde una de las ventanas del muro exterior. Ninguno de los dos hablaba; el dolor se lo impedía. No había habido reproches ni lamentos por parte del anciano caballero, pero María advirtió que en las horas transcurridas desde la llegada de Sosa, su suegro parecía haber envejecido cien años. Tenía la espalda encorvada y unas profundas ojeras, tan profundas como las suyas propias, se dibujaban bajo sus ojos, brillantes y rojos por el llanto.

–Valor, hija –dijo él al observar que su nuera se apoyaba en el muro para mantenerse en pie.

–Lo tengo, padre, pero mis piernas flaquean.

–Ha sido la voluntad de Dios –añadió don Pedro, asiéndola por un brazo para ayudarla a andar.

–De Él, sí, y también de algunos señores que vos y yo conocemos demasiado bien.

La casa estaba llena de visitantes, amigos y familiares que habían acudido a dar el pésame, pero María no deseaba ver a nadie. Sabía que no podría aguantarlo y no quería mostrar signos de flaqueza; no podría soportar ver allí reunidas a personas que habían conocido y querido a Juan, no quería compartir sus recuerdos con ellas. Dejó a su suegro en compañía de su hija Marina y del marido de ésta y se dirigió al cuarto de su hijo.

El niño jugaba, bajo la llorosa mirada de la nodriza Lucía, en compañía de los hijos de su cuñada. Ella y su marido habían sido los primeros en acudir al conocer la noticia. Los contempló durante un buen momento y se alegró de que los niños viviesen en un mundo tan diferente al de los adultos.

«Ya tendrá tiempo de sufrir», se dijo antes de regresar a su habitación.

Unos leños ardían en la chimenea aunque fuese primavera y no hiciese frío, pero los gruesos muros de piedra de la casona no dejaban traspasar fácilmente el calor hasta bastante entrado el verano. Zaida había dejado una bandeja con un plato de torrijas fritas bañadas con miel y espolvoreadas con canela molida y una botella de moscatel encima de la mesita en la que Juan y ella cenaban solos cuando podían hacerlo. María sonrió con tristeza. La morisca había preparado las torrijas porque sabía que a ella le gustaban más que ningún otro dulce y esperaba que su visión le abriera el apetito. Se sentó, cogió uno de los tenedores heredados de su padre y comió un pequeño bocado. Aún estaba templado y se derritió en su boca, pero no tenía hambre; se sirvió una copa de moscatel, bebió un sorbo y se recostó en el asiento con los ojos fijos en las llamas.

–No podré vivir sin ti –dijo en voz alta.

–Sí que podrás, tienes que vivir –le pareció escuchar la voz de Juan.

–Es imposible.

–Nada es imposible para María Pacheco, la comunera, y recuerda que todavía no está todo perdido.

–Lo está para mí. La vida no tiene sentido si tú no estás conmigo.

–¡Pero estoy! Te lo he dicho más de una vez, siempre estaré a tu lado. Toledo te necesita.

–Yo te necesito a ti.

–Toledo debe permanecer unida, son muchas las personas que dependen de ti.

–Tienen a otros...

–Ninguno de ellos es como nosotros, lo sabes. Lo hemos hablado muchas veces. La Comunidad, el gobierno del pueblo para el pueblo, la libre elección de los gobernantes, el bienestar común..., eran cosas importantes para nosotros, son importantes. No te rindas, amada mía. Si te rindes, mi muerte y la de los demás compañeros no habrá servido para nada.

–Ya no habrá más noches de amor, ni caricias, ni besos... No podré mirarme en tus ojos, no volveremos a respirar el mismo aire, nunca más escucharé tu voz. Me duele el alma; tanto, que no puedo gritar y ni tan siquiera llorar.

–Queda el recuerdo en la memoria, en tu corazón.

–Triste consuelo ése para una viuda.

El ruido de la puerta al abrirse interrumpió el diálogo mantenido entre ella y su fantasma y estuvo a punto de maldecir al intruso, pero la cara preocupada de Zaida calmó su momentáneo furor.

–No habéis comido nada, señora –afirmó desolada la mujer al comprobar que el plato seguía casi intacto.

–No tengo hambre.

–Da lo mismo que la tengáis o no. Debéis comer.

–¿Para qué?

La sirvienta vaciló antes de hablar y, cuando lo hizo, su voz había adquirido una firmeza inusual en ella.

–Para que podáis caminar erguida y enfrentaros a todos esos caballeros que ahí abajo hablan de pactos, acuerdos y rendiciones.

A la mañana del siguiente día, vestida de negro de la cabeza a los pies, cubierto el rostro con un velo, asida del brazo de su suegro y llevando a su hijo agarrado a su otra mano, María se dirigió a la catedral con paso firme, acompañada por los familiares y todos los sirvientes de la casa. A medida que el grupo iba avanzando, se le iban añadiendo más y más personas que esperaban en los soportales y en los bordillos de las calles hasta formar una inmensa comitiva que se unió a la multitud silenciosa que esperaba en la plaza y dentro de la catedral el comienzo del funeral por el alma del noble hijo de la ciudad, Juan de Padilla.

Dos días más tarde María se instalaba en el alcázar para, desde allí, dirigir la defensa de la ciudad. Rodeada de sus hombres más leales y aconsejada por Hernando Dávalos, reorganizó el ejército de Toledo, nombró capitanes y dictó los pasos que debían seguirse ante la próxima llegada de las tropas imperiales. Daba la impresión de que no hubiera hecho otra cosa en toda su vida.

–Necesitamos dinero para adquirir cañones, armas y pólvora –confió a Dávalos después de recibir el parte de sus capitanes–, y ya no podemos pedir más al pueblo; hemos cobrado los impuestos y los ingresos de las bulas, y en mi casa ya no queda ningún objeto de plata. Sin armas, seremos presa fácil para el prior.

–Yo me encargo, sobrina. No os inquietéis, tendréis vuestras armas.

Poco después, Dávalos y media docena de hombres se dirigían a la catedral y pedían entrevistarse con los canónigos. Únicamente había allí dos o tres, pero de inmediato se envió en busca de los demás y éstos no tardaron en aparecer, acompañados por el obispo Campo, antiguo simpatizante de la causa que no había tardado en posicionarse en su contra.

–Toledo precisa dinero –afirmó el diputado sin más preámbulos.

Los canónigos no respondieron; no habían olvidado ni perdonado la expulsión de la ciudad de varios de ellos. Dávalos no se molestó en intentar convencerlos y exigió la entrega de parte del oro y la plata que se guardaba en el Sagrario en forma de custodias, cruces y otros objetos.

–Esos objetos son sagrados y nadie pondrá una mano encima de ellos –afirmó tajante el obispo Campo–, y menos para una causa que la Iglesia no aprueba.

Los dos hombres se miraron frente a frente. Ya no eran jóvenes y peinaban abundantes canas. Habían sido buenos amigos en otras épocas, pero sus caminos habían tomado senderos diferentes, al igual que su amistad. En ese momento, la campana mayor llamó al ángelus y su eco dentro del templo vacío tardó en apagarse el mismo tiempo que Dávalos tomaba una decisión.

–Entonces, cogeremos lo que no lo es –aseveró el comunero haciendo una seña a uno de sus hombres, que salió disparado del templo.

Al rato, doscientos hombres portando aparejos, cuerdas y poleas se presentaban en el lugar, ascendían al campanario y comenzaban a bajar las campanas.

–¡En nombre de Dios! ¿Qué hacéis? –preguntó el obispo sin poder dar crédito a lo que estaba ocurriendo.

–Puesto que la Iglesia se niega a colaborar y esconde sus tesoros como el avaro sus monedas, el pueblo toma lo que es suyo.

–¿Pensáis vender las campanas en el mercado? –volvió a preguntar Campo con un cierto desdén en el tono de su voz.

–Pensamos fundirlas y hacer cañones con ellas –replicó Dávalos sin poder ocultar su satisfacción al observar la súbita palidez en el rostro del prelado, y añadió con sorna–: No os preocupéis, les daremos nombres de santos y os avisaremos para que les deis vuestra bendición.

–¡Arderéis en el infierno por ladrones, blasfemos y herejes!

–¡Allí nos veremos!

Las campanas fueron fundidas para fabricar cañones con su bronce, pero fue tan sólo un alivio temporal, seguían faltando dineros y medios para aprovisionarse de armas, pólvora y vituallas.

Veinte días más tarde, el obispo Acuña partía de noche en dirección a Navarra. Fue reconocido al llegar a la frontera y hecho prisionero.

Después de atravesar la puerta de la muralla, Francisco Serrano corrió cuesta arriba hasta llegar a su casa sin aire en los pulmones. Jadeante, se detuvo ante el edificio, una casa estrecha de dos plantas, embutida entre la de Isabel y otra un piso más alta, y comprobó que la cadena y el candado colocados por él mismo en la puerta del taller continuaban en su sitio y sin aspecto de haber sido forzados. Alzó la mirada hacia la ventana de la casa de su mujer y tuvo que tragar saliva varias veces para deshacer el nudo formado en su garganta al constatar que las contraventanas estaban cerradas.

Se había detenido en Mascaraque tras abandonar el ejército del prior nada más caer la noche. Era la primera población en el camino hacia Toledo, una aldea de apenas una docena de casas de labranza y un pequeño castillo. Todo parecía en calma allí, no había señales de lucha ni de soldados realistas, pero no se veía una luz y nadie respondió cuando él llamó a varias puertas. Iba a proseguir el camino cuando una de ellas se abrió con un crujido similar a un lamento y asomó un anciano con un candil en la mano.

–¿Qué quieres? –le preguntó con un tono hosco de voz.

–Saber lo que ocurrió en Mora.

El hombre lo contempló de arriba abajo durante un rato, le hizo una seña con la cabeza para que entrase en la casa y después cerró la puerta por dentro con una enorme tranca. Lo condujo sin decir una palabra hasta la cocina y le indicó una banqueta al lado del hogar apagado, sacó una garrafa de vino y un par de cubiletes y los llenó hasta los topes, ofreciéndole uno y asiendo él el otro antes de sentarse en una vieja silla desvencijada.

–La arrasaron los hijos de puta; los mataron a todos –dijo al fin después de un largo trago y un silencio aún más largo–. Mi única hija, Águeda, se había casado en Mora y tenía dos hijos que eran mi orgullo. Todos murieron, su marido también. El hijo de Satanás, Diego de Carvajal, en compañía de sus sicarios lleva meses campando a sus anchas en la región. Tiene su guarida en el castillo de Almonacid, donde se refugió para huir de la justicia después de asesinar a su tío, y se dedica a robar ganados, matar hombres y violar mujeres. Es así como algunos nobles entretienen su ocio. Los morachos ya habían sufrido sus correrías y no estaban dispuestos a permitir una nueva incursión, así que se armaron para defenderse...

El anciano interrumpió su discurso para beber otro trago, mientras él permanecía callado.

–Llegó el comendador López de Ávalos y los morachos lo tomaron por Carvajal, cerraron las calles e hicieron fuego, pero ¿qué podían hacer unos cuantos labradores contra un ejército de soldados? Los hombres fueron abatidos uno tras otro y sus familias, aterrorizadas, se protegieron dentro de la iglesia, creyendo que allí estarían a salvo. No sabían que no hay trabas para el Diablo. El hijo de perra prendió fuego a la iglesia y los quemó a todos, mujeres, niños, enfermos, ancianos, hombres..., todos...

–¿A todos?

–Más de mil seres humanos ardieron como gavillas secas de trigo.

–El cura...

–El cura también.

No se atrevió a preguntarle sobre la prima del sacerdote y su hijo de pocos meses. El viejo no podía conocer a todos los habitantes de Mora, se justificó, o tal vez era él quien no quería escuchar la respuesta. Mientras la ignorase podría albergar alguna esperanza. Continuaron hablando y bebiendo; sus voces se hacían cada vez más pastosas y la habitación comenzaba a dar vueltas a su alrededor.

Se despertó con la cabeza dolorida y la boca seca. Había compartido el camastro de su anfitrión en la propia cocina, aunque no recordaba cómo había llegado hasta él. Lo que sí recordaba es que ambos habían acabado borrachos perdidos gritando «¡Viva la Comunidad!». El hombre parecía haber recobrado su parquedad y apenas intercambiaron media docena de palabras mientras comían un par de morcillas y unos pedazos de pan reseco; más tarde le entregó unas calzas negras, una camisa remendada, un chaleco de piel de oveja y una gorra de lana también negra.

–Si topas con los soldados, creerán que eres un campesino –se limitó a decir.

Luego le hizo una seña de despedida con la mano y desapareció de su vista.

No encontró en el camino soldados, ni tampoco a los hombres del señor de Almonacid, el hijo de Satanás, como había dicho el viejo, pero tuvo que dar mil y una explicaciones a los guardas de las puertas para poder penetrar en Toledo. La ciudad, le informaron, estaba en estado de alerta y sólo se permitía la entrada a personajes importantes, mensajeros o portadores de permisos firmados por doña María Pacheco o por los representantes municipales. Su paciencia estaba llegando al límite cuando vio aparecer a su vecino Alonso. El cordelero se había desprendido de su mandil y vestía una especie de casaca militar, desgastada por los bordes y llena de lamparones; también llevaba un talabarte de cuero del cual colgaba una espada cuya punta casi tocaba el suelo. Gracias a él pudo entrar en la ciudad, aunque no se molestó en darle explicaciones por su extraña indumentaria de campesino. La última vez lo había visto en la avanzadilla del obispo Acuña, en Tierra de Campos. Se había convertido en un soldado bruto y cruel, pero no quiso preguntarle cómo había regresado porque, en el fondo, le importaba muy poco.

–No hay nadie. La tejedora se marchó al pueblo hace tiempo.

Una de las vecinas del edificio colindante de tres pisos se había asomado a la ventana y lo observaba, sin reconocerlo, con aire desconfiado. No respondió y se dirigió a casa de Matías el curtidor a quien, antes de marcharse, había confiado la llave de su vivienda y la del candado del taller. Durante el trayecto entre la calle Ancha y la de Cordonerías no vio ninguna cara amiga, aunque tampoco prestó demasiada atención a las personas que pasaban por su vera. Intentaba quitarse la preocupación de encima, queriendo creer que Isabel no se hallaba en la casa porque habría ido a entregar algún encargo a la condesa de Fuensalida o a cualquiera de las otras señoras para las que trabajaba. Recordó las palabras de la vecina y las rechazó de inmediato, ¿qué sabía la vieja chismosa? Probablemente Isabel no se había dejado ver por miedo a las habladurías puesto que nadie sabía de su matrimonio y sería difícil explicar la presencia del niño. Aun así...

Dejó de pensar en su mujer al penetrar en la curtiduría y constatar que había una actividad inusual. Matías, sus dos hijos mayores y otros dos jóvenes, se aplicaban a bañar, raspar o golpear pieles de todas las clases, de garduña, oveja, cabra, ternero... La fetidez producida por las pieles recién desolladas, mantenidas en sal antes de pasar a unas cubas grandes llenas de agua y una buena cantidad de tanino de corteza de encina, daba al local un olor peculiar y hasta desagradable para la mayoría de las personas, pero a él no le molestaba.

–¡Mi querido amigo! –exclamó gozoso el curtidor al reconocer a su visitante–. ¡Creía que nunca más te volvería a ver!

–Ya ves...

–¿Y esas ropas?

–Es largo de contar... Veo que tienes trabajo.

–Lo que a unos arruina a otros nos permite seguir viviendo. ¡Así es la vida! Hacen falta petos, botas, casacas, talabartes, guarniciones y demás para vestir a nuestras tropas y todos los curtidores trabajamos día y noche para suministrar el material. Los precios son más bajos de lo normal, pero bien es cierto que la demanda es también mayor.

Serrano aceptó compartir la olla de guisado de liebre ofrecida por su amigo y comprobó que los pequeños de la casa presentaban mucho mejor aspecto que la última vez; habían recuperado los colores y parecían sanos y bien alimentados. Se alegró por su amigo y por su familia, pero no pudo evitar pensar con tristeza sobre la penosa condición humana. Unos morían para que otros pudieran comer.

Regresó con el estómago lleno y la mente puesta en Isabel y en su hijito, pero las contraventanas continuaban cerradas. Echó una ojeada hacia la ventana de la vecina cotilla y se alegró de no verla asomada; se evitaría tener que darle explicaciones. Penetró en su casa, subió corriendo los peldaños, pasó por su dormitorio y penetró en el de Isabel a través del hueco abierto entre ambos, oculto por una cortina. Había polvo de meses y ni rastro de la compañera que había alegrado su vida durante breve tiempo. Quiso de nuevo imaginar que ella y el niño habían logrado escapar del infierno, que tal vez se habían dirigido hacia Orgaz o Manzaneque, pero sabía que era inútil creer en milagros. Los milagros, se dijo, eran inventos de frailes y monjas y, si no lo eran, tampoco estaban al alcance de los humildes de la Tierra. Se tumbó en el lecho, testigo de sus noches de amor tardío, y se quedó dormido llorando por el hijo que nunca conocería.

Al día siguiente bajó al taller y comprobó que, aparte del polvo y las tintas resecas, el resto del material parecía estar en perfecto estado. Tomó asiento en una banqueta alta, delante de uno de los pupitres y, despacio, comenzó a colocar de cualquier manera caracteres de plomo en una plancha para tratar de recuperar la habilidad manual perdida durante la ausencia. Unas horas más tarde salió para dirigirse al taller de Domingo de Yepes. La sorpresa de éste fue similar a la expresada por el curtidor. Todos los del oficio en Toledo sabían que el impresor había desaparecido, pero nadie tenía mucha idea de por qué y hacia dónde se había dirigido. Verlo allí de nuevo, sano y salvo, cuando tantos otros se habían quedado en los campos de batalla no dejaba de ser algo asombroso, pero él tampoco en este caso dio explicaciones.

–Venía a por tintas –le dijo–. Aunque no puedo pagaros –añadió mirándole cara a cara.

–¡Ni falta que hace! –exclamó el tintorero ofendido–. Los frailes dominicos son los únicos que disponen de una imprenta y aprovechan para escribir manifiestos y proclamas a favor de la causa real. No hay día en el que no aparezca un escrito conminando a la población a rendirse o a entablar conversaciones con los nobles. ¡Al carajo con ellos!

–De todos modos, acabo de regresar y no tengo ningún encargo...

–Acudid al alcázar y hablad con doña María; ella os dará trabajo.

–¿En el alcázar? –preguntó el impresor interesado por primera vez desde su llegada por algo que no fueran sus propias penas.

–Allí está desde que el obispo se escapó con el rabo entre las piernas, ¡el muy cobarde!, ¡y parecía que iba a comerse el mundo! Dicen que lo pillaron en la frontera de Navarra tratando de pasar a Francia con un buen montón de dinero en las alforjas. ¡Ojalá se pudra y la carne se le caiga a cachos!

Serrano sonrió. Conocía al tintorero desde hacía muchos años y también sus exabruptos, pero desconocía por completo el tema del cual le hablaba.

–¿Qué obispo? –preguntó con candidez.

–¡Por Dios bendito! ¿Dónde habéis estado durante todos estos meses, maese Serrano? ¿Qué obispo va a ser? ¡El de Zamora!

Llegó con aires de general victorioso, se hizo nombrar arzobispo por la Junta y se largó después de haber solicitado la mediación del marqués de Villena para la rendición de Toledo.

–¿Y qué hace doña María en el alcázar? –preguntó aún sorprendido por la revelación ya que la fortaleza no era lugar apropiado para una mujer y menos para una dama de alcurnia.

–Defender nuestra libertad y nuestro honor mejor que un hombre. Laso de la Vega y otros que tanto vociferaban no han tenido cojones para resistir; hablan de capitulaciones, de pactos y otras monsergas, y se han visto obligados a esconderse entre los frailes porque como los pillen, los cuelgan.

Al abandonar el taller del tintorero, Serrano pasó por el suyo propio para dejar las tintas fiadas por aquél, encaminándose a continuación hacia el alcázar. No sabía exactamente por qué lo hacía; a fin de cuentas, había demostrado ser un pésimo soldado y, de todos modos, no pensaba volver a alistarse, ni siquiera en la milicia ciudadana, pero sentía curiosidad por ver de nuevo a la mujer que se había convertido en la capitana, gobernadora, jefa, generala o lo que fuese de la ciudad. Era un hecho ciertamente extraordinario y más en Toledo, cuna y residencia de reyes y señores nobles, en donde las mujeres, incluso las más encumbradas, se mantenían a la sombra de los varones.

Hacía calor aquella tarde del mes de julio y el repecho hacia el alcázar exigía una cierta dosis de esfuerzo, pero le agradó sentir el sudor bajo su camisa de lino después del frío y la humedad sufridos durante su aventura militar.

–Deseo hablar con doña María Pacheco –dijo al toparse con dos guardas delante del gran portón de la entrada.

–¿Y por qué no con el papa? –preguntó con ironía uno de los hombres, cuyo aspecto le recordó por su robustez a un carnicero con puesto en la plaza de las Carnicerías, muerto en Villalar junto a otros convecinos.

–Porque el papa está en Roma y doña María está aquí –respondió con gravedad, desechando la idea de preguntarle si era hermano o pariente del difunto matarife.

–¿Y se puede saber para qué quieres verla? –le interrogó el

otro guarda, un hombrecillo a quien el impresor recordó haber visto en las asambleas de San Nicolás.

Se detuvo a meditar si merecía la pena responder o si era mejor dar media vuelta y olvidarse del asunto, cuando un tercer hombre apareció por el portón.

–¡Serrano! ¡Francisco Serrano! –exclamó el hombre acercándose y asiéndolo por ambos brazos.

Maese Andrés no salía de su asombro. El impresor no le había comunicado su intención de marcharse de la ciudad; había desaparecido sin despedirse de nadie, dejándole sin su mejor colaborador. ¡Y ahora resucitaba de entre los muertos, justo en el momento en que más falta hacía!

–Dice que quiere ver a doña María... –le informó el guarda robusto, bastante sorprendido por la reacción del librero, uno de los hombres de confianza de la señora.

–¡Y ahora mismo la vais a ver! –exclamó maese Andrés, echando al impresor el brazo al hombro, como si temiera que fuera a escapársele, e introduciéndolo dentro del alcázar.

Momentos después estaban ambos en una sala de medianas dimensiones y sobriamente amueblada en la cual se encontraba una decena de hombres hablando casi a la vez. Por sus voces y ademanes, Serrano dedujo que estaban tratando algún asunto de suma importancia y se sintió fuera de lugar. Iba a decirle a su amigo que mejor regresaría en otra ocasión cuando éste levantó la voz por encima de los demás.

–Doña María, aquí hay alguien que desea conoceros.

Las voces callaron y todas las cabezas se volvieron hacia la puerta. Maese Andrés avanzó asiendo con fuerza el brazo de su compañero, mientras los hombres les abrían paso.

–¿Vos sois...?

–Francisco Serrano, señora, para serviros.

–¿Y en qué podéis servirnos?

–Soy impresor –fue todo lo que se le ocurrió decir.

La dama sentada al otro lado de una mesa repleta de documentos sonrió y él le devolvió la sonrisa, cautivado por aquella joven, enlutada y de aspecto frágil, que regía la ciudad del Tajo mejor que un hombre, a decir de Domingo el tintorero.

Septiembre de 1521

La condesa de Monteagudo, doña María de Mendoza *la Santa,* así llamada por su buena disposición y sus obras de caridad –aunque algunas malas lenguas insinuasen que era una forma burlona de nombrarla dado su fuerte carácter, parecido al del resto de los miembros de su familia–, había acudido a finales de la primavera a Toledo en compañía de su tío el marqués de Villena para tratar de influir en su hermana a la cual estaba unida por un lazo afectivo muy especial. No sólo la quería; era la mayor y su deber era aconsejar a la pequeña, pero también la admiraba por su inteligencia y, sobre todo, por su independencia, algo que ella misma echaba en falta.

El obispo Acuña y varios nobles comuneros habían solicitado la mediación del marqués tras la derrota de Villalar, entendiendo que el movimiento no tenía futuro una vez desaparecido Padilla y rendidas todas las ciudades sublevadas, incluida Madrid, y esperando al mismo tiempo que la intervención del importante personaje sirviera para llegar a un acuerdo beneficioso para ambas partes. La derrota del ejército francés que había ocupado en nombre de Enrique de Albrit, rey de Navarra, las tierras al norte de los Pirineos, conquistadas por Fernando el Católico diez años antes, dirigiéndose a continuación a recuperar las del sur a través del paso de Roncesvalles, llegando hasta Tudela y sitiando Logroño y, sobre todo, la postura intransigente de María, en absoluto dispuesta a rendir la ciudad, habían dado al traste con las intenciones del marqués. Villena abandonó Toledo jurando no volver a intervenir, pero la condesa permaneció junto a su hermana, decidida a hacerle comprender lo peligroso de su situación y también a consolarla por la pérdida de su marido.

No obstante, y a pesar de sus esfuerzos, la dama no había logrado ni lo uno ni lo otro. Transcurridos ya varios meses desde su llegada, las cosas continuaban igual. En lo concerniente a la rendición, María permanecía imperturbable a las presiones y a las cartas que su hermano Luis Hurtado le enviaba instándola a llegar a un acuerdo con el cardenal Adriano; se había distanciado de las personas que un año antes alentaban la Comunidad y ahora predicaban un acuerdo con los virreyes, rodeándose de fieles acérrimos y siendo apoyada por los comerciantes, artesanos, escribanos, clérigos menores y algunos de los personajes importantes que aún permanecían leales, como el maestrescuela de la catedral Álvarez Zapata y el canónigo Acebedo.

–Pero ¿no ves que ya está todo perdido? –insistía la condesa–. Toledo es la única ciudad que aún resiste, caerá antes o después y tú con ella.

–También fue la primera en levantarse y la única que ha permanecido fiel a la Comunidad –respondía María de forma invariable–. Si nosotros resistimos, las demás ciudades volverán como ya lo hicieron después de la toma de Tordesillas.

–Ahora es distinto.

–No lo es. Lo que sucede es que muchos diputados apoyaron el movimiento con la esperanza de obtener beneficios, creyendo que era el único medio de mantener sus privilegios, pero el pueblo los ha puesto en su sitio y no se resignan. Tienen miedo y por eso pactan con el enemigo. Me llegan noticias de Valladolid, de Ávila, de Segovia, no es el pueblo quien se ha rendido, sino los hidalgos y los nobles que traicionan a los suyos a cambio de su seguridad.

–No ves o no quieres ver –concluía la condesa desalentada–. Dicen que tú también tienes ambiciones, que quieres ser reina de Castilla.

–Lo sé y me da igual lo que digan. Tú me conoces y deberías hacer lo mismo.

La condesa esbozó una sonrisa. Durante sus largas conversaciones, íntimas confidencias de mujeres, María nunca había expresado ni dejado ver en ningún momento el deseo de ocupar el puesto de doña Juana; únicamente lamentaba que la reina fuese débil y no tuviese el carácter de su madre para enfrentarse a su hijo, pero siempre se había mostrado leal a la Corona que ella representaba. Por otra parte, y poniendo en práctica el ideal comunero, había liberado a sus esclavos y renunciado a sus alcabalas en la ciudad, la mitad de sus rentas. Conocía bien a su hermana y sabía que respondía con total entrega a los dictados de su cabeza y de su corazón, sin pensar en las consecuencias, sin atenerse a los peligros. Siempre había sido así desde niña.

–Por eso estoy aquí, a tu lado, porque te conozco y te quiero, pero no por eso estoy de acuerdo contigo. Una mujer...

–Debe quedarse en casa, ocuparse de sus labores y no entrometerse en tareas de hombres, ¿no es eso? –le interrumpía María con sarcasmo.

Sus ojos negros brillaban entonces con una mezcla de ironía y de ira que hacía desaparecer la tristeza reflejada en ellos desde la muerte de Juan. La condesa recuperaba durante unos instantes a la hermana que tan bien recordaba, la que se enfrentaba a su padre, no cejaba hasta hacer su voluntad y se había negado a matrimoniar con aquel mismo hombre a quien adoraba aun después de muerto. El reflejo sólo duraba un momento, un suspiro, porque enseguida volvían a velarse como si fueran a verter un raudal de lágrimas que nunca llegaba a caer. Tampoco había logrado consolarla a pesar de sus esfuerzos, y ello afligía su corazón. Le hubiera gustado sentarla sobre sus rodillas, acariciar sus cabellos y hablarle al oído como cuando era niña y venía a ella llorando por un disgustillo, una caída o una riña con sus hermanos, pero aquellos tiempos quedaban ya lejos: María estaba sola. Juan ya no estaba; su suegro acababa de morir en el monasterio de la Sisla, donde se había refugiado tras la muerte de su hijo; sus hermanos y parientes, sus cuñados, algunos de sus mejores amigos..., todos estaban en el bando contrario. Era una mujer sufriente con una terrible herida para la cual no existían bálsamos ni remedios, ni servían de nada las palabras. Sólo su pequeño era capaz de aliviar su dolor durante algunos momentos.

Todos los días, a eso del mediodía, Ficor llevaba a Pedro al alcázar y ambos permanecían en la fortaleza hasta bien entrada la tarde. Podían entonces oírse las risas del niño y de su madre o escucharse los murmullos de sus secretillos. María pasaba con él todo el tiempo que podía, leía los últimos partes con él sentado sobre sus rodillas o recibía a los jefes de las milicias urbanas y les daba órdenes, mientras el pequeño se entretenía jugando con Zaida y Ficor o corriendo por los pasillos montado sobre la espalda del fiel Sosa.

–Deja que su tío se lo lleve –le rogó un día la condesa.

Pedro de Padilla, el menor de los hermanos de Juan, había insinuado la posibilidad de alejar a su ahijado de Toledo mientras durase el conflicto. Lo llevaría a casa de un amigo de la familia, procurador en la villa de Alhama, en Granada, quien se ocuparía de él como si fuera su propio hijo, pero María se había negado en rotundo.

–No hay nada que hablar sobre ese asunto –respondió tajante–. Pedrico se quedará aquí.

–Piensa en el niño...

–En él pienso. Sólo tiene cinco años; no es edad para estar separado de su madre.

–Tampoco es edad para andar entre soldados y armas –respondió la condesa con una firmeza que sorprendió a su hermana–, escuchar juramentos y ser testigo de violencias en contra de la ley de Dios.

La alusión era muy clara y María permaneció callada. No podía olvidar el asunto de los hermanos Aguirre. Los dos hombres habían reunido a su parroquia de Santa Leocadia para exigir una concordia con los realistas y habían acudido después al alcázar para presentarle sus demandas, pero ella no les permitió la entrada ni los escuchó. Les acusó a su vez de haberse quedado con el dinero enviado para pagar a los soldados cuando aún se hallaban en la Torre de Lobatón, guardándoselo a la espera del resultado del enfrentamiento en Villalar. También los acusó de traicionar a Padilla, a la Comunidad y a los toledanos. Si el dinero hubiera llegado a tiempo, no habría habido deserciones y Juan no se habría visto obligado a abandonar la fortaleza sin esperar la llegada de los refuerzos. Sus amargas palabras, llenas de rencor por la derrota y la muerte de su marido, enardecieron a la multitud congregada a las puertas del alcázar, que se abalanzó contra los Aguirre; los arrastró por las calles y los lanzó a continuación desde lo alto de la muralla, sin que ella moviese un dedo para impedirlo. No se sentía orgullosa de aquel hecho, pero tampoco lo lamentaba. Los traidores no merecían otro fin.

–Si las cosas se ponen peor, tal vez permita a mi cuñado llevarse al niño a Alhama durante una temporada –respondió conciliadora–, pero eso no ocurrirá, ¡ya lo verás! –añadió con un optimismo que estaba lejos de sentir.

Sabía que tenía la población a su lado, que la mayoría de los toledanos estaban dispuestos a resistir el tiempo que fuera necesario, pero, tras casi seis meses de resistencia, los víveres escaseaban y el hambre comenzaba a dejarse sentir. No obstante, y a pesar de la férrea vigilancia de los hombres del prior que controlaban las márgenes del Tajo, los campesinos de los pueblos vecinos hacían todo lo que estaba en sus manos para proveerles de alimentos; cosían en sus ropas cruces blancas iguales a las que llevaban los soldados imperiales y conseguían eludir las patrullas, entrar y volver a salir de la ciudad. De todos modos, seguían faltando dineros para adquirir víveres, armas y pólvora, y la Comunidad no disponía de ellos.

–Que se requise todo el oro y la plata de los conventos –ordenó sin parpadear al conocer la situación–, y también el dinero amonedado y las joyas que puedan guardar los religiosos bajo los hábitos. Si los civiles han entregado lo que tenían, es de justicia que también ellos lo hagan.

El invierno llegaría pronto y no era clemente en Toledo. Las heladas nocturnas caerían como hojas bien afiladas y el frío se colaría por las rendijas de las viviendas donde no había leña ni carbón; las calles, refugio de mendigos y de numerosos habitantes de los alrededores huidos de sus pueblos debido al acoso de las tropas reales, amanecerían cada día con más de un cadáver, y eso no era bueno para la moral de la ciudadanía. Así que, a pesar del gesto escandalizado de la condesa de Monteagudo y de otros al conocer su decisión y de las airadas protestas de abades y superioras, los conventos fueron inspeccionados minuciosamente al igual que las personas, obteniéndose suficiente cantidad de dinero para aguantar un tiempo. No sería mucho, la población no podría soportar el asedio. Cuando las gentes tenían frío y veían morir a sus hijos de hambre sin poder hacer nada por evitarlo, no había causa justa que consiguiera convencerlas y, además, ella no quería llegar a tal extremo.

Por otra parte, también era preciso conseguir dineros para pagar y abastecer a las tropas y se volvió a exigir a los canónigos de la catedral la entrega de oro y plata, a lo cual éstos se negaron una vez más. En un acto que causaría una tremenda impresión en la ciudad, y en el mismo momento en el que las tropas del prior bombardeaban Toledo, entre el ruido de los cañonazos y los gritos de la población que corría asustada, María se presentó en la catedral con sus hombres fuertemente armados, y acompañada por dos pajes descalzos entró en el Sagrario, el lugar donde se guardaban las joyas. Haciendo caso omiso de los ruegos y amenazas de los canónigos, cogió una gran cruz de plata llamada De Antequera y una custodia también de plata que mandó hacer pedazos y repartir entre sus hombres.

–¡Has cometido un sacrilegio! –exclamó horrorizada la condesa de Monteagudo al conocer lo sucedido.

–Nuestro Señor Jesucristo no tenía oro ni plata –respondió ella impertérrita.

–Las propiedades de la Iglesia son intocables.

–La obligación de la Iglesia es estar del lado del pueblo y no de los poderosos. Cuando esto acabe, cuando me devuelvan mis propiedades, yo misma donaré otra cruz y otra custodia, aún más valiosas.

La condesa suspiró desalentada. No había manera de hacer entrar en razón a su hermana; se empeñaba en mantener viva una idea que ya estaba muerta; sus propiedades y las de su marido le habían sido arrebatadas y su nombre estaba en la lista de los principales rebeldes que no serían perdonados por el rey. Cuando todo aquello acabara, a su hermana no le quedaría nada, ni siquiera la vida.

Pero María tenía puesta la mente en otro asunto. El obispo de Bari acababa de instalarse en el monasterio jerónimo de la Sisla y había enviado un mensaje solicitando parlamentar a fin de llegar a un acuerdo. Ella sabía que los desertores aumentaban cada día en el campo realista, los soldados sufrían las mismas penurias que los toledanos, estaban lejos de sus casas y ansiaban el fin de la guerra. Por otra parte, la cuestión de Navarra continuaba candente; los virreyes aceptarían un acuerdo sin demasiados costes para la ciudad con tal de eliminar una preocupación. Era hora de parlamentar, de llegar a un compromiso con el temible prior de San Juan.

Sosa y Serrano acudieron al monasterio en calidad de acompañantes de los negociadores toledanos y, de paso, de espías de María, a quien debían mantener informada en todo momento.

–Sed mis ojos y mis oídos, queridos amigos –les había dicho ésta antes de partir–. Vos, maese Serrano, redactaréis un informe sobre todo lo que se diga en las reuniones, y tú, Sosa, me lo traerás personalmente cada día. No es necesario deciros lo importante que este asunto es para nuestra ciudad y para todos nosotros. Es necesario negociar con inteligencia, no ceder un ápice y lograr que Toledo transija con honor y, sobre todo, sin represalias.

El impresor no estaba muy seguro de querer aceptar semejante muestra de confianza; el prior podría reconocerle y era hombre peligroso. Sin embargo, no tuvo valor para negarse; le preguntarían sobre sus razones para no aceptar la encomienda y tendría que dar muchas explicaciones para aclarar cómo habiendo estado a las órdenes del obispo Acuña y del propio Padilla, había acabado sirviendo en las huestes del irascible Zúñiga. Entre enfrentarse a la cólera de sus vecinos o arriesgarse a ser reconocido –algo remoto dado que él había sido uno más entre los cuatro mil hombres del prior–, prefirió esto último. En la segunda quincena del mes de octubre salió por tanto en compañía de Sosa y de los representantes de la ciudad en dirección al monasterio jerónimo.

Vestido para la ocasión con unas ropas prestadas por maese Andrés, Serrano tenía el aspecto de un escribano de oficio; se había hecho rapar la barba y cortar el cabello de forma que parecía más joven. Se sentaba a un extremo de la mesa de negociaciones y escribía sin cesar y sin levantar la cabeza de la tablilla sobre la cual apoyaba las hojas de papel. No había abierto la boca en ningún momento y procuraba no cruzar su mirada con la del prior, el cual asistía a las conversaciones como mero oyente, puesto que el negociador oficial era el obispo de Bari. No pudo, sin embargo, evitar encontrarse con él en un par de ocasiones y sintió encogérsele el estómago al sentir sobre él su mirada escudriñadora.

Se alegró sobremanera cuando al cabo de diez días y en un ambiente de aparente armonía se firmó el tratado mediante el cual, y entre otras cosas, se respetarían las vidas de los principales jefes comuneros, incluida la de doña María, y la ciudad no sufriría represalias tal como ésta deseaba; el cuerpo de Padilla sería llevado a Toledo y sus propiedades devueltas a la familia. Todos ansiaban la paz y acabar de una vez con una situación que a nadie beneficiaba. Sosa había salido disparado para llevar la buena nueva, pero él permaneció junto a los representantes de la ciudad por si acaso se trataba algún tema. No se habló de nada importante, pero, a punto de salir del monasterio, cuando ya estaban aparejadas las mulas y él se disponía a montar en la suya, la sangre se retiró de su rostro. Ante él se hallaba, como si de uno de los fantasmas que poblaban la imaginación popular se tratara, el asesino de su mujer y de su hijo, el hombre que lo había amenazado de muerte meses antes si no se avenía a ser su confidente.

–¿Nos conocemos de algo, señor...? –le preguntó el comendador López de Ávalos, examinándolo con atención.

Tardó en responder. Siempre había aborrecido la violencia, pero en aquellos momentos hubiera sido capaz de estrangular con sus propias manos al causante de su desgracia; tenía la boca seca y apretó los puños con fuerza.

–Creo que no, caballero –respondió, montando a continuación y dispuesto a salir de allí a galope tendido.

–Estoy seguro de que nos hemos visto en alguna parte –insistió el comendador asiendo las riendas de la mula.

Serrano no respondió esta vez, le arrebató las riendas con un gesto brusco y espoleó al animal hacia la salida del monasterio. No giró la cabeza, a pesar de sus ganas, pero sintió la mirada de López de Ávalos clavada en su espalda durante todo el camino de vuelta a Toledo. La Concordia de la Sisla, título con el cual se conocía el acuerdo, obligaba a doña María Pacheco y sus gentes a abandonar el alcázar, así que él no vio la necesidad de acudir a su presencia en aquel momento, entregó la mula en la puerta del Cambrón –así llamada por el arbusto espinoso que cubría la torre adjunta– y se dirigió directamente a su casa. La gente había salido a la calle y se abrazaba alborozada, dando gritos a favor de la Comunidad, pero él no participaba de su gozo; se zafó de los abrazos, eludió a los conocidos y no aceptó entrar en una taberna cuyo dueño invitaba a beber gratis a sus vecinos. El obispo, el prior, el comendador y los demás caballeros reales, así como sus soldados, estarían en la ciudad en pocos días y él tenía que pensar. No podía abrir el taller. Don Diego iría a buscarlo para reclamarle lo exigido y de nada valdría que él adujera no conocer a nadie importante dentro del movimiento comunero, pues su presencia durante las negociaciones haría creer todo lo contrario. Por otra parte, no estaba muy seguro de controlar su furia si llegaba a encontrarse de nuevo en su presencia. No logró conciliar el sueño hasta la madrugada, y cuando lo hizo, ya tenía tomada una decisión. Al despertar, volvió a vestirse con sus ropas de artesano y fue a devolver las suyas al librero y, de paso, a informarle que no podría contar con él, al menos durante algún tiempo.

–¿Y eso? –inquirió maese Andrés extrañado.

–Se me ha averiado la prensa y no podré reponer la pieza estropeada hasta que todo este asunto se haya calmado un poco.

–Bueno, ¡eso no tardará en ocurrir! –exclamó el hombre con una sonrisa confiada–. Pronto todo volverá a ser igual que antes; o más bien, será distinto; será mejor que antes. Hemos peleado duro y aunque la victoria no haya sido completa, hemos obtenido muchas de nuestras demandas y la partida ha quedado en tablas.

El impresor no respondió. Sabía jugar al ajedrez porque era el único vicio, por llamarlo de alguna manera, de su difunto padre y también de su abuelo. A ambos les apasionaba y todas las noches, cuando cerraban el taller de encuadernación, se enfrascaban en interminables partidas que duraban días y a veces semanas. Él los observaba mover las piezas en silencio y aprendía. Al morir el abuelo, ocupó su lugar; luego murió su padre y no tuvo ya con quién jugar, pero guardaba como un tesoro el viejo tablero y las piezas talladas en hueso por un artesano de Salamanca. Se equivocaba el bueno de maese Andrés, meditó, porque la partida no había finalizado, no había quedado en tablas como él creía. Las Comunidades habían movido sus peones y alfiles, dando jaque al rey, pero el rey aún disponía de sus caballos y torres y sería él quien hiciera el último movimiento.

Después de su visita al librero, Serrano se dirigió a la casona de Padilla para hablar con Sosa. El soldado lo recibió con alegría. Ambos se apreciaban, eran hombres callados y poco expresivos, pero no hacían falta palabras cuando dos personas se entendían bien. Lentamente, como si le costase un gran esfuerzo, el impresor le explicó su situación, la visita del comendador a su taller y su posterior encuentro en el monasterio. Con voz entrecortada por la emoción, también le habló de lo ocurrido en Mora, aunque modificó un poco la historia para no tener que aclarar su presencia en la población al mismo tiempo que el prior.

–Estoy seguro de que el comendador acudirá al taller para reclamar mi colaboración en cuanto el ejército real entre en Toledo. Me vio en la Sisla y pensará que tengo información importante, cosa que no es cierta, como vos bien sabéis.

–¿Es ésa toda vuestra preocupación? –le interrogó el soldado con un dejo irónico en la voz–. Ya me gustaría veros en el lugar de mi señora, ¡ella sí que tiene problemas graves! Viuda a edad temprana y madre de un hijo, comunera de corazón si no de sangre, obligada a luchar como un hombre y con más de uno dispuesto a venderla como hizo Judas con Nuestro Señor a cambio de obtener el favor real.

–Siento haberos molestado con mis pequeños asuntos, amigo –se disculpó Serrano, arrepintiéndose de haber hablado más de la cuenta–. Ya nos veremos en otra ocasión.

Dio media vuelta con intención de marcharse no sólo de la casa de Padilla, sino también de la ciudad. Aún le quedaba familia en Salamanca; allí encontraría refugio y trabajo, aunque fuera de aprendiz en una imprenta, aunque tuviera que comenzar de nuevo. La voz áspera de Sosa detuvo su marcha.

–¿Adónde vais, hombre de Dios?

–No lo sé, pero no pienso esperar aquí sentado a que aparezca el comendador y me ensarte como a un pichón.

–La señora precisa ahora más que nunca de hombres fieles a su lado. Vos le caéis bien, lo sé; ¡quedaos! –No era una orden, sino un ruego.

–No sé cómo podría servirle, no soy un soldado y tampoco quiero serlo.

–¡Dejad esos asuntos para mí! –rió el soldado–. ¡Yo solo me basto por los dos!

–¿Entonces...?

–También son necesarios los amigos fieles.

Aquella noche, el impresor durmió en la casona. María había acatado las condiciones impuestas por el obispo de Bari y abandonado el alcázar, pero había ordenado el traslado a su propia vivienda de varias piezas de artillería que fueron situadas en las ventanas de los muros exteriores, en el patio y también en la puerta de entrada. Asimismo, había hecho acopio de arcabuces, bolaños, pólvora y mechas suficientes para convertir la casa familiar de su marido en un verdadero fortín. Las cinco iglesias próximas y las estrechas callejuelas que discurrían entre ellas configuraban una muralla y podía controlarse con facilidad la llegada de cualquier persona o grupo de personas. También se hallaba rodeada por un pequeño ejército de hombres leales dispuestos para la lucha al mando de los cuales estaba un tal Antonio Moyano.

–Moyano venera la causa y a doña María y ha jurado morir por la Comunidad –informó Sosa a Serrano–; es buen soldado, pero rudo y fragoso y es mejor mantenerse alejado de él.

El impresor lo conocía de vista y también conocía al pellejero Herrera, al tejedor Adrada, al zapatero Espinosa, a Torrejón *el Gordo,* al trapero Julián García, a Valbuena el latonero, a Valdecabras el armero, a Juan de la Jara y a algunos más, incluido Alonso el cordelero, todos vecinos de Toledo, todos ellos artesanos, gentes del común. Escuchó sus conversaciones y rió sus bromas sin alegría en el corazón. Durante las semanas pasadas en el ejército del prior de San Juan había tenido ocasión de observar su pericia en el mando. Don Antonio de Zúñiga era un buen capitán, tanto que, a veces, uno olvidaba que también era clérigo. Lo había visto vestir una coraza negra y dorada que le daba un aspecto aterrador, dirigir ataques y entrar a la batalla con su lanza en ristre; no parecía tener reparos a la hora de matar a un hombre u ordenar que otros lo hicieran, aunque después le diera la absolución al igual que hacía el obispo Acuña. La Concordia de la Sisla era favorable para los comuneros toledanos, pues no serían perseguidos ni enjuiciados; también lo era para los virreyes que volverían a hacerse con el mando, pero sobre todo sería un alivio para la ciudadanía. Sin embargo..., ¿por qué tenía él la impresión de que ahí no quedaría el asunto? Algo en su fuero interno le decía que el orgulloso prior y los otros jefes militares no aceptarían de buen grado la ausencia de represalias. La resistencia de Toledo les había costado esfuerzos, dinero y hombres; no era algo a olvidar y sólo se sentirían vencedores cuando los vencidos hubieran sido castigados y sirvieran de ejemplo para otros. Era la ley de los hombres y la de la guerra.

El obispo de Bari entró en la ciudad días después. Poco a poco fueron llegando los nobles hidalgos y clérigos exiliados, bien por voluntad propia, bien por la fuerza; los soldados del prior ocuparon el alcázar y el doctor Zumel fue nombrado alcalde de corte y corregidor con la misión de restablecer el orden y la autoridad del rey. Lo primero que hizo nada más ocupar su puesto fue acudir a la casona de Padilla y exigir la entrega de la artillería y las armas de todos los vecinos de Toledo, pero María se negó hasta que el propio don Carlos hubiera ratificado el acuerdo.

El impresor asistía a las negociaciones en calidad de secretario de la joven viuda. Se colocaba en un rincón de la habitación, cerca de la ventana y medio oculto por un cortinón para pasar lo más desapercibido posible, y tomaba notas. Mil veces se había arrepentido, durante los primeros días, de haber escuchado a Sosa y haber aceptado permanecer en la ciudad en lugar de marcharse a Salamanca, como había tenido la intención de hacer. A medida que pasaban las semanas, las cosas se ponían más difíciles y sus premoniciones resultaban acertadas. Los enfrentamientos entre los soldados reales y la población eran continuos; podía palparse la tensión en el aire y las conversaciones entre el corregidor y doña María no avanzaban. ¿Por qué entonces se había quedado?, se preguntaba varias veces al día. No debía nada a nadie, estaba solo y corría peligro. ¿Había sido acaso por la mirada triste pero segura de aquella mujer que, al igual que él, también había perdido a su compañero y arriesgaba su vida? La había visto agotada y enferma, transportada por sus hombres hasta una de las ventanas del muro exterior para, una vez allí, recuperar sus fuerzas y arengar con voz firme a la multitud congregada ante su casa. La había escuchado hablar de no ceder, de resistir, de mantenerse unidos porque, decía, el perdón real era falso, porque Toledo estaría perdida si entregaban las armas, porque todo el sufrimiento habría sido inútil si se rendían antes de que la concordia fuera ratificada. Y había visto la expresión decidida de sus convecinos y el fervor con el que eran acogidas sus palabras, sorprendiéndose a sí mismo al escuchar su propia voz unirse a las demás y corear vivas a la Comunidad. Ahora, dos meses después, ya no se cuestionaba su permanencia en la ciudad ni su presencia junto a la Leona de Castilla, como muchos la llamaban. Él también la respetaba y la seguiría hasta la muerte, si ése era el fin previsto por el destino.

–¿Habéis leído al gran Horacio, maese Serrano?

El impresor negó con la cabeza sin perder de vista a su contrincante. En medio de la zozobra, entre órdenes militares y arengas populares, no dejaba de asombrarle que doña María encontrara tiempo para entretenerse con su pequeño y contarle cuentos, para hablar de libros con el maestrescuela y con maese Andrés o para jugar con él al ajedrez, algo que a ambos había sorprendido agradablemente. Supo luego que ella solía jugar con su suegro hasta que éste se retiró al monasterio de la Sisla a la muerte de su hijo y falleció unos meses más tarde.

–Escuchad:

> Con más violencia azota el viento
> los pinos de mayor tamaño,
> y las torres más altas caen
> con mayor caída, y los rayos
> hieren las cumbres de los montes...

»¿Qué os parecen estos versos?

–No soy muy ducho en poesía, me temo –se disculpó.

–No hace falta serlo. Basta con entender lo que el poeta quiere expresar.

–Que el viento es el pueblo y los pinos los grandes nobles... –se aventuró a decir.

El rostro de ella se iluminó con una débil sonrisa.

–O que el sencillo peón se come a la poderosa torre –aclaró al tiempo que efectuaba el movimiento y se comía la torre del impresor.

Serrano contempló el tablero y no dijo nada. Al comerse la pieza, la reina blanca de doña María había quedado a merced de su caballo negro.

Por primera vez en once años, María celebró sin Juan las fiestas de la Natividad. El doctor Zumel había partido hacia Valladolid un par de semanas antes para entrevistarse con los virreyes y después pensaba detenerse en Burgos para pasar unos días. La ciudad estaba en calma; muchos soldados realistas habían obtenido permiso y la tensión se relajó. Al igual que en los últimos años, el invierno estaba siendo muy crudo y el frío mantenía a las gentes dentro de sus casas. Los comuneros que hacían guardia día y noche en los alrededores de las casas de Padilla aprovecharon el sosiego reinante para retirarse a sus hogares. En el lugar únicamente quedaron los sirvientes y algunos hombres encargados de la vigilancia y del arsenal, dispuestos a dar la señal de alarma en el momento en que observaran algo irregular. La condesa de Monteagudo también regresó a Soria.

–Sólo hasta después de las festividades –aseguró antes de partir.

María bajó hasta el patio para despedirla. Quería a su hermana mayor como a una madre, pero necesitaba estar sola durante algún tiempo. La condesa no la dejaba ni a sol ni a sombra, la instaba a comer, a descansar y a llegar a un acuerdo con el representante real. Resultaba a veces muy irritante, a pesar de reconocer que su presencia la había ayudado a sobrellevar la muerte de Juan y a menudo había logrado calmar la ira de sus enemigos merced al gran respeto que éstos le profesaban. Pero ella necesitaba un poco de calma a su alrededor; sentir, aunque fuera un espejismo pasajero, que las cosas eran como antes; escuchar el silencio, meditar.

No se le escapaba lo peligroso de su situación, y más ahora que el enemigo estaba dentro de las murallas.

Las presiones del doctor Zumel en nombre del prior, las de sus propios parientes y las de los hidalgos toledanos retornados del exilio, eran cada vez mayores y más apremiantes. La cuestión navarra se estaba resolviendo a favor de las tropas castellanas y los virreyes habían vuelto sus ojos de nuevo hacia Toledo. Aceptaron la Concordia de la Sisla como un mal menor ante la imposibilidad de someterla por la fuerza y porque mientras resistiese cabía la posibilidad de que nuevamente se alzaran algunas de las ciudades ya rendidas. Era sólo una forma de ganar tiempo. Ella había cedido por el bien de la población hambrienta y dolida, pero no se engañaba. Don Carlos no ratificaría el tratado y, tarde o temprano, sus representantes pondrían en práctica la ley del talión para vengarse de quienes habían osado enfrentarse a su poder absoluto.

Dejando a un lado sus preocupaciones, como todos los años la víspera de la Natividad, Zaida y ella adornaron la sala grande, colgaron ramos de laurel y sacaron las figurillas italianas, colocándolas encima del arcón. En la cocina se afanaron desde temprano preparando albondiguillas de ave en salsa de yemas, cabrito guisado con jengibre, pimienta y hierbabuena, bizcochos, mazapanes y turrones, y Martín y Ficor consiguieron una buena carga de leña y pasaron parte del día cortando los troncos. Sosa, por su parte, llevaba unos días desaparecido y únicamente reaparecía a las horas de comer; nadie logró hacerle confesar adónde iba todas las mañanas nada más levantarse de la cama. Francisco Serrano pasaba la mayor parte del día en compañía del pequeño Pedro. El niño parecía haberle tomado un aprecio especial, y el impresor le correspondía, ansioso como estaba de sentirse querido. Un atardecer, en un acto de locura –como él mismo lo definió–, se acercó al taller, cogió unos florones ornamentales de imprenta y varios pocillos de tinta y regresó a toda prisa con el alma en vilo, temiendo en todo momento ser detenido por una patrulla real. Al día siguiente, la nodriza Lucía puso el grito en el cielo al encontrar a su pupilo con la cara, las manos y las ropas manchadas de tinta, mientras él y el impresor se divertían de lo lindo imprimiendo los adornos en hojas de papel.

Todos asistieron a la misa del gallo en la iglesia de San Román y, una vez más, María pudo comprobar el aprecio de sus convecinos, ya que apenas se había dejado ver en público desde la entrada en Toledo del arzobispo y su tropa. La iglesia estaba llena a rebosar; podían verse allí miembros de otras parroquias, artesanos en su mayoría, dispuestos a acompañarla en una fecha especialmente dolorosa para ella; abrieron un pasillo para dejarla pasar y el propio párroco acudió a su encuentro. Sentada en una silla a la izquierda del altar, constató con amargura que no estaba presente ninguno de los hidalgos que con tanto fervor habían participado activamente en el movimiento. Ni siquiera Laso de la Vega, miembro de la misma parroquia, se había atrevido a asistir a la celebración. El brillante orador, el comunero temperamental, se había pasado al enemigo.

–Pedro Laso me ha tomado inquina –le había confesado Juan después de haber sido nombrado capitán general tras la deserción de Girón y antes de emprender viaje a Valladolid.

–Son aprensiones tuyas –le había respondido ella–. Siempre habéis sido grandes amigos.

–Yo lo quiero como a tal, pero el orgullo herido no sabe de amistades. Dios es testigo de que yo no quería el cargo y sé que la Junta le prefería a él, pero los diputados de Valladolid han insistido en nombrarme a mí. Temo que este hecho enfríe su amor por la Comunidad.

–No lo hará, estoy segura –había afirmado ella con rotundidad.

Juan tenía razón. No podía precisar cuándo había tenido lugar el cambio. En un momento dado, Laso comenzó a hablar de moderación, treguas, negociación y logró ser nombrado por la Junta para tratar sobre la paz con los representantes del Consejo Real, pero las conversaciones quedaron rotas al caer la Torre de Lobatón. Tras varios intentos más sin lograr llegar a un acuerdo, el antiguo jefe comunero se retiró del movimiento, acudió a Tordesillas y puso su espada a las órdenes de los gobernadores. Había entrado en Toledo con los soldados de Zumel, pero, a pesar de ser vecinos, aún no se habían visto las caras, y ella hacía tiempo que había dejado de acudir a la casa de doña

Sancha. De hecho, ignoraba si sus vecinas del barrio de Santa Leocadia continuaban reuniéndose.

No siguió la misa, ni escuchó el sermón del párroco; su pensamiento voló libre a reunirse con Juan. Oculta por el velo negro de viuda, acunada por las oraciones, el incienso y los cantos, pudo cerrar los ojos y encontrarse con su amado.

–Te quiero como ningún hombre ha querido a una mujer –le había dicho él en una ocasión.

No eran palabras vanas. Nadie sabría jamás lo mucho que se habían amado y necesitado; lo mucho que ella lo necesitaba. Intentaba no pensar, pero sentía el corazón como una losa; su casa, su cama..., todo le recordaba a él, incluso el pequeño Pedro, cada vez más parecido a su padre. No había querido desprenderse de sus ropas, botas, guantes u objetos personales, impregnados de él, de su olor. A veces, cuando la pena la ahogaba, cogía su sayón forrado de piel y se lo ponía o se envolvía en su ferreruelo de franela, y cerraba los ojos hasta que el dolor pasaba. Sonrió con tristeza recordando las palabras de Zaida.

–Señora, no es bueno guardar las cosas de los difuntos. Ellos pueden volver a por ellas.

Un par de lágrimas se deslizaron por sus mejillas y ella no hizo nada por impedirlo. ¡Ojalá fuera así! Ojalá Juan volviera en busca de sus cosas; volviera a por ella... Habían transcurrido ya ocho meses desde su muerte, pero todas las noches se dormía imaginándolo a su lado y despertaba palpando la almohada vacía. Las comadres decían que el dolor pasaba antes o después, que la pérdida de un marido no llevaba a ninguna mujer a la tumba, que las viudas jóvenes encontraban pronto consuelo. Qué sabrían ellas de noches interminables de amor, de caricias, risas y besos; qué sabrían de entendimientos que no precisaban de las palabras, de miradas y gestos cómplices. Si supieran algo, no se atreverían a hablar por boca de ganso con tanta alegría.

Sintió sobre su mano la de su hijo, sentado a su lado, y se giró para mirarlo. Se mantenía erguido a pesar de que los ojos se le cerraban de sueño. ¡Era tan pequeño! Huérfano sin haber cumplido los seis, ignorante del peligro que lo acechaba... No era bueno para él continuar en Toledo, rodeado de hombres armados y con una madre absorbida por las preocupaciones y el continuo recuerdo de su compañero, sin tiempo ni ganas para contarle cuentos, cantarle canciones evocadoras de su niñez o mecerlo entre sus brazos. Ya no había peces de colores, ni flores, ni tesoros escondidos. Su cuñado Pedro seguía insistiendo en llevárselo a Alhama; adoraba a su ahijado y quería lo mejor para él, de eso estaba ella segura. Después de todo, tal vez no era tan mala idea. Pedrico podría disfrutar allí de la compañía de otros niños, jugar, pescar en el río Marchán, correr por los prados, respirar aire puro y coger un poco del peso que falta le hacía. Cuando el hijo de la reina hubiese firmado la concordia y concedido el perdón; cuando la paz se hubiera restablecido, ella misma viajaría a tierras andaluzas en su busca y le mostraría Granada, su hermosa tierra; la Alhambra, los jardines y fuentes de cascadas plateadas y el barrio morisco de casas encaladas y callejuelas estrechas. Llegaría a un acuerdo con su hermano Luis para que les cediese la casita de Salobreña, se retiraría de la vida pública para criar a su hijo lejos de recuerdos dolorosos y volvería a sus estudios.

La cena de la Natividad no se alargó como otros años. No estaban los ánimos para festejos, cantos y bromas, pero todos intentaron olvidar durante unas horas la situación real en la cual se hallaban. Sosa apareció cuando ya estaban sentados a la mesa y habían comenzado con el primer plato; se excusó con unas palabras que nadie entendió y luego se dirigió al lugar ocupado por el niño.

–Te he traído un pequeño regalo –se limitó a decir mientras dejaba encima de la mesa una figurilla de madera pintada e iba luego a sentarse en su sitio.

Durante unos momentos, nadie abrió la boca. Todos los ojos estaban fijos en la figurilla, atónitos. Finalmente, Pedrico la cogió, la observó con detenimiento y una sonrisa iluminó su cara.

–¡Es mi padre! –exclamó entusiasmado al cabo de un rato–. Mira, mamá, ¡es mi padre!

La figura representaba a un hombre barbado, vestido como un caballero, gorra amplia en la cabeza, espada al cinto, botas hasta medio muslo y los brazos cruzados sobre su pecho.

Con los labios apretados para no mostrar su emoción, María

miró a Sosa y esbozó un gesto de agradecimiento. El hombre, confuso, bajó la cabeza y centró su atención en las albondiguillas en salsa cuyo olor era capaz de abrir el apetito a un enfermo.

Pasadas las fiestas, Pedro López de Padilla se llevó al niño a Alhama, a casa del regidor Maldonado. La víspera de la partida, María llamó a Francisco Serrano y le entregó una bolsa llena de monedas.

–Id con ellos, maese Serrano –le rogó.

–Pero, señora..., ¿no os soy ya de ninguna utilidad? –inquirió el impresor, sorprendido.

–Os entrego lo más preciado que tengo en la vida: mi hijo. No sé si su tío permanecerá allí con él o regresará a Toledo. Quiero que tenga a su lado un rostro conocido, alguien que le hable de sus padres, alguien que me escriba todas las semanas para contarme cómo le va.

–Pero... ¿y vos?

–Él es ahora lo más importante para mí –insistió ella–. Saberlo feliz y en buena salud me ayudará mucho más de lo que podáis imaginaros, mi buen amigo. Sed compasivo con una pobre madre cuyo corazón se desgarra ante la idea de separarse de su único hijo. Por favor...

–Este dinero...

–No es mucho, me temo, pero os ayudará en vuestras necesidades hasta que podáis regresar, algo que espero ocurra lo antes posible.

El hombre contempló la bolsa y miró luego a María.

–Haré como vos deseáis y os mantendré informada. Agradezco vuestra confianza y juro convertirme en la sombra del niño hasta que pueda entregároslo de nuevo –dijo emocionado, antes de besarle la mano y salir de la habitación.

–¡Maese Serrano!

–Señora...

–Ocupaos también de que aprenda a leer y a escribir.

–¡No habrá tiempo, señora, no habrá tiempo! –exclamó el impresor con una sonrisa–. Antes de la primavera estará aquí de vuelta.

La sonrisa se borró de sus labios en cuanto hubo cerrado la

puerta tras él. Si doña María enviaba a su hijo tan lejos era porque las cosas estaban verdaderamente mal en Toledo. Ella nunca habría tomado semejante decisión si no fuera así, se dijo; guardó la bolsa bajo su sayo y asió con decisión la empuñadura del cuchillo colgado de su cinto. A continuación, se dirigió al cuartucho que compartía con Sosa para preparar sus pocas ropas y un par de libros que había cogido de su escondite secreto antes de trasladarse a la casona.

María siguió con la vista la mula vieja sobre la cual cabalgaban Pedro López de Padilla y su hijo, seguidos por Serrano montado en un burro. No había podido proporcionarles caballerías mejores, pero su cuñado le había asegurado que conseguiría otras en cuanto se adentrasen en las tierras del sur. Allí, le dijo, no tendría problemas para conseguirlas, puesto que las ciudades andaluzas, sujetas por la férrea mano de Luis Hurtado de Mendoza, marqués de Mondejar, y de otros señores, no se habían alzado por las Comunidades y existía una calma relativa. Durante un instante, sintió el impulso de correr tras ellos y acompañarlos en el viaje, abandonarlo todo, olvidar el pasado e intentar comenzar una nueva vida, pero sólo fue un deseo momentáneo. Había intentado mostrarse fuerte y alegre al despedirse del niño. No quería que él percibiese la inmensa tristeza que sentía por separarse de él, pero Pedrico no lo hubiera notado; estaba demasiado excitado con la idea de hacer un viaje en compañía de su tío y de su amigo, el impresor. Zaida le había hablado del mar, del sol y de casas llenas de flores, de niños que se bañaban en los ríos y en las playas de arena suave. La abrazó y después gritó de alegría cuando Ficor lo aupó sobre la silla de montar; agitó su manita para despedirse de ella y los tres desaparecieron cuesta abajo.

Aquella noche, María no permaneció junto al fuego hablando con su hermana después de la cena y se retiró nada más acabar, deseosa de estar a solas con sus recuerdos. De camino a su habitación, escuchó unos sollozos procedentes del cuarto de su hijo y el corazón le dio un vuelco; abrió la puerta con brusquedad y encontró a la vieja nodriza Lucía llorando desconsolada, sentada sobre la cama y abrazada a un muñeco de tela que ella misma había cosido para el pequeño. Presa de una gran ternura por aquella mujer que había cuidado a sus dos seres más queridos, María se sentó junto a ella y le pasó el brazo por encima de los hombros.

–No llores, Lucía, pronto estará de vuelta con nosotras –la consoló–, ya lo verás.

Ella también tenía ganas de llorar, pero no lo haría al igual que no lo había hecho meses atrás al conocer la muerte de su marido. No tenía tiempo para llorar, no podía permitírselo. Sus lágrimas nublarían su vista y su entendimiento y, ahora más que nunca, debía mantenerse lúcida, con todos sus sentidos en alerta. El prior de San Juan había establecido su real a las afueras de Toledo y las tropas del obispo de Bari ocupaban el alcázar. Tanto el uno como el otro estaban al acecho del menor asomo de debilidad por su parte para hacerse con el control total de la ciudad y, mientras, daban largas a la ratificación de los acuerdos firmados en la Sisla, pero ella no cedería. No entregaría las armas hasta que la concordia fuera una realidad, los toledanos perdonados, el cuerpo de su marido enterrado con dignidad y restituidas las propiedades de la familia.

–No se ha llevado su muñeco –suspiró la nodriza entre hipidos.

–Pronto estará de vuelta –insistió ella, como si así su deseo se hiciese realidad.

–¡Qué de desgracias, Señor, en tan poco tiempo! –exclamó Lucía sin poder contener el llanto.

«Muchas –pensó María–, demasiadas.» En menos de un año habían muerto Juan y su suegro, su hijo se había marchado, las Comunidades habían perdido la batalla y Toledo estaba a punto de rendirse definitivamente; sus relaciones con su familia eran inexistentes, a excepción de las mantenidas con su hermana, y la mayoría de los jefes comuneros habían desaparecido o traicionado la causa. ¿Qué podía hacer ella, una mujer sola y enferma?

Dejó a la nodriza algo más calmada y se dirigió a su habitación. Sintió un escalofrío al hallarla en penumbra, aunque una buena brasa se mantenía en la chimenea; echó unos tacos de madera para reavivar el fuego y encendió un candil. Su sombra se proyectó en el muro y volvió a experimentar una impresión desagradable. No era supersticiosa, pero no le gustaba la oscuridad, nunca le había gustado, le hacía sentirse vulnerable. Había nacido y se había criado al sol de Andalucía y únicamente se sentía segura a la luz del día; de noche cerraba sus pétalos como la siempreviva. Se sobresaltó al escuchar la puerta al abrirse, pero agradeció la llegada de Zaida en momento tan oportuno. La mujer se había demorado en la cocina, creyéndola en compañía de la condesa, y se apresuró a acudir a su lado al darse cuenta de que no era así.

–Hoy os retiráis pronto, señora –afirmó encendiendo otro candil.

María la contempló mientras acercaba el calientacamas a las brasas y abría el lecho. A pesar de ir vestida como las sirvientas castellanas, falda y corpiño de estameña, lanilla y toca de lino, Zaida conservaba el aire de las mujeres de su tierra. Un mechón de cabellos oscuros se escapaba de la toca y una línea negra bordeaba sus párpados dando a su mirada un aire misterioso e indescifrable. Llevaban juntas casi toda su vida y apenas la conocía. La sirvienta, sin embargo, conocía hasta el último recoveco de su pensamiento, sus alegrías y tristezas, sus enfermedades y debilidades, aunque siempre callase y sólo en contadas ocasiones hubiera dado su parecer. En silencio se dejó desvestir por ella y poner la camisa de noche, una de tela gruesa cerrada hasta el cuello, muy distinta a las finas de seda que ya no utilizaba porque necesitaba abrigarse para enfrentarse a sus largas noches de soledad.

–Siéntate un rato a mi lado –le rogó después de meterse en la cama y permitir que la arropara.

Hacía tiempo, desde la víspera de su boda con Juan, que Zaida no compartía aquellos momentos previos al sueño. Por un instante, María regresó al palacio rojo que tanto añoraba ahora, testigo de amores y odios, de triunfos y derrotas, de vidas pasadas, de su niñez. El instante se congeló, desapareciendo a continuación como un copo de nieve al calor del sol.

–¿Por qué no te has ido?

–¿Por qué habría de hacerlo? –le respondió Zaida en el mismo tono.

–Ahora eres libre y puedes hacer con tu vida lo que desees.

–Mi deseo, niña, es mecerte entre mis brazos, estar junto a ti y sostener tu ánimo. Mi deseo sería borrar tus penas con un beso y aliviar la pesada carga que has echado sobre tus hombros.

–Lee mi mano, dime lo que me augura el futuro.

La mujer acarició su palma derecha con uno de sus dedos, lo pasó por las rayas del pasado y del porvenir, produciéndole un cosquilleo que le hizo cerrar la mano. Como buena estudiosa, María no creía en las predicciones de las agoreras, pero como a todo el mundo, le agradaba imaginar que algo de verdad había en ellas y más si éstas le eran favorables.

–Lee, por favor... –insistió alargándole la palma abierta.

–¿Para qué? Tú sabes muy bien, mi niña, que el porvenir no depende de las rayas de una mano. Todo está previsto; nuestros errores y nuestros aciertos hacen parte de la vida que el Gran Hacedor nos ha deparado. A Él deberemos rendirle cuentas cuando llegue el momento.

–¿Moriré?

–Todos moriremos, eso es seguro. ¿Qué más da el día y el momento?

–Pero... ¿moriré pronto?

–No llegarás a vieja, niña, tu cuerpo no se encorvará ni se llenará de arrugas, tus pechos no caerán lacios ni perderás la vista y el oído, no sufrirás los males de la vejez, pero tampoco será mañana, si es eso lo que te preocupa.

–¿Te acuerdas de Granada?

La morisca permaneció en silencio. Cómo olvidar la tierra soleada en la que había abierto los ojos; las risas alegres de los niños mojándose con el agua de los caños y sus gritos de espanto ante la llegada de feroces soldados vestidos de metal de los pies a la cabeza; la mirada bondadosa de su madre y el terror pintado en su rostro al contemplar el cuerpo ensangrentado de su marido. Cómo olvidar sus jóvenes años yendo de casa en casa, huérfana acogida a la caridad y su llegada, finalmente, al hermoso palacio que dominaba la colina y cuando alguien, no recordaba quién, le dijo que aquella niñita que dormía tranquila en una cuna forrada de encajes era su ama y señora. Se asió a la criatura como a una roca para evitar precipitarse al vacío y volcó en ella todo el amor que la vida le había negado. Conservaba su amor y su lealtad como un tesoro, pues de no hacerlo volvería a sentirse perdida en medio de la nada. Ella sólo tenía unos pocos años más que su señora, pero sus sentimientos eran los de una madre hacia su hija y estaba dispuesta a morir por ella.

–Duerme, niña. Un cuerpo reposado soporta mejor los avatares y la cabeza responde con mayor claridad a la hora de tomar decisiones.

–Canta, Zaida, canta para mí como solías hacerlo en nuestra casa.

La sirvienta acarició la mejilla de la joven cuya vida no ambicionaba, cuyas penas eran también las de ella, cuyo destino estaba definitivamente ligado al suyo, y entonó un canto, una poesía de la famosa poetisa Hafsa ar-Rakuniyya, en la hermosa lengua de los habitantes de las riberas del Genil y el Darro:

> ¿Vienes tú a mí o voy yo a tu lado?,
> pues mi corazón se inclina a lo que tú deseas;
> mis labios son agua dulce y transparente
> y mis bucles, ramas que dan sombra...

–¿Es un canto de amor? –preguntó María adormecida.

–De amor, niña, y de las penas que da el amor.

–Como a mí...

–Como a ti... Aún permaneció un rato la morisca cuando su señora se quedó dormida, contempló el rostro adelgazado por el dolor y besó su mejilla como una madre, una hermana, una amiga, antes de salir de la habitación y cerrar la puerta sin hacer ruido.

Febrero de 1522

[illegible]

[illegible] para [illegible]
[illegible]

No lo aceptaré! ¿Lo oís? No hasta que don Carlos haya firmado la Concordia de la Sisla tal como prometió el arzobispo. No puedo entregaros las armas sin antes estar segura de que se cumplen todos los puntos del acuerdo.

–Señora, no sé si os dais cuenta de la gravedad de vuestra situación.

–Precisamente porque me doy cuenta de ella, no estoy dispuesta a ceder. Sería como entregarme atada de pies y manos.

–Así es como acabaréis si no os avenís a obedecer las órdenes del rey.

–¿Acaso vais a ser vos quien se encargue de hacerlo?

–Soy el corregidor de Toledo por orden real.

–Sois un maldito traidor al servicio de vuestros amos, los nobles, propietarios de ganados, y los ricos mercaderes de Burgos.

–¡Y vos sois la deshonra de vuestra estirpe!

María y el doctor Zumel llevaban horas discutiendo sin tregua. La condesa de Monteagudo y Gutierre López de Padilla asistían a las conversaciones intentando mediar, pero no había nada que hacer. Ninguno de los dos estaba dispuesto a transigir en su postura. El doctor, antiguo comunero, era duro y María no podía evitar sentir desprecio hacia él por haber abandonado el movimiento y haberse convertido en uno de los más fieles adalides de la Corona. Había participado activamente para que Burgos abandonara la Santa Junta, siendo nombrado corregidor de Toledo en premio a su apoyo a la causa real. Cada vez que lo tenía delante, ella recordaba a los asesinos del valiente Viriato o la iniquidad parricida de Bruto y, al mismo tiempo, lamentaba no tener ya tiempo para dedicarlo a la lectura de la historia, a la poesía o al estudio de la filosofía que tanto le agradaban. A su vuelta de las Cortes de Valladolid, Juan le había hablado con admiración acerca del hombre que había osado enfrentarse al mismísimo consejero Chièvres y al muñeco de paja Sauvage. Apenas habían transcurrido tres años y medio desde entonces y parecía que hubiesen sido mil. El corregidor representaba para ella todo lo que de odioso podía haber en un hombre sin honor.

Él, por su parte, no veía en ella sino a una hembra ambiciosa y terca, capaz de traicionar a la Corona y ocupar un puesto que como mujer no le correspondía.

Los altercados se sucedían en la ciudad. Zumel había ordenado a sus hombres crear conflictos con los comuneros y poder así justificar el uso de la fuerza. Deseaba dar un escarmiento a los rebeldes y, en especial, a la viuda de Padilla, pero no podría hacerlo mientras éstos estuvieran armados y se mantuviera vigente el acuerdo firmado meses atrás. Quería la cabeza de doña María Pacheco, llevarla en camisa, montada en un asno y con la soga al cuello hasta el lugar de su ejecución como ejemplo para todos aquellos hombres y mujeres desleales que habían osado enfrentarse al propio rey. Quería ser él quien diera la orden al verdugo para que abatiera de un golpe su insolente cabeza. Estaba convencido de que con su muerte, y la de quienes la habían apoyado, finalizaría el conflicto y las ovejas volverían al redil de donde nunca debieron haber salido.

Él había secundado a las Comunidades en un principio, pero su acción estaba justificada. Los flamencos se hicieron con los cargos más importantes de la gobernación, traficaban con dinero y mercancías y ponían en peligro la estabilidad económica de los comerciantes burgaleses. Aceptó la situación mientras el movimiento estuvo controlado por los hidalgos, pero las pretensiones de los pequeños burgueses, artesanos, campesinos, mercaderes, mujeres, frailes, monjas y demás, le hicieron cambiar de opinión. Se habían atrevido a hablar, a exigir, a elegir a sus representantes, a rechazar el pago de las alcabalas, como si fueran caballeros, y no eran sino unos muertos de hambre buenos para cuidar cerdos y trabajar con sus manos. Laso de la Vega, Dávalos, los Gaitán, Álvarez Zapata, Acebedo y otros hidalgos de Toledo eran culpables de que la disidencia hubiera durado más de lo necesario y serían castigados como correspondía a sus culpas, pero era sobre todo doña María quien, tras la derrota de Villalar, más daño había hecho a Castilla, a la monarquía y al orden legal establecido por imperativo divino. En lugar de haberse recluido en su casa a la muerte de su marido, como hubiera hecho cualquier hembra honrada, se había lanzado a arengar a la población, mantener la sublevación y dirigir a las tropas comuneras creyéndose una nueva Juana de Arco. Ésta había muerto en la hoguera por bruja y aquélla moriría degollada por traidora a su clase.

–Os aviso, señora. Regresaré para llevaros al cadalso –afirmó antes de marcharse.

–Y yo os aviso a vos, señor –intervino entonces Gutierre en tono amenazador–, de que si volvéis con esas intenciones, seréis vos quien colgaréis de una soga.

El doctor Zumel abandonó airado la casona, decidido a no regresar sino para arrestar a doña María y a todos sus secuaces, aunque tuviera que reclamar refuerzos al propio rey. Como todos los días, su salida fue recibida por los hombres apostados en sus alrededores con insultos, palabras soeces y amenazas de muerte si intentaba algo contra la señora viuda de Padilla.

–Gracias, Gutierre.

María aún estaba sorprendida por la salida de su cuñado. Había vuelto a Toledo en el séquito del arzobispo, instalándose de nuevo en la casona, que también era suya, y enfrentándose a sus comuneros, en especial a Moyano, a quien no podía ver ni de lejos.

–Habéis hecho mal. Ese hombre es peligroso cuando está enfurecido y vos le habéis ofendido –señaló Gutierre con gravedad.

–También él me ofende a mí con su arrogancia y sus ínfulas de gran señor.

–Es el corregidor...

–Por mí, ¡como si quiere ser el papa!

–¡María!

La condesa de Monteagudo estaba escandalizada. Según lo prometido, había regresado de Soria para estar junto a su hermana y lograr convencerla. Había traído cartas para ella de casi todos los miembros importantes de la familia: del duque del Infantado, del marqués de Villena y de sus hermanos. Todos le rogaban que cediese; era inútil persistir. El movimiento comunero había sido desbaratado en las ciudades, villas y pueblos castellanos, los cabecillas ajusticiados o arrestados, sus propiedades confiscadas. No había ya nada que ella pudiera hacer. La condesa esperaba encontrar a María dispuesta a dar su brazo a torcer. La noticia de que por fin había permitido la marcha de su hijo a tierras andaluzas le hizo suponer que estaba entrando en razón, pero no fue así. A su vuelta, la encontró más decidida que nunca. La observaba conversar con sus hombres y dar órdenes con tanta seguridad y con una voz tan firme que no podía evitar compararla al padre de ambas, y lamentaba en lo más profundo que, además de su amor por la cultura, María también hubiera heredado de él sus dotes de mando. Habría sido un excelente capitán..., si hubiera nacido varón.

–¿Cómo está vuestra herida? –preguntó María a su cuñado.

–Apenas la siento.

–Pedí que os trajeran aquí. Yo me hubiera ocupado de vos.

–Lo sé y os lo agradezco.

María hacía referencia a la herida sufrida por Gutierre durante uno de los encuentros de las tropas reales con los comuneros toledanos. Durante el cerco, las escaramuzas por las dos partes habían sido continuas y él había regresado de Andalucía para unirse a las tropas del prior. Tenía una cuenta pendiente con la ciudad por haber sido obligado a salir de ella meses atrás acusado de traidor, y también quería ayudar a su cuñada. Las relaciones con su hermano no habían sido buenas en los meses precedentes a su ejecución. Las discusiones entre ellos fueron tormentosas y, en más de una ocasión, los insultos y acusaciones por ambas partes tomaron el lugar de las palabras. Desde el principio, habían estado en desacuerdo en lo concerniente a las Comunidades y tomado caminos opuestos, pero lamentaba su muerte, aunque no sabía discernir si se debía a la propia desaparición de Juan o a la pena que había llevado a su padre a la tumba. Y, sobre todo, le pesaba el dolor de María.

La admiraba desde que la conoció la víspera de su boda; quedó prendado de ella nada más verla, de su piel blanca como la nieve, de sus ojos de fuego. Todavía recordaba a la novia distante, a la niña enfurruñada por un matrimonio que no deseaba; la observó durante el banquete nupcial, vio cómo su hermano intentaba hablar con ella sin recibir ni una mirada a cambio y constató su porte arrogante al reunirse con la familia al día siguiente. Él no era mucho más viejo que ella, tan sólo dos años mayor, y, se dijo, los dos hubieran hecho una buena pareja. Se alegró de que María se mostrase tan fría con su marido. Juan era el primogénito, el favorito de su padre y de su tío, el comendador, el joven atractivo, de modales exquisitos y fuerza de carácter admirados por todos los que le conocían, el heredero. Él únicamente era Pedro *el Mozo,* un segundón, un joven sin fortuna, obligado a forjarse un futuro a la sombra de algún personaje poderoso. Se alegró, sí, de que María no cayese rendida en los brazos de su hermano. Era una Mendoza y, pensó entonces, haría pagar a Juan la desfachatez de haberla obligado a yacer con él. Sin embargo, ¡qué equivocado estaba! Pocas parejas matrimoniadas por interés había visto él tan enamoradas, por no decir ninguna. Había tenido ocasión de observarles en repetidas ocasiones durante aquellos años, sintiéndose celoso de su amor, entendimiento, complicidad, pues estaban tan unidos que era difícil diferenciarlos. Él hablaba por su boca y ella por la de él; entrelazaban sus manos cuando creían estar solos; no necesitaban decirse nada, les bastaba una mirada, una sonrisa, un gesto. Quiso correr hacia ella al conocer el fin de su hermano, consolarla y rodearla con sus brazos, pero se contuvo. Juan continuaba en ella, tan vivo como cuando aún respiraba; lo supo en cuanto la miró a los ojos.

–Escuchadme, María, voy a ir a hablar con el obispo; le pediré en vuestro nombre que interceda y haga entrar en razón al doctor Zumel, pero vos también tenéis que ceder...

–Agradezco vuestra ayuda, cuñado, pero no entregaré mis armas ni las de mis hombres hasta no ver firmado el acuerdo de puño y letra del hijo de la reina.

–Del rey.

–De don Carlos.

Gutierre partió sin dilación, dejando a las dos hermanas sentadas junto al fuego de la chimenea de la sala grande. La habitación se utilizaba ahora en contadas ocasiones, pero por nada del mundo hubiera María recibido a Zumel en la intimidad del cuarto compartido con Juan. Hubiera sido mancillar el recuerdo de su amado. Las dos mujeres permanecieron largo rato contemplando las llamas en silencio.

–¿Te acuerdas de los braseros que había en la Alhambra? –dijo por fin la más joven.

–¿Cómo se te ha ocurrido ahora pensar en ellos? –le preguntó la condesa sorprendida.

–No lo sé... En estos últimos tiempos he vuelto a recordar muchas cosas que creía olvidadas...

–Todavía estás a tiempo.

–No, querida hermana, ya no hay tiempo y tú lo sabes.

–Siempre lo hay...

–No. Lo que se ha perdido no vuelve a recuperarse –una sonrisa distendió el rostro serio de María–, pero no lamento nada. He sido más afortunada que muchas mujeres y eso nadie podrá quitármelo jamás.

–Aún eres joven; tienes toda la vida por delante.

–No se mide la edad por los años, sino por la forma como se han vivido, y yo lo he hecho de manera intensa. Siento que esto llega a su fin y quiero darte las gracias por haber estado a mi lado en estos momentos tan duros para mí.

La condesa cogió la mano de su hermana y se la apretó en un gesto de cariño. Ella también sabía que el final estaba cerca y temía por María. Los principales jefes de las ciudades y villas comuneras estaban siendo ejecutados públicamente, a pesar de las rendiciones y de las promesas de los vencedores. Tal como se estaban poniendo las cosas, todo hacía presagiar que en Toledo no sería distinto. Habían transcurrido más de tres meses desde la firma del tratado y el rey no lo había ratificado y nunca lo haría, porque significaría su derrota, al menos moral. No podía permitir algo parecido, ahora que era el emperador de media Europa y de la mitad del continente descubierto en tiempos de sus abuelos. Acceder a las exigencias de una de sus ciudades equivaldría a dejar abierta una puerta a futuras revueltas. La detención de los comuneros toledanos era cuestión de días. Ella no era como María, no era tan fuerte ni tenía su valor, pero no sería una Mendoza si no pensara en algo pronto y, desde luego, no iba a permitir que su hermana pequeña fuera sacada a lomos de una acémila para ser ajusticiada como una criminal.

Les sobresaltaron unos gritos en la calle. El rumor era cada vez más fuerte y amenazador. Un rato después entró Gutierre, acompañado por Figueroa, capitán de María. Ambos llegaban con el rostro demudado.

–Hay disturbios –informó Gutierre a su cuñada.

–¿Qué ocurre?

–Antonio Moyano y otros han cogido una culebrina abandonada en la puerta del Cambrón y la pasean por las calles al grito de que hay traición a la Comunidad. Han logrado reunir a cerca de dos mil personas y están a las puertas de esta casa.

–También hay movimientos en el alcázar –informó Figueroa a su vez–. Todo indica que los soldados se disponen a salir y se dice que la culebrina fue dejada en la puerta para soliviantar los ánimos y así poder atacarnos.

–¡Entre unos y otros van a quemar la ciudad! –prosiguió Gutierre, embalado–, y vuestros hombres no lograrán contener a las tropas; son mucho más numerosas y están mejor armadas. ¡Rendíos de una maldita vez antes de que sea demasiado tarde! Pensad en la población, en las mujeres, en los niños...

María no respondió, hizo una seña a Zaida, que como siempre se mantenía cerca de ella, y apoyándose en su brazo salió de la habitación.

–¿Adónde vais? –le interrogó Gutierre, sorprendido.

–A hablar con ellos –respondió ella sin dejar de caminar.

La pequeña placita frente a la casa y las calles aledañas estaban repletas de hombres y mujeres agitando armas y palos. Los gritos a favor de Padilla y de la Comunidad arreciaron al verla aparecer por la puerta, y María revivió durante un instante otras situaciones similares en las cuales su Juan había sido vitoreado por la multitud. Le costó un gran esfuerzo hacer comprender a

Moyano y a los demás que era necesario calmarse; aún se estaba negociando el tratado y lo más importante era que Toledo no saliera perjudicada.

–Sólo estamos celebrando las alegrías del nuevo papa –justificó el comunero.

Había llegado la noticia del nombramiento inesperado como nuevo papa del cardenal Adriano de Utrecht, quien todavía se encontraba en Vitoria supervisando la guerra en Navarra. Nadie dudaba de que don Carlos había movido sus influencias para obtener la elección de su antiguo preceptor porque el hombre, aun siendo un gran estudioso, no era muy brillante como político, al decir de quienes lo conocían, y tampoco destacaba por su piedad, aunque esto último tampoco era óbice para alcanzar el puesto supremo de la Iglesia católica.

–Dejad las celebraciones para momentos más oportunos, queridos amigos –les rogó María–. No demos ocasión a nuestros enemigos para recomenzar la guerra, que eso y no otra cosa es lo que esperan.

Se retiró agotada por el esfuerzo y con el ánimo ensombrecido. Aquellas gentes, sus gentes, eran artesanos y menestrales, no soldados.

Serían cazados como conejos en cuanto dieran la mínima oportunidad a las tropas imperiales. No obstante, permitió a un grupo permanecer alerta dentro de las casas y en sus alrededores.

Al igual que las demás noches, su último pensamiento fue para su marido. Aquellos momentos, antes de sumirse en el sueño, se habían convertido para ella en una preciosa huida hacia el pasado. En el silencio de la noche, sola en el lecho, se adentraba en el mundo de los deseos, posibles únicamente en sus recuerdos. Revivía los días felices, sonreía al evocarlos, acariciaba la almohada y besaba los labios ausentes. Escuchó el sonido apagado de la campana de alguno de los conventos llamando a la oración y le vino a la mente la imagen de Juan en la catedral, la víspera de la Natividad dos años antes, con el ceño fruncido y los brazos cruzados sobre su pecho. No consiguió entonces hacerle decir qué o quién le había preocupado tanto, pero ahora ya lo sabía. El prior Zúñiga había oficiado la misa; él había sido la causa del enojo de su amado. Tal vez, como una premonición, su marido había sabido que el hermano del duque de Béjar sería con el tiempo el principal enemigo de Toledo.

El día de San Blas amaneció cubierto por grises nubarrones, presagio de tormenta. El obispo de Bari proclamó día de fiesta en honor del nuevo papa y ordenó un *Te Deum* en la catedral. Desde primeras horas de la mañana, grupos de soldados recorrían la ciudad obligando a los vecinos a salir de sus casas y a dar vivas al regente y al rey. A eso del mediodía, la plaza de la catedral y las calles adyacentes estaban llenas de gentes que de grado o a la fuerza vitoreaban las consignas lanzadas por los partidarios realistas, quienes a su vez se veían apoyados por un buen número de soldados picas en mano. Muchas personas habían pasado la noche en vela, esperando en cualquier momento la entrada a saco de las tropas del prior después de los altercados de la víspera y temiendo terribles represalias, aunque nadie se atreviera a decirlo en voz alta. La situación era ya insostenible.

–¡Viva Padilla! ¡Viva la Comunidad!

El grito enmudeció las voces; la sorpresa se plasmó en muchos rostros y la ira en otros muchos. Momentos después, un chaval, casi un niño, era arrastrado al medio de la plaza por varios soldados y golpeado con saña entre los insultos y protestas de la multitud desarmada y amenazada por las picas. Rompiendo el cerco, un hombre se abalanzó sobre el grupo intentando defender al chaval de los golpes.

–¡Malditos hijos de puta! –gritó–. ¡Cobardes! ¡Bellacos! ¿Es ésta la justicia del rey? ¿Matar a golpes a un muchacho indefenso?

Gritos, empujones, puños cerrados, amenazaban ahora a los soldados. La población enfurecida parecía dispuesta a arremeter contra ellos. El capitán de la tropa ordenó la retirada, llevándose con ella al padre del chaval. Los toledanos se echaron a la calle pertrechados con todo tipo de armas, desde arcabuces, hasta cuchillos, ballestas e incluso palos y azadones, y se dirigieron a la cárcel para liberar a su vecino, aunque sin conseguirlo. Esa misma tarde se corrió la voz de que Francisco Galán *el Lechero,* había sido ahorcado acusado de rebelión y de traición al rey. La chispa había prendido de nuevo; Toledo sería testigo de la última batalla. El millar de hombres que permanecía en la casona de Padilla y sus alrededores se dispusieron a la lucha y la propia María pidió su silla para acudir a casa del obispo. Gutierre se interpuso entre ella y la puerta.

–Perdonad, María, pero no puedo dejaros salir.

–¿Estoy, pues, presa de mi propio cuñado?

–Lo hago por vuestra seguridad. Esos hombres os matarán; están enloquecidos y no saben lo que hacen.

–No están enloquecidos, sino indignados, y no tocarán ni uno solo de mis cabellos; amaban a Juan y me aman a mí, pero vos sois incapaz de comprenderles a ellos y de comprenderme a mí. ¡Dejadme salir!

Durante un breve espacio de tiempo sus miradas se retaron. Gutierre no pudo evitar sentir una mezcla de ira y de deseo a la vez. Aun enferma y vencida, María continuaba siendo una mujer fuerte e incorruptible, fiel a sus ideas, a su marido, a ella misma. Y seguía siendo la hembra más atractiva que conocía. Tuvo ganas de abofetearla, pero también de poseerla en aquel mismo instante; humillar su gesto altivo y, a la vez, demostrarle su pasión por ella; borrar con sus besos los besos de Juan, hacerle el amor hasta caer rendido.

–No saldréis de esta casa, señora –replicó en un tono frío de voz–. La guerra es cosa de hombres.

Salió a enfrentarse con los comuneros, dejando dentro a varios de los suyos con orden expresa de no perderla de vista por ningún motivo.

–¿Qué día es hoy? –preguntó María.

Ella y su hermana se habían refugiado en su habitación y exigido que los guardas puestos por Gutierre permanecieran afuera, vigilados a su vez por Zaida y Ficor. La fuerza mostrada momentos antes parecía haber huido de María, cogió un tabardo de Juan y se envolvió en él. Tenía frío.

–San Blas –respondió la condesa mientras se frotaba nerviosa las manos.

–Ah, san Blas... ¿Sabías que fue decapitado a comienzos del

siglo IV después de haber sufrido grandes tormentos? Era obispo de Sebaste, una ciudad de Capadocia... Sanó a un niño que se ahogaba debido a una espina y por eso es el patrón de los males de garganta.

–Me asombra tu memoria; estudiabas la Historia Sagrada cuando eras una niña.

–Aún la estudio, cuando tengo tiempo... De todos modos, no creo que el santo pueda sanarme cuando llegue el momento... –añadió María con una sonrisa acariciándose el cuello.

–¿Te duele la garganta?

–Todavía no...

La condesa sintió un escalofrío. Su hermana se estaba refiriendo a su propia muerte por la cuchilla del verdugo, algo que el doctor Zumel había dejado bien claro haría en cuanto se le presentara la oportunidad. Se aproximó a ella, la besó en la mejilla y salió de la habitación decidida a buscar el medio de salvarla. Tal vez María no se había comportado como debía, tal vez se había dejado llevar por una utopía inalcanzable, pero desde luego no merecía un final tan atroz.

Los comuneros alzados y los hombres del obispo de Bari y del doctor Zumel se enfrentaron a muerte hasta la llegada de la noche. No se escuchaban en Toledo sino disparos y gritos por doquier, y familias enteras se encerraron en sus casas en una espera tensa cuya resolución nadie se atrevía a imaginar. Gutierre y sus hombres se mantenían firmes en los alrededores de la casona, ocupando la plaza y las entradas de las calles. También había entre ellos muchos leales a la Comunidad, firmemente convencidos de que el hermano de Padilla intentaba defender a su cuñada y dándose cuenta, demasiado tarde, de que habían caído en una trampa, porque tan pronto como llegaron las tropas del prior, acampadas a las afueras, se vieron cercados y obligados a rendir las armas. Poco a poco, fueron sometidos todos los focos de rebelión, y los sublevados arrestados, cuando no ejecutados sobre la marcha.

En la confusión del momento, Gutierre aprovechó para entrar de nuevo en la casona. Todo estaba preparado para la huida de María, aunque ella misma lo ignorase. Él y la condesa habían dispuesto lo necesario para sacarla de Toledo antes de que Zumel y los suyos se hicieran los únicos amos de la ciudad. No habría entonces ninguna posibilidad de salvarla.

–No abandonaré la ciudad –afirmó María al conocer los planes de su hermana y de su cuñado.

–¡Por favor, María! ¡Basta ya! –ordenó la condesa–. ¿Por qué tienes que ser siempre tan difícil?

–No puedo abandonar a mis gentes...

–Vuestras gentes han sido prendidas y serán ejecutadas por alta traición –intervino Gutierre.

–Entonces yo también deberé serlo.

–Vos partiréis como está previsto, por vuestro hijo y por el honor de vuestra familia y de la mía, aunque tenga que golpearos hasta haceros perder el sentido y llevaros sobre mi hombro como un saco de mijo. Daos prisa, ¡no hay tiempo que perder!

Comenzaba a amanecer cuando un grupo de personas se introdujo por un pasadizo que llevaba desde la casona de Padilla hasta la iglesia de Santo Domingo el Antiguo, en donde las monjas dominicas los esperaban para ayudarles; bajaron después con paso presuroso por la calle que a partir de la iglesia de Santa Leocadia desembocaba en el convento de la Merced y llegaba a la puerta del Cambrón.

Ante los ruegos de su hermana y las amenazas de su cuñado, María había accedido finalmente a escapar. Vestida con la falda de estameña encima de la basquiña de franela y el corpiño de lana, utilizados en sus paseos por la ciudad en compañía de Zaida, una vieja marlota forrada de piel y un sombrero de campesina, abandonó, fugitiva, el hogar que había compartido con su marido. Con ella partieron los sirvientes de la casa, aunque sólo dos siguieron a su lado; los otros se desparramaron por la ciudad nada más salir del pasadizo. Todos tenían parientes que los acogerían y ocultarían hasta que hubiera pasado el peligro.

–Cuidaos, señora –le rogó el viejo Martín, sin poder contener su emoción–, y volved pronto.

Lucía, la nodriza, no pudo siquiera despedirse de tan acongojada que estaba; se asió al brazo de Martín y se marcharon juntos. Ficor le besó la mano y no dijo nada, pero su rostro, de habitual alegre, mostraba una rabia que apenas podía contener.

Gutierre había enviado a uno de sus hombres con dos mulas y los esperaba a poca distancia de la puerta. Él había permanecido en la casona para impedir la entrada al doctor Zumel y distraer su atención. Estaba convencido que, una vez acallados los ruidos, el corregidor se presentaría allí, tal como había prometido, para llevarse presa a su cuñada. No sabía durante cuánto tiempo podría engañarlo, pero el prior de San Juan también estaba en la ciudad y tenía en él a un aliado poderoso, no en vano había luchado a su lado y gozaba de su amistad. Mandaría en su busca y, mientras tanto, María y los otros podrían alejarse sin peligro.

–Acordaos de mí y tened presente que siempre quise a mi hermano, aunque nuestras ideas nos alejaran el uno del otro –le dijo al despedirse.

–Lo sé, Gutierre. Si creyese lo contrario jamás os hubiera vuelto a dirigir la palabra.

La contempló por última vez. A pesar de su doliente aspecto de campesina pobre, siempre guardaría de ella el recuerdo de una dama culta y elegante cuyo valor podía compararse al del más aguerrido de los hombres, de una mujer de carácter que había osado hacer frente al propio monarca, de unos ojos negros que lo enamoraron la primera vez que su mirada se cruzó con la de él.

–También os quiero a vos –confesó a media voz–. Haré lo posible para obtener la clemencia del rey.

–No la obtendréis.

–El perdón es virtud en un buen rey.

–Para eso hace falta que él lo sea. Gracias, hermano, por lo que habéis hecho por mí.

–Y más habría hecho si vos me lo hubierais permitido. Id con Dios.

Gutierre besó su mano, se quitó la ancha gorra de terciopelo e hizo la profunda reverencia reservada únicamente para la realeza.

–No puedo acompañarte más lejos, lo entiendes, ¿verdad? –se despidió la condesa de Monteagudo antes de llegar a la puerta del Cambrón.

Era ella la que había dispuesto el plan de fuga ayudada por las dominicas, quienes conocían el pasadizo, y concertado con Gutierre el momento de la huida.

–Lo que no sé es cómo has podido llegar hasta aquí –le respondió María emocionada–. Puede que te lo hagan pagar.

–Nadie se atreverá a acusarme de ayudar a mi hermana. ¿Estarás bien?

–Lo estaré, querida. Gracias por todo, por tu apoyo, tu lealtad y tu cariño.

–La señora Valenzuela te acompañará –y ante el gesto sorprendido de su hermana, añadió–: se hará pasar por mí en caso de que tengáis problemas.

–No es necesario...

–Deja que te ayude por última vez –le interrumpió la condesa en tono firme–. La señora Valenzuela es discreta e inteligente; te será de mucha ayuda.

Las dos hermanas se abrazaron con lágrimas en los ojos y la promesa de volver a encontrarse, algo que en aquel instante sabían que no podrían cumplir en mucho, mucho tiempo.

Sosa ayudó a la señora Valenzuela a montar sobre una de las mulas. La dama de compañía se había vestido con el mejor traje de viaje de la condesa, uno de terciopelo de color ámbar, e iba cubierta con una capa ribeteada de piel de zorro y la capucha echada sobre la cabeza; arregló los pliegues del vestido y de la capa, asió con fuerza las riendas y se dirigió a la puerta. Tras ella, el hombre de Padilla asía las de la otra mula, cargada con el arcón de viaje que los criados habían transportado desde la casona. María y Zaida lo seguían agarradas del brazo. La morisca no podía ocultar su nerviosismo, temiendo que su señora desfalleciera en cualquier momento. Antes de traspasar la puerta, Ficor llegó corriendo y se colocó detrás de las dos mujeres a modo de escudo. Se había detenido al comenzar la cuesta de San Martín para comprobar que el pequeño grupo salía sin percances y decidió volver sobre sus pasos y unirse a él. Admiraba a doña María, quería a Zaida, aunque nunca se lo hubiera demostrado, y respetaba a Sosa. Si ellos se iban, él también.

Al llegar a la altura de los guardas, oyeron la voz del sargento dirigiéndose a sus hombres.

–¡Poned mucha atención! ¡No queremos que se escape ninguno de esos traidores hijos de mala madre! ¿Quién sois?

La pregunta iba dirigida a la dama elegantemente vestida.

–Soy doña María de Mendoza, condesa de Monteagudo.

–¿Lleváis salvoconducto?

La mujer hizo una seña y Sosa se apresuró a mostrar el permiso firmado por Gutierre con una firma ilegible. El sargento fijó la mirada en el papel como si lo estuviera leyendo, aunque era incapaz de distinguir una letra de otra, y luego lo comprobó con otro de parecidas características que se sacó de debajo del peto.

–¿Adónde os dirigís?

–A Escalona, a casa de mi tío el marqués de Villena.

–¿Y éstos? –preguntó de nuevo el soldado señalando a los demás.

–Mis sirvientes.

El hombre no hizo más preguntas y los dejó pasar. Al ir a cruzar la puerta, María notó los ojos de uno de los soldados puestos en ella. Supo, por su gesto de sorpresa, que la había reconocido, pero no bajó la cabeza ni intentó ocultarse el rostro; ya se sentía demasiado humillada por escapar dejando a sus hombres a la suerte del destino como para negarse a sí misma, aunque en ello le fuera la vida. El soldado esbozó una triste sonrisa y giró la cabeza en el momento en el que las dos mujeres llegaban a su altura.

–Dios bendiga a esta tierra y a sus gentes –susurró ella al pasar por su lado.

No volvió la vista atrás; no quería ver las murallas de Toledo reflejadas en las aguas del Tajo, ni la ciudad emergiendo de ellas con las primeras luces del sol. Apenas habían transcurrido cuatro años desde su llegada y deseaba recordarla como entonces, dorada por el atardecer; con su niño dormido en su regazo, asida del brazo de Juan y el corazón rebosante de felicidad y de futuro.

El hombre de Padilla se despidió en cuanto se hallaron suficientemente lejos de la muralla; allí los esperaba Hernando Dávalos, huido también durante la noche. Sosa y Ficor se apresuraron a descargar la segunda mula y a sentar a María encima; cogieron el arcón entre los dos y prosiguieron el camino. No podían detenerse. Los dos sirvientes volvían la cabeza a menudo para comprobar que no estaban siendo perseguidos. De todos modos, lo tenían claro: morirían antes de permitir que alguien pusiera la mano en su señora; eran ahora sus protectores, sólo los tenía a ellos y estaban dispuestos a todo para defenderla.

El grupo se dirigió a Escalona. El marqués de Villena se hallaba allí y no les negaría el asilo; descarriada o no, María seguía siendo su sobrina. Pero don Diego Pacheco únicamente permitió la entrada en el castillo a la dama de compañía y, a pesar de los ruegos de ésta, dejó bien claro que no hospedaría en su casa a una proscrita condenada a muerte por orden del emperador.

–Bien poco se acordó de su familia cuando decidió tomar las armas en contra de nuestro monarca –afirmó cuando la señora Valenzuela le recordó que él y la madre de María eran hermanos–. Si entonces no atendió a mis requerimientos ni a los de otros miembros de nuestra familia, ¡que se apañe ahora como pueda!

Se pusieron de nuevo en marcha, pero un par de millas más lejos les alcanzó un criado de la marquesa.

–La señora marquesa me ha pedido que os entregue esto para el viaje –dijo, descargando un par de alforjas repletas de conservas y embutidos–. Y también que os diga que rezará por vos –añadió dirigiéndose a María y entregándole una bolsa repleta de escudos.

Intentando seguir las veredas menos concurridas, volvieron sobre sus pasos, tomando la dirección a La Puebla de Montalbán, en donde vivía otro de los tíos Pacheco, don Alonso Téllez.

–No creo que debamos tomarnos el trabajo –comentó María a Hernando Dávalos y a la señora Valenzuela–. Éste tampoco nos recibirá.

–Quién sabe... –meditó Dávalos–. Bien se ha visto durante este conflicto que dos hermanos pueden pensar de manera muy diferente...

El hombre tenía razón. Al contrario que en Escalona, en La Puebla de Montalbán fueron bien recibidos. María estaba rendida por el viaje y apenas podía sostenerse en pie. Nada más llegar la aposentaron en una habitación y se quedó inmediatamente dormida, mientras Zaida vigilaba su sueño y Dávalos y la señora Valenzuela hablaban con su tío. Don Alonso se ofreció a prestarles los servicios de uno de sus hombres, el cual conocía perfectamente la ruta entre La Puebla y Castellobranco, en Portugal. Él los guiaría sanos y salvos hasta la frontera. También proporcionaría caballerías para todos, a fin de que el viaje se realizara de la forma más rápida posible. No era cuestión de perder el tiempo. María estaría siendo buscada por toda Castilla; era un personaje demasiado importante para dejar escapar, su castigo debería servir de ejemplo para que no volvieran a ocurrir los hechos que habían tenido al país en vilo durante los últimos tres años.

Ocho días después de su salida de Toledo, el pequeño grupo de fugitivos se hallaba en la frontera portuguesa. El hombre de don Alonso los había guiado sin percances hasta Castellobranco.

María y sus acompañantes anduvieron durante muchas semanas de un lado para otro, intentando buscar un refugio seguro, algo difícil de encontrar. El poco dinero que habían llevado consigo más los trescientos ducados de la marquesa de Villena les permitieron subsistir, pero el tiempo pasaba y debían encontrar una solución. La fortuna los llevó hasta la ciudad de Braga, en el norte del país, y allí encontraron refugio en casa del arzobispo, don Diego de Sousa, quien, por ocultas razones que no expuso, simpatizaba con el movimiento comunero y se había mantenido en todo momento al corriente de los acontecimientos. Les cedió unas habitaciones en el palacio arzobispal para que pudieran acomodarse y les proporcionó una pequeña renta con la que poder subsistir con dignidad, pero sin ningún tipo de lujos.

Después de los azarosos meses vividos, aquel lugar era un remanso de paz al que les costó acostumbrarse. No obstante, la seguridad de María era frágil. En cuanto se supo su llegada, comenzaron a acudir comuneros exiliados a visitarla; algunos deseosos de hablar con ella aunque únicamente la conocieran de oídas; otros, los más, esperando que ella aliviaría sus penurias, pues, quien más quien menos, todos habían escapado de sus casas con lo puesto por equipaje. Sosa y Ficor se encargaban de recibirlos y despedirlos, aduciendo la debilidad de su señora, en cama desde su llegada a Braga, mientras Zaida y María Valenzuela no la abandonaban en ningún momento del día ni de la noche. El embajador del rey en Portugal exigió al arzobispo la entrega de la prófuga, amenazando con acudir al propio rey portugués, don Juan III, si se negaba. Pero ni las promesas ni las amenazas hicieron mella en el prelado, quien se negó a entregarla y, de paso, recordó al embajador que la señora viuda de Padilla se hallaba acogida a sagrado y era, por tanto, intocable.

Como si hubiera esperado a hallarse a salvo, como si las penalidades sufridas la hubieran sostenido en todo momento, la débil naturaleza de María se derrumbó al igual que un castillo de naipes al menor soplo. Una vez aposentada en el palacio del arzobispo lusitano, la mujer que había mantenido en jaque a todo un ejército, plantado cara a un rey y luchado contra sus propios parientes, cayó tan enferma que sus leales servidores no dudaron de su cercano final. Las crisis de asma se sucedían unas tras otras y no había nada que pudiera calmarla; apenas probaba bocado y ni las sangrías ni los remedios recetados por el médico personal del arzobispo lograban mejorar su estado. Zaida y la señora Valenzuela la bañaban todos los días en agua en la que previamente habían vertido una cocción de hierbas de San Benito para bajarle la fiebre, masajeaban su pecho y su espalda, aplicándole luego cataplasmas de hojas machacadas de estramonio y la envolvían en un montón de mantas para hacerle respirar el aire a través de la ventana abierta, pero el alivio era únicamente transitorio.

–¡Tienes que hacer algo por ella! –exclamó un día la dama de compañía, desesperada y a la vez agotada.

–No sé ya qué más hacer –respondió Zaida sin dejar de avivar el hornillo sobre el cual hervían sin cesar hojas de estramonio.

–En Toledo decían que conocías las artes... mágicas.

–Las gentes hablan de lo que no conocen, pero os aseguro que ignoro la magia. Todo lo más llego a leer las manos y los posos del té. ¿Creéis que no hubiera hecho algo para evitarle tantos sufrimientos? –la pregunta era en realidad un reproche.

–¡Se nos muere!

–¡Seguid avivando el fuego y cambiad el pucherillo cuando se consuma el agua! –ordenó la antigua esclava echándose un chal por la cabeza y disponiéndose a salir.

–¿Adónde vas?

–En busca de ayuda.

No le costó mucho a la sirvienta encontrar lo que buscaba. En Braga, al igual que en las demás ciudades y pueblos portugueses, había un número importante de musulmanes huidos después de que los Reyes Católicos hubieran decretado su expulsión en caso de no bautizarse. Las furias cristianas no se habían desatado contra ellos con la misma virulencia que contra los judíos, y muchos seguidores del islam aún permanecían en Castilla, pero sabían que antes o después irían a por ellos, y algunos habían preferido poner tierra de por medio. Zaida logró dar con un reputado médico, procedente de Granada, Ahmad Ibn al-Barazi, cuya familia había muerto durante la conquista. Era un hombre muy anciano e imán de su comunidad; ya no se dedicaba al ejercicio de la medicina y pasaba su tiempo estudiando el Corán.

–¿Por qué debería ayudarla? –preguntó cuando la mujer le expuso la razón de su presencia–. Es de la misma raza de aquellos que nos han obligado a huir de nuestra patria y han separado a los padres de sus criaturas. ¡Alá los confunda!

–Ella no es igual, os lo aseguro. Es como nosotros, lo ha perdido todo.

–Sé quién es y la razón por la cual se halla aquí, pero no por ello deja de ser una infiel. Sus problemas no me atañen, sus penas no son las mías, su país ya no es el mío.

–«¡Desgraciados los que hacen la oración y la hacen con negligencia! O la hacen por ostentación y se niegan a socorrer a sus semejantes...» –musitó Zaida con voz temblorosa.

Ibn al-Barazi contempló con detenimiento a la mujer.

–Recuerdas muy bien las enseñanzas para ser una conversa, sirvienta de una cristiana.

–No soy docta, Alá me ayude, pero mi memoria es buena y mamé las palabras sagradas del pecho de mi madre.

La señora Valenzuela no pudo evitar un gesto de asombro, seguido de otro escandalizado, cuando Zaida le explicó quién era el anciano que la acompañaba, pero no dijo nada. Era una mujer sencilla, devota de la condesa de Monteagudo a quien había prometido velar por su hermana, pero en lugar de regresar a Soria después de haber cumplido el encargo, decidió permanecer junto a ésta, asombrándose de su propia determinación, pues, por una vez, hacía su propia voluntad. Admiraba a María como a una heroína de la antigüedad y le dolía verla postrada en estado tan lamentable. Acudía todos los días a la capilla del arzobispado a rogar a la Santa Virgen por su salud, pero sus oraciones no parecían recibir respuesta alguna. Tal vez, se dijo, el viejo infiel pudiera hacer algo por ella, ya que las cosas no podían ir peor, pero se negó a abandonar la habitación mientras el hombre permaneciera allí.

Ibn al-Barazi examinó detenidamente a la enferma, le tomó el pulso y respiró su aliento. A continuación, escribió algo en un papel e indicó a Zaida que fuera al barrio musulmán, preguntase por el boticario Mohamed ibn Mohamed y regresase con lo solicitado. Mientras esperaba a que la sirvienta volviera con el encargo, el anciano se sentó a la vera de María, cogió su mano y comenzó a hablarle en árabe con voz lenta y cadenciosa, a pesar de que ella se agitaba entre espasmos y no era capaz de prestarle atención. Más que palabras, parecía un verso o una tonada repetidos una y otra vez –la señora Valenzuela no supo explicar luego a Sosa y a Ficor lo ocurrido–. La respiración de María fue apaciguándose hasta recuperar el ritmo, y cuando Zaida regresó con el pedido, la encontró profundamente dormida y a la dama de compañía hecha un mar de lágrimas.

–La pomada es para el pecho y la espalda, abrirá sus pulmones –indicó el médico a las dos mujeres antes de despedirse–; y el jarabe para calmar los accesos de tos.

Zaida lo acompañó de vuelta al barrio musulmán y, en un gesto de agradecimiento, le besó la mano en el momento de la despedida.

–Tu señora está muy enferma y no sanará. Su mal no tiene cura y la vida se escapa de su cuerpo como de un odre agujereado; se consumirá poco a poco, aunque no será enseguida –añadió el médico con una sonrisa comprensiva al observar el dolor en los ojos de la mujer–. Aparte de otros males, su corazón sufre de melancolía y no hay remedios milagrosos para las enfermedades del espíritu, salvo la propia voluntad.

–Doña María siempre ha tenido un carácter fuerte...

–No es cuestión de carácter, sino de deseo de vivir, y ella no lo tiene.

En cuanto se recuperó, María escribió a Serrano reclamando noticias de su hijo. Llevaba meses sin saber nada de él y temía por su salud y también por su vida. El arzobispo le había hecho llegar una copia del perdón real, leído en Valladolid en medio de una gran pompa y ante el propio don Carlos, de regreso al reino que había abandonado dos años atrás, dejándolo inmerso en medio de un conflicto sin precedentes en su historia.

–¡Muy propio de él! –exclamó excitada al leer el contenido del documento–. Cuenta las cosas a su modo y, encima, se proclama representante de Dios.

–¿Qué dice? –preguntó la señora Valenzuela sin poder ocultar su curiosidad.

–«Acatando que la clemencia y la piedad es cosa conveniente y propia a los príncipes que tienen las veces de Dios en la tierra» –leyó María con desdén–. ¡Las veces de Dios en la tierra! ¡La osadía de algunos hombres no tiene límites!

–Es el rey...

–Es sólo un ser nacido de reina, ni más, ni menos. No es el representante de Dios, no es un santo ni un profeta y, desde luego, está bien lejos de serlo. Los seres humanos nacen todos iguales, desnudos del vientre de sus madres, y los monarcas tienen más obligaciones que derechos, pues suya es la obligación de velar por el bien de sus súbditos y no de aprovecharse de ellos y abandonarlos para ir en busca de otras coronas compradas con el sudor del pueblo.

–¿Y el perdón? –preguntó la dama de compañía, ansiosa por conocer si el nombre de su señora estaba entre los perdonados.

–Don Carlos perdona al pueblo, a excepción de estos que aparecen en la lista acusados de traición –María ojeó los nombres–: don Pedro de Ayala, conde de Salvatierra; don Pedro Girón..., mirad, ¡de poco le ha valido a éste su traición!; don Pedro Laso de la Vega, otro que flaqueó cuando más falta hacía; Juan de Padilla, ajusticiado... –la voz se le quebró, pero continuó leyendo–, doña María Pacheco...

Levantó la cabeza al escuchar el gemido de su dueña.

–¡Vamos, vamos, señora! ¿Acaso os imaginabais que iba a tratarme a mí de manera diferente a mi marido?

–Sois mujer y miembro de la nobleza.

–Por eso, querida amiga, por eso.

La lista parecía interminable: nombres, oficios, ciudades, se mezclaban en un baile macabro en el cual aparecía de vez en cuando la palabra «ajusticiado». María buscó los nombres de los condenados de Toledo que aparecían aquí y allá: Hernando Dávalos, el buen tío de su marido, Juan y Gonzalo Gaitán, Juan Carrillo, el maestrescuela Álvarez Zapata, Francisco y Fernando de Rojas, Pedro y Fernando de Ayala, Pedro Ortega, el doctor Martínez, el bachiller García de León, el canónigo Rodrigo de Acebedo..., todos conocidos, muchos buenos amigos, algunos ya muertos.

–Algún día alguien escribirá la verdadera historia de las Comunidades, lo que realmente ocurrió.

–Hacedlo vos.

María miró a la señora Valenzuela con curiosidad. Había aceptado su compañía porque su hermana se lo había rogado con insistencia, aunque con la intención de enviarla de vuelta en cuanto pudiera disponer de dinero suficiente. En un principio, le había parecido una persona simple, carente de interés, pero a medida que la conocía descubrió en ella a una mujer leída con la que poder hablar. Hija de un oscuro militar y sin dote, condenada a no encontrar marido, no le había quedado más remedio que trabajar como dama de compañía de la condesa, pero había suplido con el estudio la falta de cariño de un hombre y de unos hijos. Su negativa a abandonarla cuando ella se lo propuso la dejó confusa y agradecida.

–¿Me ayudaríais? –le preguntó.

–Me sentiría muy honrada.

–Decidme, ¿por qué os habéis quedado aquí conmigo en vez de regresar al lado de mi hermana, a la seguridad que ella os brinda?

–La señora condesa me rogó que velara por vos...

–Ningún ruego puede obligar al exilio.

–Sí, si la persona que nos lo pide merece ser obedecida y... –la señora Valenzuela dudó unos instantes antes de continuar–, si la persona a quien ahora se sirve es digna de respeto y admiración.

A partir de aquel día, María se aplicó a la tarea. A veces escribía ella misma y otras dictaba el texto a su dueña. Los recuerdos políticos se mezclaban con los personales, la exposición de las discusiones durante los primeros días de las Comunidades con su llegada a Toledo, sus conversaciones con las damas del barrio de Santa Leocadia con la muerte de su niño recién nacido, las batallas con sus noches de amor. Algunas tardes, la tensión de tanto esfuerzo acababa por agotarla, y Zaida se veía obligada a intervenir para poner fin al trabajo que absorbía a las dos mujeres; retiraba los pocillos de la tinta y los útiles de escritura y se llevaba las hojas ya escritas ante las protestas de María y la sorpresa de la señora Valenzuela por el comportamiento descarado, en su opinión, de la sirvienta. Las tres acababan charlando y tomando tisanas de hierbas y pastelillos de almendras, acompañadas en ocasiones por Dávalos, Sosa y Ficor. El pequeño grupo de exiliados se transformaba entonces en una familia, lo más parecido a la rama desgajada de su tronco que aún conserva suficiente savia para extender sus raíces.

Octubre de 1523

Una carta trocó el renovado ánimo de María en desesperación. Permaneció inmóvil al leer su contenido, con los ojos fijos en el papel, sin pestañear, sin casi respirar, mientras la señora Valenzuela y Zaida se miraban preocupadas. Finalmente, y sin poder aguantarse más, la morisca se aproximó y le tocó en el hombro. Su reacción las sumió en la perplejidad más completa. La mujer que se había mantenido firme tras la muerte de su marido, su huida y su exilio, y raramente mostraba sus sentimientos, rompió a llorar con tal desconsuelo que no hubo forma de calmarla. Sus gritos y sollozos atrajeron a Sosa y Ficor, que acudieron alarmados a la habitación y contemplaron, impotentes, el tremendo dolor de su señora. La dama de compañía recogió la carta caída en el suelo y la leyó sin poder retener las lágrimas. Con toda la pena de su corazón, el impresor Serrano comunicaba a doña María que el pequeño Pedro había muerto de peste a finales del verano en la villa de Alhama de Granada.

Junio de 1526

Durante más de tres años María convaleció de una enfermedad ante la cual los mejores remedios se mostraban ineficaces. No empeoraba, pero tampoco mejoraba para desesperación de las cuatro personas que la velaban de día y de noche. Ahmad ibn al-Barazi iba a visitarla a menudo, más en calidad de amigo que de médico. Ambos disfrutaban de su mutua compañía y sus conversaciones eran largas y fructíferas. Al anciano musulmán le llenaban de asombro la inteligencia y los conocimientos de su paciente, joven y mujer, y María encontraba en él un hombre erudito, conocedor de las obras de los grandes filósofos árabes y también cristianos y hebreos. Pero era sobre todo su origen común, Granada, lo que les aproximaba, a pesar de pertenecer a dos grupos antagónicos, tan diferentes en sus creencias y cultura. El amor del médico por el paraíso perdido y el de María por la tierra de sus sueños lograron crear entre ellos un lazo afectuoso e igualmente nostálgico. El día en que ella descubrió que su amigo conocía los poemas escritos en la Alhambra gozó de uno de los pocos momentos felices de su exilio.

–Contemplaba durante horas los caracteres árabes escritos en las paredes del palacio –le confesó–, deseando que alguien pudiera leerlos para mí.

–Son ya muchos años los que llevo alejado de la tierra en la que nacieron mis antepasados –suspiró el médico–, pero guardo grabados en mi memoria tantos recuerdos que sólo he de cerrar los ojos para volver a encontrarme allí, rodeado de flores, aromas y belleza. Mi padre era médico del príncipe Boabdil y yo solía acompañarle en sus visitas.

–¿Nunca habéis regresado a Granada, ni siquiera de visita?

–¿Para qué? Prefiero conservar mi añoranza. He borrado de

ella la miseria de la guerra, la visión de cuerpos mutilados, la destrucción de nuestras mezquitas... En su lugar, mantengo viva la imagen idealizada del jardín de Allah, grande y misericordioso.

–¿Y los versos...?

–Ah, los versos...

> Yo soy un orbe de agua que se muestra a las criaturas
> diáfano y transparente;
> un gran océano cuyas riberas
> son labores selectas de mármol escogido
> y cuyas aguas, en forma de perlas,
> corren sobre un inmenso hielo primorosamente labrado.

Permanecieron unos instantes en silencio mientras en la habitación flotaba aún el eco de los versos rescatados del pasado. Por la ventana abierta les llegó la llamada de un aguador, se miraron y sonrieron.

–¿Hablan de una fuente? –preguntó María refiriéndose a los versos.

–De la del jardín de la Daraxa o Lindaraja, como la llaman los cristianos. ¿Conocéis el lugar?

–Sí...

Su voz fue un hilillo, un suspiro, el aleteo inaudible de unas alas de paloma en medio del fragor de una batalla. Se vio a sí misma paseando por el jardín acompañada de Juan y, al igual que hacía el anciano, no tuvo más que cerrar los ojos para ver a su amado iluminado por las luces del atardecer y un par de lágrimas resbalaron silenciosas por sus mejillas.

–Siento haber evocado en vos recuerdos tristes –se disculpó Ibn al-Barazi, ciertamente pesaroso.

–No son tristes, todo lo contrario, mi querido amigo. Proseguid, os lo ruego, recitadme otro poema escrito en los muros del que también fue mi hogar.

Aquel día, el médico abandonó el palacio arzobispal más tarde que de costumbre, dejando a María dormida con la sonrisa en los labios. Aunque estas visitas no mejorasen su salud, sí aliviaban su estado anímico. Recobró el gusto por la lectura, en especial por los libros de medicina en los cuales intentaba hallar la causa de sus males, y también retomó el trabajo de escribir la historia de las Comunidades, aunque ella se limitaba a dictar y la señora Valenzuela escribía. De vez en cuando, se animaba a jugar una partida de damas con ella, pero ya no tenía el ímpetu que la había caracterizado desde su infancia y la partida solía quedar inacabada. Permanecía horas en silencio, perdida en sus recuerdos, y sus acompañantes estaban seguros de que esperaba la muerte como una liberación para todos sus males de cuerpo y de alma. También mantenía largas charlas con Hernando Dávalos, cuya salud le preocupaba más que la suya propia. El tío de Juan había envejecido en tres años más que en los diez anteriores; su cabello se había vuelto totalmente blanco y se perdía dentro de sus ropas. Permanecía la mayor parte del tiempo sentado en una silla, con la mirada ausente, preguntándose la razón del fracaso de una idea que había hecho vibrar los corazones y alentado las esperanzas de tantos miles de personas.

–Tal vez no estábamos aún preparados –meditó María más para sí que en respuesta a la pregunta de su compañero de infortunio.

–El pueblo nos seguía...

–Pero teníamos enfrente a una casta de hombres poderosos que han hecho de la guerra un oficio. ¿Os habéis detenido a pensar que los títulos nobiliarios son en realidad recompensas por triunfos militares a lo largo de generaciones? Decidme uno cuyos antepasados no intervinieran en alguna batalla victoriosa a favor de este o aquel rey. Llevan la guerra en la sangre y el bagaje de nuestros valientes comuneros estaba formado sólo por el deseo de justicia y libertad.

–¿Queréis decir que nunca podremos vencerlos? ¿Nunca cambiarán las cosas?

–Cambiarán, nosotros hemos empezado a cambiarlas, pero llevará tiempo, aunque vos y yo no lo veamos.

Eran conversaciones inútiles que los deprimían, pero no podían evadirse de los recuerdos y volvían una y otra vez sobre ellas, deseando justificarse y, al mismo tiempo, castigarse por su fracaso.

Asimismo, acudían a visitarla otras personas, todas huidas de la persecución organizada tras la rendición y en su mayoría gentes instruidas. Pronto se creó a su alrededor un círculo de asiduos cuyas conversaciones giraban casi siempre en torno a su precaria situación. Los rumores de amnistía llegados de Castilla se transformaban en verdades esperanzadoras para ser desmentidos más tarde, sumiéndoles de nuevo en la tristeza. También se comentó la triunfal entrada en Toledo de don Carlos, tres años después de la derrota de las Comunidades, acompañado por duques, marqueses y condes castellanos, embajadores y príncipes extranjeros, obispos y cardenales; de increíbles y costosas fiestas organizadas en su honor por los nobles que competían entre sí para ver cuál de ellos superaba a los demás, entre ellos el marqués de Villena, el hombre que había negado asilo por una noche a su desventurada sobrina; de corridas de toros, justas y bailes de máscaras; de olvido para los exiliados cuando no de su detención y encarcelación. Dicho proceder había creado cierta tirantez en las relaciones del almirante Enríquez con el monarca. El virrey había empeñado su palabra de perdón para lograr la rendición o traición de algunos comuneros importantes, pero don Carlos se había negado a mantenerla, ordenando la prisión o ejecución de los mismos.

Se hablaba asimismo de antiguos compañeros como Juan Gaitán, el valiente y esforzado soldado cuya última acción había sido pasarse al bando enemigo y tomar parte en el ataque a la casa de María el día de San Blas.

–Roma no paga a traidores y don Carlos tampoco –se limitó a decir ésta al saber que el hermano de Gonzalo, el amigo de Juan, había sido encarcelado y había muerto en prisión.

De don Pedro Laso de la Vega se decía que estaba empeñado en regresar a su casa por todos los medios. En su primer año de exilio, el hidalgo toledano había cruzado la frontera con Extremadura en numerosas ocasiones y se había hecho fuerte en la fortaleza de Los Arcos, propiedad de su madre, aunque había vuelto a huir al ser sitiado el castillo por tropas reales. También se decía de él que había matrimoniado, al quedar viudo de su primera mujer, con una adinerada dama portuguesa del entorno de la emperatriz doña Isabel y esperaba el perdón por mediación de ésta.

De don Pedro Girón, el traidor que había permitido la toma de Tordesillas por los imperiales, se sabía que había intervenido en la guerra de Navarra, siendo incluso herido durante una batalla. Había logrado el perdón a condición de seguir haciendo méritos fuera del país y ahora se hallaba luchando en el norte de África.

A María acabaron por cansarle los chismes y, más aún, la triste resignación de sus visitantes. No le interesaban las andanzas de Laso de la Vega ni de otros como él, traidores a la causa por la cual su querido Juan había perdido la vida. Estaba segura de que, antes o después, lograrían el perdón real, aunque tuviesen que rebajarse, renegar del movimiento que ellos mismos alentaron con proclamas y discursos mientras les fue bien y abandonaron cuando las cosas comenzaron a torcerse, en parte, por su culpa.

Su propia situación tampoco era muy segura como asilada bajo la protección del arzobispo de Braga. Don Carlos no la había olvidado. No pasaba un mes sin que su embajador o algún representante real se personasen en el palacio reclamando a la fugitiva, pero don Diego de Sousa se mantenía firme en su decisión: doña María Pacheco saldría del palacio únicamente por voluntad propia. A pesar de la mediación de sus hermanos Luis y Antonio, ambos consejeros y próximos al emperador, éste había dejado bien claro que jamás perdonaría a la mujer a la cual responsabilizaba de la sublevación de uno de sus reinos por haber sido ella, según le habían informado, quien había inducido a su marido a rebelarse contra él; era culpable de la prolongación del conflicto en el cual su autoridad se había visto menoscabada y, además, también le había hecho perder una considerable fortuna.

Había regresado a España meses después de la caída de Toledo, dispuesto a ejercer como único rey y señor, aunque su madre continuara siendo la reina propietaria. Una de sus primeras decisiones fue condenar a muerte sin apelación a trescientas personas, todas ellas significativas dentro del movimiento comunero. En la lista aparecían desde un conde, el de Salvatierra de

Álava, don Pedro López de Ayala, a quien habían cortado las venas y dejado desangrarse en la cárcel de Burgos, hasta un zapatero de León, de nombre Rodrigo Decimantes, pasando por escribanos, tundidores, frailes, médicos, hombres de leyes, regidores, secretarios, campesinos, criados, bachilleres, barberos, canónigos, regidores y muchos más. Algunos habían huido de sus casas, otros habían sido ajusticiados inmediatamente después de haber sido presos, y otros, como el maestrescuela Álvarez Zapata, se pudrían en los calabozos a la espera de juicio. Pero sólo había una mujer entre ellos: María, una piedra en su real zapato de la cual sólo quería oír hablar cuando su cabeza fuera clavada en una pica, al igual que lo había sido la de su marido.

El viajero se detuvo al llegar al puente. Iba embozado en un capellar, un manto al estilo morisco que le cubría media cara, y montaba una jaca cordobesa de dos cuerpos, muy parecida a una yegua, de sólida planta y crin lustrosa. Permaneció largo rato contemplando la ciudad sin decidirse a cruzar el puente, hasta que finalmente espoleó al animal y entró en Toledo. Ascendió la cuesta sin dar reposo a su montura y la dejó, finalmente, en una caballeriza pública situada a la entrada de la plaza de Zocodover. Al igual que en el puente, el hombre contempló sin moverse durante un buen rato los puestos de los mercaderes y las discusiones entre compradores y vendedores por el precio de las mercancías. Todo parecía igual a como él lo había dejado al marcharse. Después se dirigió a la calle Ancha y anduvo despacio hasta llegar a la vieja imprenta, clausurada por orden de la Inquisición, según rezaba el papel clavado en la puerta. Desde fuera comprobó que también la casa había sido sellada por la misma institución, pero los precintos habían sido rotos y podía apreciarse sin demasiado esfuerzo que su interior había sido desvalijado. Francisco Serrano, el impresor, regresaba a la ciudad cuatro años después de su salida para encontrar destruido el esfuerzo de toda su vida.

Algo más tarde alquiló una habitación en un hostal del callejón de los Bodegones, lugar siempre concurrido pues en casi todos los portales se abría una taberna o una bodega, y de ahí su nombre. Pagó una semana por adelantado, ganándose de inmediato al hostelero y a su mujer, poco acostumbrados a gestos semejantes y sí más bien a espiar a sus huéspedes para evitar que se fueran sin abonar lo debido. No los conocía, pero no era algo extraño porque era imposible conocer a todo el mundo en una ciudad tan poblada como Toledo. Por su acento dedujo que eran extremeños, aunque no indagó. No deseaba entrar en familiaridades ni dar explicaciones. Había recuperado su figura más bien tirando a oronda y dejado crecer sus cabellos y barbas, ahora completamente canos. Si hubiera vestido hábito en lugar de las ropas moriscas, cualquiera lo hubiera tomado por un fraile franciscano y ello ayudaba a sus planes. No quería ser reconocido, al menos hasta evaluar la situación y comprobar si estaba o no en alguna lista de perseguidos. Habían llegado noticias hasta Alhama hablando de las drásticas medidas tomadas por el corregidor Zumel tras el último levantamiento de la ciudad, y no quería correr riesgos inútiles. Por esta razón había elegido un albergue a cierta distancia de la calle Ancha, para evitar encontrarse con gente conocida. El dinero no era un problema. Aún guardaba intacta la suma entregada por doña María, casi sus ganancias de todo un año trabajando en la imprenta; asimismo, Pedro López de Padilla le había hecho entrega de una cantidad similar al regresar a Toledo pocos días después de haber dejado al niño y a él en casa del regidor Maldonado.

–El regidor ha sido debidamente remunerado –le informó antes de marcharse–, pero os dejo esta cantidad para el caso de que mi sobrino necesite algo especial.

Él no le dijo nada sobre el dinero de doña María, ¿para qué? Más valía callar pues nunca se sabía lo que podía ocurrir. El tío del niño regresó algunos meses después, pero no le reclamó la suma y él no se la recordó. En caso de que las cosas fueran mal, al menos tendría suficiente para subsistir, algo que había hecho desde su marcha de Alhama.

Cada vez que pensaba en el pequeño Pedrico, los ojos se le llenaban de lágrimas. Llegó a quererlo como si hubiera sido su propio hijo, aquel Juan Bautista muerto en Mora sin haber vivido, sin que él lo hubiera tenido en sus brazos ni besado sus mejillas sonrosadas. Pedro era un niño serio, demasiado serio para su corta edad, pero sus ojos, grandes y negros, estaban llenos de interés por las cosas que le rodeaban; querían aprenderlo todo, saberlo todo. Podía pasar horas enteras haciendo dibujos o extasiarse en la contemplación de un hormiguero; podía de pronto hablar en perfecto castellano como un niño viejo y, poco después, escuchar embelesado un cuento de brujas y dragones. Aunque fuera dócil y obedeciera siempre sin rechistar, en muchos aspectos le recordaba a doña María.

Los primeros meses fueron buenos. El niño se sentía muy excitado por el viaje; para él era la primera aventura de su joven vida. Salir del ambiente triste y belicoso que lo rodeaba en Toledo le había sentado muy bien. Pedro López de Padilla no era un compañero alegre, tenía la cara y las manos hinchadas debido a una extraña enfermedad, su carácter era más bien adusto, pero quería mucho a su ahijado, eso saltaba a la vista. Permaneció con ellos un par de semanas y aburrió hasta la saciedad a Serrano con sus consejos sobre cómo ocuparse de su sobrino. La familia Maldonado los recibió con los brazos abiertos y el niño encontró unos ruidosos compañeros de juego en los hijos del regidor granadino. El impresor, sin embargo, no dejaba de preguntarse por qué razón habían llevado a Pedrico a aquel lugar, cuando su tío, el marqués de Mondéjar, vivía a pocas millas de distancia, en la ciudad de Granada. No se atrevió a preguntárselo al cuñado de su señora y, por supuesto, tampoco al señor Maldonado. Escribió una carta a doña María al día siguiente de haber llegado a Alhama hablándole del viaje y, sobre todo, de su hijo, y ella le respondió tres semanas más tarde. Le escribió de nuevo y esta vez no hubo respuesta.

Poco después llegó la noticia de la rendición sin condiciones de Toledo, la desaparición de doña María y la ejecución o apresamiento de los principales responsables de la Comunidad toledana. También se supo que don Pedro Laso de la Vega, Hernando Dávalos y otros hidalgos se hallaban huidos por temor a las represalias. ¿Qué ocurriría ahora con el pequeño Padilla? Terribles pensamientos ocuparon la mente del impresor durante días. No pudo pegar ojo en varias noches, esperando la llegada de hombres armados en busca del niño, pero nadie fue en su busca y tampoco varió el comportamiento cariñoso hacia él del regidor y de su familia. Transcurrieron varios meses hasta que, por fin, llegó una carta de doña María comunicando que se hallaba en Portugal, protegida por el arzobispo de Braga. Reclamaba noticias de su hijo, y Serrano se apresuró a escribirle una larga misiva sin obviar su propia preocupación por no haber sabido nada de ella durante tanto tiempo.

Dos primaveras habían transcurrido desde su llegada a tierras andaluzas cuando Pedrico enfermó de peste. Primero fueron unos bultos bajo las axilas y en las ingles y la aparición de unas manchas en el pecho, seguida de fiebre alta. No había ninguna duda en cuanto a la identidad del mal pues, desde la última gran pandemia unos años antes, la enfermedad no había dejado de hacer aparición en tierras andaluzas causando innumerables bajas entre la población, en especial mujeres embarazadas y niños. Maldonado y su mujer, aterrorizados, rogaron a Pedro López de Padilla que se llevara a su sobrino lejos de su casa.

–Comprendedlo, nuestros hijos pueden contagiarse.

–El doctor ha dado esperanzas.

–Dios lo quiera, pero no podemos arriesgar la vida de nuestros hijos –insistió el regidor.

–¡Lleváoslo, por Dios bendito! –exclamó su mujer presa de un ataque de nervios.

–Catalina, la viuda de Alonso Rodríguez está dispuesta a acogerlo en su casa. Es una buena mujer que se ocupa de los apestados.

Pedro había regresado a Alhama una vez pacificada Toledo. El clima andaluz aliviaba su hinchazón y deseaba estar junto a su sobrino, ahora que ya no tenía ni padre ni madre. El hombre, soltero y con pocas posibilidades de casarse dados su físico y su carencia de bienes, esperaba criar al niño como si fuera el hijo que la Naturaleza nunca le daría. Por otra parte, corrían malos vientos para los Padilla en su ciudad de origen. El doctor Zumel había ordenado derribar las casas, arar el solar y esparcir sal sobre él para que ni la hierba creciese en el lugar desde el cual se había liderado la revuelta comunera. Gutierre y él pudieron sacar algunas de sus pertenencias, pocas, antes de que la orden del corregidor se llevase a efecto. Contemplaron impotentes cómo les arrebataban los muebles, cuadros y objetos valiosos y la posterior destrucción del hogar de sus padres. De nada valieron sus protestas de lealtad. Con aquel gesto, Zumel se vengaba del jefe comunero ejecutado en Villalar, pero más aún de su enemiga personal, doña María Pacheco, que había osado enfrentarse a él e insultarle en su propia cara. También ordenó colocar un monolito con una inscripción injuriosa para ambos. Los objetos personales de la fugada fueron inventariados, entre ellos una pulsera y una gargantilla de oro, lo único valioso que aún quedaba, puesto que María había empeñado todas sus joyas para pagar a sus hombres. Cuando el corregidor amenazó con llevar a juicio a Gutierre acusándolo de haber ayudado a su cuñada, Pedro decidió poner tierra por medio y regresar a Andalucía, donde todavía conservaba buenos amigos.

–Quedad en paz, Maldonado, me llevo a mi sobrino a casa de la viuda. Habéis sido generoso con el niño y desagradecido sería yo si pusiera en peligro a vuestra familia.

Serrano se encargó de transportar en sus brazos hasta la casa de Catalina al pequeño envuelto en una manta. Su peso era liviano, su carita estaba húmeda y la fiebre le hacía tiritar. Si en aquel momento había en el mundo un ser humano desvalido, pensó el hombre, ése era sin duda el pobre Pedrico. Durante siete días el médico, su tío, la señora Catalina y él lucharon para arrancar a la Muerte su presa, pero todo fue inútil. El niño murió y fue enterrado en una capilla de Santa María la Mayor. El impresor no recordaba cuándo había llorado por última vez, pues ni siquiera lo había hecho por lo ocurrido en Mora. Lloró entonces por los dos, por su hijo y por el de Padilla, y también por todas las criaturas, víctimas inocentes de una guerra cruel como lo eran todas.

Tras el funeral, se sentó junto a la ventana en la cocina de la viuda, cogió sus útiles de escritura y comenzó a escribir. Jamás en su vida se había visto obligado a llevar a cabo algo tan difícil como decirle a una madre que su único hijo, el fruto de su amor, yacía bajo una losa, lejos de ella, entre extraños. Varias veces inició el escrito y rasgó el mismo número de hojas. Por un momento se le pasó por la cabeza dejar a Pedro López de Padilla el enojoso trámite de comunicarle la mala nueva a su cuñada, pero recordó las últimas palabras de doña María confiándole el niño porque él era lo más importante de su vida. Finalmente, y con la ayuda de un buen pote de hidromiel que la viuda le sirvió al observar sus dificultades, escribió la carta, la selló y se la entregó al regidor Maldonado para que se encargara de hacerla llegar a su destino. Horas después aparejó la jaca, abandonó Alhama sin despedirse y anduvo varios meses yendo de pueblo en pueblo.

Y ahora estaba de nuevo en la ciudad del Tajo, con su negocio confiscado, su casa desvalijada y sin trabajo. El dinero de doña María no le duraría mucho más, por lo tanto era preciso averiguar si su nombre estaba en la lista de los proscritos clavada en la pared del Ayuntamiento antes de decidir lo que hacer. Respiró aliviado al comprobar que no lo estaba pero, aun así, tampoco podía echar las campanas al vuelo y prefirió mantenerse cauto. A continuación se dirigió a casa de Andrés de la Espina. Lo vio desde cierta distancia, detrás del mostrador repleto de libros abierto a la calle. Estaba atendiendo a un cliente y pudo observarlo a su gusto durante un buen rato con el corazón encogido. El librero no era ni una sombra de lo que había sido. Aquel hombre de cabello descuidado, ropas demasiado holgadas para su delgadez y mirada perdida en nada recordaba al hombre bastante mayor que él, pero que siempre había alardeado de mantener una figura cuidada tanto en lo físico como en el vestir. Esperó para aproximarse a que el cliente se hubiera marchado.

–Dios esté con vos, maese Andrés.

–¿Qué deseáis, caballero?

–Soy Francisco Serrano –susurró el impresor acercando un poco su rostro al del librero.

Maese Andrés lo miró con atención y durante un brevísimo instante el reconocimiento del viejo camarada brilló en sus ojos.

–He recibido un hermoso ejemplar de la Biblia del cardenal Cisneros que os puede interesar –dijo después con voz neutra.

–Pero, maese...

–Aunque tal vez os agrade esta reimpresión de los versos del poeta Manrique –le interrumpió el librero mostrándole la obra.

Sorprendido y apenado, el impresor hizo un gesto negativo con la cabeza y se giró para irse.

–Llevaos los versos, ojeadlos y devolvédmelos esta noche en caso de que no sean de vuestro agrado.

Se giró de nuevo. Maese Andrés le alargaba el libro con una súplica en la mirada y él lo cogió.

–Recordad que debéis devolvérmelo esta misma noche porque hay otro cliente interesado y vendrá mañana a por él.

–Lo haré, lo haré...

Antes de regresar a la posada, el impresor se acercó a la curtiduría. En aquel lugar no parecía que hubiera pasado el tiempo; todo continuaba igual. Matías, sus hijos y aprendices se ocupaban de las pieles en medio del fuerte olor a tanino que todo lo impregnaba. La alegría del curtidor fue sincera, abrazó a Serrano hasta cortarle el resuello y le instó a beber un poco de vino y a comer el potaje sobrante del almuerzo. Ni ellos ni los demás curtidores de la calle habían sido molestados tras la derrota definitiva de la Comunidad, le informó, aunque algunos soldados habían entrado en sus casas llevándose las mejores pieles ya curtidas. El pillaje era habitual en casos parecidos y lo más sabio era mantenerse impasible y permitir que los ladrones obraran a su antojo y los dejaran luego en paz. No había habido demasiadas represalias en la ciudad, excepto contra los fieles seguidores de doña María Pacheco, apresados y ejecutados sin juicio alguno, y contra aquellos cuyos nombres habían sido exceptuados del perdón real, la mayoría huidos junto a otras personas que no aparecían en la lista pero temían ser delatadas por sus simpatías comuneras. Al resto de la población la habían dejado más o menos tranquila.

–Si el rey hubiera condenado a todos los que se le han enfrentado, Castilla entera sería ahora un inmenso pudridero y ¿quién trabajaría para ellos? –preguntó el curtidor con un tono irónico cargado de amargura–. ¿Quién labraría los campos, trabajaría en las herrerías y en los talleres, quién se ocuparía de las ovejas? Estoy seguro de que a algunos nobles les habría gustado ver los árboles llenos de cadáveres colgando de sus ramas como frutas maduras, pero ¿quién pagaría entonces las pechas y las alcabalas?

–¿Qué ocurrió con mi casa y mi taller? Tienen el sello de la Inquisición.

–Los escribanos, clérigos, libreros e impresores fueron, después de los hombres de armas, los primeros en ser expurgados. Os acusaron de propagar las ideas comuneras, pero no parece que nadie os ande buscando. Todavía guardo vuestras llaves.

–Guardadlas algún tiempo más. No sé aún lo que voy a hacer, pero probablemente volveré a ausentarme de Toledo hasta que las cosas se hayan calmado algo más.

–No tengáis cuidado –afirmó el curtidor al despedirse–. Yo me ocuparé de vuestras cosas y velaré por vuestra casa y también por el taller hasta vuestra vuelta.

–Soy afortunado contando con un amigo como vos.

–Tengo buena memoria y jamás olvidaré que vos me socorristeis cuando precisaba ayuda.

Serrano regresó a la posada y se encerró en su habitación, esperando impaciente a que las horas pasaran para ir a reunirse con su viejo amigo. Aprovechó el tiempo que le quedaba para ojear el libro de versos del poeta. Recordó que él tenía un ejemplar parecido a aquél y este recuerdo le llevó a pensar en su rincón secreto, su biblioteca particular, mucho más rica que la de muchos de algunos que presumían de ilustrados. ¿Habrían los desvalijadores descubierto el escondite en el sobrado? Era difícil distinguir el portillo al final del corredor y él había quitado la escala para ascender hasta él antes de alistarse en el ejército comunero, pero era imposible esconder nada a los ladrones. Suspiró y se quedó dormido sentado en una incómoda silla de mimbre. Cuando despertó, el sol acababa de ocultarse. Un rato más tarde entraba en la casa de maese Andrés por la puerta trasera.

–No quise reconoceros por si acaso –se disculpó el librero tras fundirse en un abrazo con su antiguo colaborador.

–Al principio me sorprendí, pero luego me di cuenta de que no deseabais reconocerme en la calle.

–Así es, querido amigo. Éstos están siendo tiempos muy difíciles para las personas que apoyamos a la Comunidad. Estamos en la mira de los imperiales, de los inquisidores y de los nuevos amos de Toledo.

–¿Tanto?

–Han pasado casi cuatro años desde la caída definitiva de la ciudad y la huida de doña María, Laso de la Vega, Dávalos y otros; y aún siguen ejecutando, encarcelando y multando.

–Pero el perdón real...

–¡Id a hablarle del perdón real al doctor Zumel! –exclamó el librero en un tono de impotencia más que de enfado–. El antiguo comunero actúa como el converso que ha de demostrar la verdad de su conversión; su ataque hacia los que una vez fueron sus correligionarios es inmisericordioso. Han encarcelado al maestrescuela Álvarez Zapata, el canónigo Acebedo permanece retenido dentro de la catedral y a otros muchos los han exiliado; ejecutaron a más de un centenar sin juicio, a Moyano y a los demás que apoyaron a doña María hasta el final. También a vuestro amigo, el cordelero. A algunos los ahorcaron sin más, a otros los descuartizaron como ejemplo.

Serrano sintió un estremecimiento.

–¿Y vos? –preguntó para ahuyentar los fantasmas.

–Me tienen bajo vigilancia y cualquier día vendrán a por mí. Se han ocupado de los de la primera fila y luego irán a por los de la segunda. Tampoco me importa demasiado. Soy ya viejo y, antes o después, me llegará la hora de dar cuentas de mi vida, pero mi conciencia está tranquila.

Hablaron durante horas, encerrados en el cuartillo de la contaduría del librero, hasta que finalmente el impresor se despidió.

–¿Qué pensáis hacer? –preguntó maese Andrés con curiosidad, como si nada hubiera ocurrido y estuvieran hablando de negocios.

–Iré a Salamanca; tengo parientes y nadie me conoce allí.

–Id con Dios entonces.

–Quedad vos con Él.

Al salir de la casa del librero, Serrano pasó por delante de la suya y por un momento se le ocurrió la idea de entrar y comprobar si su escondite secreto continuaba a salvo, pero no lo hizo. No quería arriesgarse a que alguien lo viera entrando en una propiedad sellada por la Inquisición. Se acercó al lugar donde un par de años atrás se alzaban las casas de los Padilla. No quedaba de ellas ni un pedazo de muro y el suelo era todo polvo y piedrillas. Se aproximó a la piedra en la que el doctor Zumel había hecho inscribir la condena de Juan de Padilla y María Pacheco y la leyó en silencio, alumbrándose con el hachón que le había proporcionado el librero.

–¿Sabéis leer?

Se giró. Un hombre al cual le faltaba un ojo se hallaba a un par de pasos de él, sostenido por un muchacho. Los dos iban vestidos con pobres ropas campesinas, ajadas y polvorientas.

–Sí.

–¿Podríais leer en voz alta lo que está ahí escrito?

–Es una condena...

–Lo sabemos, pero quisiéramos saber qué es lo que pone exactamente.

El impresor miró a su alrededor, temeroso de verse de pronto interrumpido por una patrulla. No quería preguntas, no quería leer para nadie las palabras grabadas en la piedra con la sangre de los comuneros, pero tampoco podía negarse a la súplica del pobre andrajoso.

–«Aquésta fue la casa de Juan de Padilla y doña María Pacheco, su mujer, en la cual por ellos y por otros, que a su dañado propósito se allegaron, se ordenaron todos los levantamientos, alborotos y traiciones que en esta ciudad y en estos reinos se hicieron en deservicio de Su Majestad y su justicia mayor en esta ciudad, y por su especial mandado, porque fueron contra su rey y reina y contra su ciudad, y la engañaron so color de bien público por su interés y ambición particular, por los males que en ella sucedieron; y porque después del pasado perdón de Sus Majestades a los vecinos de esta ciudad, que fueron en lo susodicho, se tornaron a juntar en la dicha casa con la dicha doña María Pacheco queriendo tornar y levantar esta ciudad y matar todos los ministros de justicia y servidores de Su Majestad. Sobre ello pelearon contra la dicha justicia y pendón real y fueron vencidos los traidores el lunes, día de San Blas, 3 de febrero de 1522 años.»

Acabó de leer y giró la cabeza para mirar al hombre, estremeciéndose al observar cómo una lágrima caía lentamente de su único ojo e iba a perderse en la comisura de sus labios.

–Gracias –dijo el hombre inclinando la cabeza a modo de saludo y echó a andar, siempre apoyado en el hombro de su joven acompañante.

Con el corazón encogido, los vio desaparecer por la Portería de Santo Domingo. Después regresó a la posada, recogió sus cuatro cosas, sacó su jaca de las caballerizas públicas y salió una vez más de la ciudad como un fugitivo.

Al salir de Toledo, el impresor se dirigió a Salamanca con la mente puesta en una nueva vida, lejos de los recuerdos, pero tampoco allí pudo encontrar la paz. Uno de sus primos lo acogió en su casa con ciertas reticencias. No había trabajo, le dijo, el oficio de encuadernador heredado de su padre apenas daba lo suficiente para mantenerle a él y a su familia; podía quedarse con ellos algún tiempo, no le faltaría un catre para dormir y un pedazo de pan que llevarse a la boca, pero cuanto antes buscase un apaño y otro alojamiento, mejor para todos. Acudió entonces al convento de los dominicos en donde había aprendido el arte de la impresión, pero el hermano portero no le permitió la entrada. Luego supo que, después de la rendición, algunos frailes habían sido paseados por la ciudad en sendos burros para mofa de sus contrarios y que casi todos habían sido dispersados por los conventos de la orden, alejados unos de otros. Su proclama y posteriores sermones a favor de las Comunidades no habían sido olvidados ni perdonados por los nuevos dueños de la situación.

Una tarde, cansado de buscar trabajo y de no encontrarlo, se acercó a la orilla del Tormes y se sentó a la sombra del viejo puente romano, testigo de la historia de Salamanca y de sus gentes. El otoño avanzaba sembrando la tierra de hojas de colores y el viento removía las aguas del río; cúmulos de nubes blancas como jirones de lana parecían suspendidos del cielo, y la ciudad y sus alrededores estaban en calma. Pensó, allí sentado, que le hubiera gustado ser poeta para poder describir el bello paisaje que contemplaban sus ojos o filósofo para meditar sobre los secretos de la vida, sin embargo sólo era un simple impresor. El dinero se estaba acabando y su primo insistía en recordarle que su estancia en su casa no podía alargarse mucho más. Él tampoco deseaba quedarse; no había calor en aquel hogar y echaba en falta un amigo con quien conversar. Sus pensamientos volvieron a Toledo, a las apacibles tardes de verano cuando se sentaba a la puerta de su amigo el librero para hablar con éste y otras personas leídas de lo divino y de lo humano pero, sobre todo, de libros; o los atardeceres de invierno junto a un brasero, calentándose las manos y los pies y bebiendo un pote de hidromiel templado en compañía de su amigo Domingo el tintorero o de Matías el curtidor. También recordó a su querida Isabel y los escasos meses de felicidad compartidos con ella. No estaba seguro de si había sido un sueño de aquellos que de tanto repetirse uno llegaba a creerlos reales. Y doña María... Se la imaginó recibiendo la carta en la cual él le comunicaba la muerte de su hijo y notó un nudo a la altura de la nuez que le obligó a tragar saliva varias veces. ¡Pobre señora! ¡Cuántas penas para tan poca edad! Sintió ganas de escribirle una larga carta, rescatar de su memoria los pequeños detalles omitidos en las anteriores y enviarle la figurilla de madera, regalo de Sosa, que él había conservado a la muerte del pequeño. Se levantó perezoso del suelo con los calzones húmedos por la sentada; el frescor del atardecer anunciaba una noche fría y las pocas personas con las cuales se cruzó apresuraban el paso para llegar cuanto antes a sus hogares.

No tenía ganas de regresar a la casa de su primo; el ambiente era deprimente. Éste y su mujer no hacían más que quejarse de sus penurias, pero no hacían nada para buscar una salida a los problemas y se limitaban a echar la culpa de todos sus males a los comuneros. Después de dar unas cuantas vueltas, decidió entrar en una taberna situada cerca de la catedral. Era un lugar oscuro y mal ventilado, pero siempre estaba lleno de hombres dispuestos a olvidar sus penas con el alcohol o jugando una partida de dados o damas, a pesar de estar prohibido el juego en los locales públicos. Pidió un pote de aguardiente y se sentó en una banqueta, en un rincón oscuro. Intentó pensar mientras contemplaba el contenido del pote; debía tomar una decisión pues no podía continuar igual ni un solo día más. Una voz del pasado le hizo levantar la vista. Sentado a una mesa mugrienta, a cuatro pasos de él, se hallaba el comendador don Diego López de Ávalos, el culpable de la muerte de las gentes refugiadas en la iglesia de Mora, el asesino de Isabel y de su hijo. El hombre vestía un ferruelo de terciopelo y llevaba en la cabeza una aparatosa gorra de fieltro con dos plumas. Le daba la espalda, pero lo hubiera reconocido en cualquier lugar y bajo cualquier disfraz. Creía haberlo olvidado, quería olvidar, pero la inesperada aparición le produjo una conmoción tan fuerte que tardó un rato en reaccionar. Luego, se apretó contra el muro tanto como pudo, esperando que el avieso personaje no mirase hacia el rincón, aunque era del todo improbable que lo hiciera. La victoria confería confianza y el hombre jamás hubiera imaginado que el impresor a quien había amenazado en Toledo, el hombre de doña María a quien casi había reconocido en la Sisla, pudiese estar tan cerca de el. Los dos individuos que lo acompañaban no parecían ser del tipo frecuentado por un caballero. Tenían aspecto de mercenarios, de esbirros, de los vistos con profusión durante los últimos tiempos cuyo oficio era buscar a los comuneros huidos a cambio de una recompensa. Aguzó el oído y contuvo la respiración.

–Está en Braga, acogida al asilo del arzobispo Sousa –oyó decir al comendador–. El maldito clérigo se niega a entregarla a pesar de las peticiones que se le han hecho, incluidas las del propio emperador. Se halla alojada en el segundo piso del ala derecha y nunca sale del palacio.

–¿Y cómo haremos entonces? –interrogó uno de los individuos.

–Mi informante me ha comunicado que la acompañan cuatro sirvientes, dos hombres y dos mujeres. También me ha dicho que todas las tardes, a la caída del sol, los hombres acostumbran a acudir a una taberna unas calles más abajo. No habrá problemas. Los guardas de la puerta serán generosamente recompensados por no ver ni oír nada. La mujer está enferma y a las criadas podréis despacharlas de un golpe.

–De todos modos, puede ser peligroso...

–Don Carlos quiere a esa mujer juzgada y ejecutada como la criminal que es. Una vez os hayáis hecho con ella, viajaréis sin deteneros ni para orinar hasta la frontera. Yo mismo os estaré esperando en la frontera con Galicia, en Tuy, con una escolta para hacernos cargo de la prisionera. El señor a quien sirvo desea complacer a Su Majestad y os pagará una cantidad de dinero tan importante que podréis adquirir tierras y retiraros como hacendados.

Las últimas palabras del comendador fueron recibidas con comentarios irónicos, pero satisfechos, y a Serrano se le heló la sangre en las venas. No era necesario ser demasiado perspicaz para adivinar que aquellos tres estaban hablando de doña María Pacheco y haciendo planes para secuestrarla y devolverla a Castilla, donde sería juzgada por traidora y degollada. Esperó con el alma en vilo, sin atreverse a mover ni el dedo meñique, a que los hombres se marcharan de la taberna para hacerlo él también. No tuvo que esperar demasiado. Poco rato después, don Diego se levantaba de la mesa y dejaba caer encima de ésta una bolsa llena de dinero.

–Es para adquirir cabalgaduras, para los gastos del viaje y el alojamiento –informó a los mercenarios–. Recibiréis seis iguales a éstas a vuestro regreso.

–¿Y si algo sale mal? –preguntó el primer individuo, manoseando la bolsa con avaricia.

–Más vale que no sea así y procurad no soltar ni media palabra. Os recuerdo que lo mismo se puede degollar por traidor a un comunero que a un forajido y... la mano de mi señor es larga, muy larga.

El comendador salió de la taberna, dejando a los dos hombres algo impresionados por la amenaza, pero la bolsa les hizo olvidar enseguida sus palabras y pidieron rápidamente una jarra de vino y algo de comer.

El impresor aprovechó la ocasión para salir él también después de esperar un tiempo prudencial para no toparse con su viejo enemigo. Apenas tardó unos momentos en recoger sus cosas y despedirse de su primo, a quien prometió enviarle pronto dinero por los gastos ocasionados. Había conseguido trabajo, le dijo, en Ciudad Rodrigo y debía estar en aquella localidad al día siguiente sin falta. Por un instante pensó que su pariente no le había creído y le exigiría más explicaciones sobre dicho trabajo, pero el hombre se limitó a soltar un gruñido y ni siquiera le dijo adiós. Un poco más tarde se hallaba en las caballerizas, pagó el alojamiento de su jaca andaluza con las últimas monedas de su bolsa y abandonó Salamanca con el ánimo agitado. Iría a Braga, haría fracasar el complot, devolvería en persona la figurilla de madera a su dueña y dedicaría el resto de su vida a consolarla y a velar por ella. El sol comenzaba a ocultarse cuando salió de la ciudad y cogió el camino en dirección a Ciudad Rodrigo para proseguir desde allí hacia el reino vecino. No tenía ni idea de hacia dónde dirigirse y tampoco sabía dónde estaba la ciudad portuguesa, última dirección de doña María, pero no sería difícil encontrarla, se dijo, no tenía más que preguntar.

Le llevó una semana llegar a Braga. Dormía tan sólo unas horas cada día, a la vera del camino, oculto tras algún árbol o una ermita; siempre con las bridas del caballo en una mano y el cuchillo en la otra, dispuesto a saltar sobre cualquiera que intentase atacarle. Comía lo que encontraba, llegando a robar manzanas, peras o cualquier otro fruto o vegetal que se le pusiese al alcance. Tuvo la fortuna de encontrar una caravana de gitanos que llevaban su misma dirección y se apiadaron de él al verlo canoso y con cara de hambre, a pesar de ir montado en un buen animal; compartieron con él su comida, le ofrecieron cobijo para la noche y durmió entre dos niños de tez morena y ojos estrellados. Lamentó despedirse de ellos en Viseu, antiguo cruce de caminos desde la época de los romanos, y llegó a pensar que no le importaría pasar el resto de su vida yendo de un lado para otro sin rumbo fijo, en compañía de unas personas que no le habían preguntado quién era, de dónde venía ni adónde iba. Eran libres como las aves y las disputas entre nobles, burgueses, artesanos y campesinos les traían sin cuidado; no pagaban impuestos y únicamente obedecían a los ancianos de su grupo y a su propia voluntad. La figurilla de madera oculta en su bolsa le recordó, sin embargo, la razón de su viaje.

Preguntó por el palacio arzobispal al llegar a Braga, a media mañana, después de dejar la jaca en una cuadra comunal y no tuvo mayores problemas en encontrarlo. Se trataba del edificio más alto de la ciudad, imponente, majestuoso. Los rayos del mediodía golpeaban en sus muros encalados y su reflejo parecían iluminar la sede religiosa más importante del norte de Portugal. Más difícil fue penetrar en él. Dos sirvientes, grandes y fuertes, le impidieron el paso cuando mencionó el nombre de doña María Pacheco. Su aspecto polvoriento, sus barbas y cabellos largos y el cuchillo que llevaba al cinto –el mismo comprado en Toledo cinco años antes– fueron suficientes para que los dos hombres lo empujaran sin miramientos fuera del recinto. No tenía dinero y no podía alojarse en una posada y menos adquirir ropa nueva y acudir al barbero, así que decidió apostarse frente al palacio el tiempo que fuera necesario a la espera de que la propia doña María o alguno de sus servidores saliese de él.

La espera duró el resto del día. Ya estaba resignado a pasar la noche a la intemperie cuando vio salir a dos hombres. No los reconoció en la distancia, pero los andares de uno de ellos le eran vagamente familiares y los siguió hasta una callejuela oscura, iluminada por la luz de unos hachones colgados a la puerta de una taberna. Tenía hambre y sed y, antes de entrar en el tugurio, se encomendó a santa Leocadia, la santa patrona de su mujer, rogándole suerte. Tardó en encontrar un rostro conocido; el lugar estaba repleto hasta los topes y no era fácil reconocer a alguien a la exigua luz de unos candiles y entre el humo que flotaba en el ambiente. Creyó en un principio que éste lo producía el aceite de las lamparillas, pero pronto observó incrédulo que algunos hombres se llevaban a la boca una especie de objetos alargados de los cuales emanaba un humo con un extraño olor. No intentó averiguar a qué se debía tan extraño proceder y continuó buscando. Los halló en el otro extremo, apoyados contra un muro negro de tan sucio, y no tuvo dudas: aquél no podía ser otro que el hombre de Padilla, Sosa, y también reconoció al otro, el criado de doña María cuyo nombre no recordaba. La sorpresa de ambos se trocó en expresiones de alegría y preguntas a las que no le daba tiempo de responder. Más tarde, en el pequeño cuchitril que ocupaban bajo el tejado del palacio del arzobispo, los tres pudieron hablar con tranquilidad hasta bien entrada la madrugada, celebrando el encuentro con una garrafilla de aguardiente marinero capaz de reavivar a un muerto.

–Los hombres del comendador no tardarán en llegar o tal vez ya estén aquí –afirmó tras explicarles lo escuchado en Salamanca.

–Y aquí les estaremos esperando, no os preocupéis –le tranquilizó Sosa–; para llegar a doña María tendrán primero que vérselas conmigo.

–Y conmigo –añadió Ficor.

Aquella noche durmió en un colchón de paja, tapado con una simple manta, pero feliz. Después de tanto tiempo, por fin compartía el aire con dos amigos y su compañía aliviaba su corazón cansado.

–Doña María..., aquí hay alguien que desea veros.

Serrano avanzó con timidez pisando la alfombra acolchada que amortiguaba el ruido de los pasos en la habitación y se detuvo a corta distancia de la mujer postrada en el lecho. No pudo ocultar su impresión al ver, medio oculta entre almohadones, cobertores y mantas, a la dama que él recordaba, algo delgada para su gusto, pero siempre entera. Su delgadez era extrema, los pómulos se marcaban en sus mejillas, su piel blanca había adquirido un tinte amarillento e incluso su cabello había perdido el brillo y parecía menos negro. El impresor se volvió para mirar a Sosa, Ficor, Zaida y la señora Valenzuela; los cuatro estaban pendientes de la menor reacción de la enferma. También dirigió su mirada hacia el señor Dávalos, a quien recordaba, pero éste estaba sentado en una silla cerca de la ventana y parecía ajeno por completo a lo que ocurría a su alrededor.

María abrió los ojos y contempló sin reconocer al hombre que esperaba al pie de su cama.

–¿Quién sois? –preguntó sin fuerzas.

–Francisco Serrano, el impresor.

Ella cerró de nuevo los ojos, pero volvió a abrirlos unos instantes después.

–Parecéis más viejo.

–Así es, señora.

–¿Por qué habéis venido?

–Para serviros, señora.

–Poco podéis servirme. Ya veis en qué estado me encuentro. Volved por donde habéis venido y no malgastéis vuestro tiempo con una mujer que es casi un cadáver.

–Haré como vos ordenéis, señora, y me llevaré mis recuerdos conmigo.

–Pedrico...

–Pedrico, sí, y también Toledo.

María sonrió por primera vez y su mirada brilló como antaño, aunque sólo fuera un reflejo de la luz del sol que entraba por la ventana.

–No os vayáis entonces, quedaos aquí y compartid nuestra triste vida en este exilio del cual...

Un ataque de tos interrumpió sus palabras y Zaida y la señora Valenzuela se apresuraron a ponerse a su lado mientras los hombres abandonaban la habitación.

A media tarde, la morisca fue en su búsqueda y lo acompañó de nuevo a la habitación de María. La halló sentada, apoyada en los cojines y con un suave chal de lana sobre sus hombros; le habían recogido el cabello y coloreado un poco las mejillas. Le tendió la mano nada más verlo entrar y pidió a la señora Valenzuela que le acercara una silla. Serrano se aproximó al lecho, besó la mano tendida y la mantuvo entre las suyas.

–Bien, amigo mío. No me encontráis en mi mejor momento, pero me alegro de veros. Tenéis mucho que contarme y yo ansío escucharos y, os lo suplico, no os guardéis nada por temor a hacerme daño. Ya nada puede herirme.

Despacio, sin soltar la escuálida mano de la enferma, el impresor fue recordando cada momento desde su marcha de Toledo, acompañando a Pedro López de Padilla y a Pedrico. Le relató detalles, anécdotas, conversaciones, juegos y todo lo que atañía a este último aunque, por un sentimiento de piedad, omitió hablar del sufrimiento del niño cuando la peste se adueñó de su pequeño cuerpo y de los terribles días en los que tardó en morir. Le dijo que la enfermedad se había presentado de improviso y apenas habían tenido tiempo de darse cuenta, que el niño se durmió y no despertó. A pesar de la preocupación de Zaida y de la dama de compañía ante lo que podía ser una reacción negativa en el estado de salud de su señora, María pareció sentirse mejor después de haber hablado con el impresor y, como si se hubiese quitado un gran peso de encima, pidió algo de comer.

En días sucesivos su salud mejoró, pudo levantarse y dar unos pasos, siempre bajo la atenta vigilancia de Ficor, dispuesto a cogerla en brazos a la menor vacilación. Una y otra vez reclamaba la presencia de Serrano y le rogaba que le hablase de su hijo. El impresor llegó a inventarse algunas situaciones para satisfacer su demanda, pero no le entregó la figurilla de madera, que esperaba el momento oportuno oculta en el fondo de la bolsa de viaje.

Una tarde, a su regreso de una de las visitas a un colega con el cual había entablado amistad y a quien a veces ayudaba por una módica cantidad cuando había exceso de trabajo, el impresor se cruzó con un hombre en la misma entrada del palacio arzobispal. Éste no le prestó atención y pasó por su lado sin tan siquiera verlo, pero él sí lo vio y permaneció petrificado, demasiado sorprendido para reaccionar. Era uno de los individuos a quienes había visto con López de Ávalos en la taberna de Salamanca, aunque bastante mejor vestido y con aire de señor, sombrero de plumas incluido. Casi había olvidado el motivo que lo había llevado a Portugal y ya habían transcurrido más de dos meses sin noticias de los forajidos enviados por el comendador para llevarse a doña María. En todo aquel tiempo, Sosa, Ficor y él se habían turnado para estar siempre cerca de la señora, pero no habían hablado del asunto ni siquiera con Zaida y la dama de compañía. Cuanto menos supieran, mejor.

Sin darse mucha cuenta de lo que hacía, echó a andar tras él. Lo siguió por la estrecha rúa de las tiendas, donde decenas de puestos dificultaban el avance y los vendedores importunaban a los viandantes ofreciéndoles pellejos para el agua, collares de abalorios, sombreros de paja, zapatos de tacón ancho y punta alargada a la moda francesa, perfumes en botellitas de vidrio de colores o unas hojas enrolladas llegadas de las Indias a las que llamaban «tabaco». Se detuvo un instante y contempló maravillado cómo el vendedor echaba humo por la boca al igual que los hombres que vio en la taberna el día de su llegada. Le hubiera gustado probar él también, pero decidió dejarlo para mejor ocasión y, en buena hora, porque a poco pierde la pista del facineroso. Él no era alto y la calle estaba atestada de gente sin prisa, pero su buena vista le permitía seguir en la distancia el penacho de plumas agitándose al viento. Para su alivio, se detuvo justo en el momento en el que había creído perderlo. Lo vio saludar a un hombre y reconoció en éste al otro individuo de Salamanca. Ambos se pusieron a hablar con un vendedor de cuchillos y dagas y él se aproximó, cogiendo aire para darse ánimo y calándose su gorra de artesano hasta los ojos, a pesar de no correr ningún peligro puesto que ellos no lo conocían. Al llegar a su altura, se detuvo mostrando interés por las gubias y martillos expuestos en el tenderete vecino mientras intentaba captar su conversación.

–Será entonces mañana, al anochecer –escuchó decir al más alto de los dos–. He pagado una buena cantidad a los guardas de la puerta y nos dejarán pasar sin problemas. Tal como nos dijo el hombre de Salamanca, la mujer se aloja en el segundo piso, acompañada por dos sirvientas.

–¿Y los hombres?

–También me han confirmado lo dicho: salen todos los días en cuanto comienza a anochecer y no vuelven hasta antes del toque de la medianoche.

El impresor no pudo escuchar nada más; esperó unos instantes y alzó la vista. Los dos hombres habían desaparecido tragados por el enjambre humano que ocupaba la calle. Regresó lo más rápido que pudo, incluso corriendo en algunos tramos, al palacio arzobispal; entró como una exhalación en las habitaciones de doña María y salió de nuevo de ellas cuando Zaida le informó que Sosa y Ficor estaban echando la siesta en su cuartucho bajo el tejado. Sus compañeros se despertaron sobresaltados cuando él entró dando voces para informarles sobre lo visto y escuchado.

Al día siguiente, como de costumbre al caer la noche, Sosa y Ficor salieron del palacio y desaparecieron por la primera callejuela que encontraron. Las dos sombras que esperaban frente al edificio se aproximaron entonces hacia la puerta y penetraron por ella sin que los hombres de la guardia les hicieran preguntas o impidieran su entrada. Una vez dentro, se vieron rodeados por una docena de criados del arzobispo armados y con el propio prelado a la cabeza. Serrano se mantenía a la expectativa detrás de éste asiendo con fuerza el mango de su cuchillo.

–¿Y bien, señores? ¿Qué se os ha perdido en mi casa? –interrogó don Diego de Sousa en un tono helado de voz.

–Somos servidores de Su Cristianísima Majestad, el emperador –respondió el más alto intentando controlar el tembleque de sus piernas.

–Por mí como si queréis ser el propio emperador. Habéis entrado en mi casa sin haber sido invitados con el propósito de raptar a una persona que goza de mi asilo y merecéis ser entregados a la justicia.

El mercenario analizó su situación durante un instante, se irguió todo lo que pudo, se quitó la gorra de plumas e hizo una reverencia.

–Exijo hablar con el embajador de don Carlos.

–Es conmigo con quien vais a hablar, malnacido.

Una voz ronca resonó como un latigazo en la noche. Los dos hombres se volvieron sorprendidos y se encontraron con las miradas coléricas de Sosa y de Ficor. Serrano, entonces, dio un par de pasos y se colocó al lado de sus amigos. Pareció durante un instante que los forajidos iban a echar mano de sus dagas y entablar la lucha, pero debieron de pensárselo mejor y dejaron caer sus manos a lo largo del cuerpo.

–Queremos acogernos a sagrado –dijo en un tono chulesco el más alto dirigiéndose al arzobispo.

Un golpe seco lanzado a su sien por Sosa lo dejó sin sentido tumbado en el suelo. Su cómplice se arrodilló, suplicando clemencia.

–Ni yo ni mis gentes sabemos nada de esto –afirmó el arzobispo iniciando la retirada.

–Aquí no ha pasado nada, ilustrísima –afirmó a su vez el soldado.

–¿Y ahora? –preguntó el impresor.

Un par de horas después, Sosa y Ficor salían de la ciudad en dirección a la costa montados en un carro en cuyo interior, y ocultos bajo unas lonas, los hombres del comendador, atados y amordazados, emprendían el viaje más largo de su vida. Cuando regresaron al día siguiente explicaron de manera vaga a doña María la razón de su ausencia: el deseo de Ficor de ver el mar.

–¿Y ellos? –preguntó Serrano a Sosa cuando estuvieron a solas.

El soldado soltó una carcajada antes de responder y luego puso en la mano del impresor una bolsa llena de monedas.

–Vendidos como esclavos al capitán de un barco que se dirige a las Indias. A estas alturas, ¡ya debe de estar a medio camino! –El hombre rió de nuevo antes de volver a su seriedad habitual–. Doña María corre peligro en Braga. Quienquiera que haya sido el que ha ordenado su secuestro volverá a intentarlo.

Días después, don Diego de Sousa se ponía en contacto con el obispo de Oporto, don Pedro de Acosta, y varias semanas más tarde doña María y sus compañeros emprendían una vez más un viaje de huida.

Marzo de 1531

La ciudad de Oporto, corazón del antiguo condado de Portucale que había dado nombre al país lusitano, era el centro comercial más importante de Portugal y también el más bullicioso. Sus callejuelas estrechas, bordeadas por casas construidas con la oscura piedra berroqueña, muy abundante en la zona, y que algunos propietarios alegraban con azulejos de colores, ascendían desde las orillas del Duero hacia la Seo, la catedral, antigua iglesia-fortaleza asentada sobre una colina. Los astilleros trabajaban de día y noche en la fabricación de barcos, que eran después arrastrados hacia la desembocadura del río para hacerse majestuosos a la mar. Las mercancías procedentes de todos los rincones del reino llegaban en carretas hasta el puerto para ser desde allí embarcadas hacia otros países. Los artesanos azulejeros, herederos del antiguo arte árabe del *al-zalaiyi* implantado en al-Ándalus y exportado a todas las regiones circundantes, tenían ganada su buena fama y trabajaban para surtir a todo el país. Marinos, comerciantes, extranjeros, pescadores y menestrales se mezclaban en las calles, llenaban lonjas, hospederías y tabernas. Era una ciudad mucho más animada que la recogida Braga.

Habían transcurrido cuatro años desde que la mediación del arzobispo había logrado que el obispo de Oporto aceptase a acoger a María y a sus acompañantes. La situación era cuanto menos extraña, pues don Pedro de Acosta era el confesor de la reina doña Isabel y se había trasladado con ella a Castilla.

–Pero... –adujo Sosa al conocer la decisión de don Diego de Sousa–, dada su posición en la Corte, el obispo se verá obligado a entregar a doña María.

–Vos no sois un buen católico practicante, ¿no es cierto? –le preguntó el prelado con una media sonrisa.

–Yo...

–Si lo fuerais, sabríais que la Iglesia no tiene por qué acatar las órdenes de los reyes. Se debe únicamente a Dios. ¿Conocéis las bienaventuranzas?

Sosa estuvo a punto de preguntar a qué se refería, pero optó por callar y esperar.

–«Bienaventurados los misericordiosos, porque ellos alcanzarán misericordia» –prosiguió el arzobispo sin esperar la respuesta a su pregunta–. Doña María está acogida a sagrado y da lo mismo que se halle aquí o en Oporto. La Iglesia sólo es una. Don Pedro de Acosta es un sacerdote honesto y no la entregará.

No quedó el hombre de Padilla convencido del todo; no se fiaba y se prometió estar alerta. Además, el clima de Oporto era aún más húmedo, propenso a la llovizna y a los días de niebla que el de Braga. Mal lo iba a tener doña María, pensó, con su delicada salud, pero no tenían dónde elegir.

Tuvieron que dejar a Hernando Dávalos en la ciudad del río Esre. El hombre perdía la razón a pasos agigantados y era incapaz de vestirse o de comer por sí mismo, no respondía a las preguntas y ni siquiera sabía dónde se hallaba. Tal como estaban las cosas y los pocos medios con los que contaban, era mejor que se quedara allí. El arzobispo prometió ocuparse de él, lo enviaría al hospital, les dijo; allí las monjas velarían por él hasta que Dios lo llamara a su lado. Entristecido por haber perdido a uno de los suyos, el grupo recorrió con mil precauciones el camino entre las dos ciudades. María viajó en compañía de la señora Valenzuela y Zaida en un carro de viajeros conducido por Sosa, almohadillado con cojines, mantas e incluso una alfombra, y una escolta formada por hombres del arzobispo para defenderla de cualquier ataque. Serrano y Ficor lo hicieron a lomos de la jaca del primero.

La región, la más verde del país, tierra de viñedos y huertas, de iglesias y palacios, era un placer para la vista. María contemplaba el paisaje deseando que el viaje se eternizara. El sol del final del verano templaba su cuerpo, siempre frío desde la muerte de Juan, y la brisa agitaba las hojas de los árboles rozando su rostro en una caricia que la hacía sentirse bien. Llevaba casi cuatro años recluida debido a su salud quebrantada, pero también a su propia desgana y falta de interés por todo. La visión de unos niños corriendo por el camino en medio de risas y gritos le devolvió la imagen de Pedro. De estar vivo, él también habría corrido y saltado, se habría herido en las rodillas y roto sus calzas subiendo a los árboles. Constató que pensar en su hijo ya no le producía el agudo dolor de los primeros tiempos, que le oprimía el pecho impidiéndole respirar, y sonrió. Tal vez debería tomar el aire más a menudo, salir un poco, ver la vida con otros ojos, intentar superar su melancolía.

Este pensamiento le trajo otro. Ahmad ibn al-Barazi había ido a despedirse de ella la víspera de la partida.

–Echaré en falta nuestras conversaciones –le confesó ella.

–«Necesitas un minuto para fijarte en alguien, una hora para que te guste, un día para quererlo, pero se necesita de toda una vida para que lo puedas olvidar» –respondió el anciano con una sonrisa.

–Hermoso pensamiento.

–No es mío, pertenece a mi pueblo, pero es lo que yo siento en estos momentos.

–Vuestra compañía ha sido de gran ayuda para mí.

–También la vuestra lo ha sido para mí –e Ibn al-Barazi prosiguió al observar la sorpresa en el rostro de María–: Lo más triste que puede ocurrirle a un anciano con tantos años como pesares sobre sus espaldas es perder la esperanza en el ser humano. Conoceros me ha devuelto esa esperanza perdida. Aunque vuestro cuerpo está enfermo, vuestra alma no lo está; sois fuerte y leal a vos misma, y así debe ser. Se traiciona quien renuncia a sí mismo y vos no lo habéis hecho a pesar de las calamidades.

–Tal vez habría sido más sabio renunciar a tiempo, tal vez aún los tendría a mi lado... –recapacitó María con la mente puesta en Juan y en Pedro.

–La sabiduría no se traspasa, se aprende y sólo Allah, el misericordioso, conoce el destino de nuestras vidas, querida señora. No lamentéis lo hecho; alguna razón habría para ello, aunque vos la ignoréis.

Sí, echaría en falta al anciano médico, la persona que había aliviado un poco su corazón dolorido, pero las cartas sustituirían la ausencia y Braga tampoco estaba tan lejos de Oporto.

La Seo, una verdadera fortaleza desde donde se dominaba la ciudad, no fue un refugio tan cálido como lo había sido el palacio del arzobispo Sousa. Don Pedro de Acosta no estaba por la labor de procurar a la proscrita y a sus acompañantes la mínima comodidad. Su secretario lo dejó bien claro desde el primer momento. El obispo intentaría mediar a su favor ante la emperatriz, pero no prometía nada. Se hallaba en una situación molesta por haber acogido a unas personas condenadas por las leyes de Castilla, ya que los criados también habían sido incluidos en la lista de perseguidos. No habría una renta y deberían costearse ellos mismos sus necesidades. Les fueron adjudicadas unas habitaciones en un extremo de la fortificación, alejadas de las zonas nobles, frías y desangeladas, amuebladas con lo más imprescindible, y se les informó de que no se verían con buenos ojos las visitas de otras personas en su misma situación.

–¡Es como estar en una cárcel! –exclamó Sosa hecho una furia cuando el secretario se hubo marchado.

–¡Ese hombre nos ha tratado como si fuéramos leprosos! –dijo Ficor igualmente enfadado.

–Tranquilizaos, mis buenos amigos –intervino María intentando apaciguarlos–. Hemos salido de otras peores y estas habitaciones no están tan mal después de todo. Nos servirán hasta que encontremos algo mejor y, además, la brisa marina nos llega por la ventana.

No quería mostrar la angustia que sentía en aquellos momentos, no por ella, sino por sus fieles servidores. La habían acompañado al exilio, arriesgando sus vidas, sacrificando su seguridad, y ahora se veían obligados a buscar hasta debajo de las piedras para poder comer. Ellos eran su responsabilidad y no podía hacer nada. Varios días después, tragándose el orgullo, escribió a su hermano mayor solicitándole el envío de algún dinero. Le había escrito en otras ocasiones desde su huida, pero ésta era la primera vez en la cual mendigaba ayuda. Luis no había respondido a ninguna de sus cartas, pero ella sabía que las había recibido pues su hermana, la condesa, se lo había confirmado en una de las suyas. También escribió a ésta y a Diego con la misma petición. Cada una de ellas le costó un esfuerzo enorme y estuvo tentada de romperlas nada más acabarlas, pero no lo hizo y pidió a Ficor que las enviase, indicando que el coste del envío sería abonado por los receptores.

A ella le daba igual porque la mitad del tiempo lo pasaba en el lecho y la otra mitad vestía de luto riguroso, pero la señora Valenzuela, su leal dama de compañía, sólo tenía dos trajes que alternaba cuando lavaba uno de ellos; les había dado la vuelta cuando comenzaron a deshilacharse y acabó por quitarles la pasamanería y los puños de piel desgastados por el uso. Zaida no estaba mejor provista, pero en Braga el médico árabe le había regalado unas cuantas prendas pertenecientes a una sirvienta ya fallecida y había podido desprenderse, por fin, de la falda y el corpiño que vestía al salir de Toledo. Y los hombres..., tenía la impresión de que siempre iban vestidos con la misma ropa y de que la chaqueta de cuero de Sosa era la misma que Juan le había regalado cuando entró a su servicio; la misma, pero mucho más oscura y sobada. De todos modos, las ropas eran un asunto secundario, lo verdaderamente importante era que todos precisaban dinero para comer y calentarse durante el invierno que se acercaba. El secretario del obispo había dejado claro que la leña y el carbón para la chimenea que les servía de cocina y los braseros eran asunto de ellos.

Pensó también en escribir a su cuñado Gutierre, pero se arrepintió al instante de haberlo pensado. Las aves carroñeras se habían lanzado sobre el patrimonio de Juan en cuanto supieron de la muerte de su hijo. Él y su cuñado, Pedro de Acuña, marido de su hermana Marina, se habían enzarzado en pleitos por el mayorazgo de Padilla en medio de insultos, acusaciones y amenazas, como un par de usureros discutiendo por unas monedas. ¡Malditos fueran ambos! Un viejo amigo de la familia, y en especial de Juan, le había escrito narrándole todo el proceso y el posterior triunfo de Gutierre, pero éste no había intentado ponerse en contacto con ella en ningún momento ni se había preocupado por su situación. La despedida de Toledo había sido únicamente una farsa. Gutierre sólo se amaba a sí mismo y, puesto que ella estaba muerta para él, también él lo estaba para ella y a los muertos no se les solicitaba ayuda.

Sosa, Ficor y Serrano decidieron buscar trabajo por su cuenta, aunque sólo fuera unas horas al día y sin abandonar su principal cometido: velar por la seguridad de su señora. Los dos primeros no tardaron en enrolarse como descargadores de las mercancías arribadas al importante puerto de la desembocadura del Duero. Era un trabajo duro, pero no les asustaba el esfuerzo, y la paga, aunque baja, serviría para adquirir algo de carne y pescado, además de carbón para el fuego. Al impresor, sin embargo, le costó un par de semanas encontrar un empleo adecuado a su edad y a sus conocimientos, pero la tardanza mereció la pena. Durante su búsqueda por las callejuelas estrechas y apretadas, cuyas casas parecían colgadas de la colina de la ciudad vieja, había pasado varias veces por delante de un puesto de libros y en cada una de ellas se había detenido para ojear la mercancía. No se había atrevido a abrir los libros expuestos, pero no había podido evitar pasar la mano por encima de alguno de ellos y dejar escapar un suspiro, igual a un lamento, por su oficio perdido. El librero, asimismo impresor, acabó por preguntarle a qué se debía tan extraño rito, él se lo explicó y el hombre, conmovido, le ofreció trabajo como ayudante. Ganaba mucho menos que sus amigos, pero, a cambio, volvía a respirar el olor del papel, del cuero y de las tintas que lo había acompañado desde su infancia; su mirada recobró el brillo y desaparecieron las pequeñas arruguillas que marcaban su frente unos meses antes. Además, y con harta pena en el corazón, vendió la jaca, puesto que su manutención costaba cara y era preciso ahorrar hasta la última moneda. Le pagaron por ella un tercio del dinero abonado en el momento de la compra, pero le dio la impresión de estar vendiendo a una amiga y no regateó.

Poco a poco, el pequeño grupo fue amoldándose a sus nuevas condiciones de vida. No faltaban comida ni carbón y, además, de vez en cuando, los hombres sorprendían a sus compañeras con pequeños regalos como un frasquito de agua perfumada para la señora Valenzuela o una lanilla nueva para Zaida y libros para María que el librero prestaba a Serrano y que ella o la dama de compañía leían en voz alta para los demás. A menudo, durante las sesiones de lectura, Sosa y Ficor se disculpaban y escapaban al barrio de Ribeira para alegrarse con una jarra de vino «verde» de la región y entablar amistades con los marinos llegados de ultramar. Éstos siempre tenían historias para contar más interesantes, para ellos, que escuchar la lectura de textos cuyos contenidos no siempre comprendían. A Sosa se le abrían los ojos y los oídos cuando los escuchaba narrar sus aventuras en aquellas tierras de riquezas sin fin y ríos de oro. De buena gana, pensaba, se embarcaría inmediatamente en una de las grandes naves que con frecuencia veía desplegar las velas y emprender rumbo hacia el nuevo continente, pero se conformaba con escuchar a los marinos y hacer proyectos que se evaporaban en cuanto se hallaba de nuevo en la Seo. Doña María era su único proyecto; había jurado sobre el cadáver de Juan de Padilla ocuparse de su familia y, ¡por Dios y toda su corte de santos que cumpliría su promesa!

A pesar de la advertencia del secretario del obispo, en cuanto se supo en la ciudad de la presencia de María, comenzaron a acudir a la Seo exiliados deseosos de conocer en carne y hueso a la mujer, una leyenda, que había osado enfrentarse a cañonazos a las tropas imperiales. También se acercaron hasta allí portugueses ilustrados conocedores de la fama de erudita de la antigua comunera para mantener con ella conversaciones filosóficas y políticas. Las oscuras habitaciones resplandecían entonces con la luz del saber, como si fueran iluminadas por mil candiles encendidos. Tanto unos como otros llegaban siempre con algo en las manos, botellas de vino, perniles, quesos..., al advertir la pobreza en la que vivía el miembro más rebelde y controvertido de la poderosa e inmensamente rica familia Mendoza. No deseaban agraviarla más de lo necesario y daban las excusas más ridículas para obligarla a aceptar sus presentes. María se mordía los labios emocionada por las muestras de cariño de aquellas gentes desconocidas llegadas en su ayuda, y maldecía en silencio a sus parientes.

Meses después de haber sido enviadas, sus cartas no habían recibido respuesta alguna. Ni siquiera su hermana, la Santa, se había dignado a escribirle, ni tampoco Diego, su hermano favorito. Estaba al corriente de la presencia de su mayor enemigo, el hijo de la reina, como seguía empeñada en llamarlo, en su Granada del alma, en su palacio rojo. En Sevilla, don Carlos se había encontrado con su esposa, Isabel de Portugal, y en Granada disfrutaban ambos de su luna de miel desde hacía meses, huéspedes de Luis. Según se decía, la pareja se amaba con pasión y no lo ocultaba. La sola idea de imaginárselos paseando, amándose, contemplando los mismos lugares en los cuales Juan y ella habían pasado momentos inolvidables, hacía que su sangre hirviera de ira y... de celos. Tal vez, pensaba luego, sus hermanos hablarían de ella a don Carlos, le mostrarían sus cartas y obtendrían de él el permiso para su regreso. Por eso no le habían escrito, por eso esperaban para responder.

Supo también tiempo después por uno de sus visitantes que el emperador se hallaba en Bolonia para ser coronado soberano del Sacro Imperio Romano Germánico por el mismo papa, Clemente VII, a quien sus tropas, compuestas por alemanes, españoles e italianos, habían hecho prisionero dos años antes, después de someter a la Ciudad Santa al más bárbaro desenfreno de muertes, violaciones y saqueos de su historia. Tal vez, quiso creer María, sus hermanos habían acompañado a don Carlos a Italia y aprovecharían para hablarle de su caso. Pero cuatro años después de su llegada a Oporto todo continuaba igual, no había noticias, ni buenas ni malas, y su salud había empeorado de manera alarmante.

Apenas había sufrido un par de ataques de asma en los últimos tiempos, sin embargo otros males habían venido a ocupar su lugar. Llevaba meses con fiebre, no muy alta pero siempre constante, y los caldos de gallina, los purés de verduras, la carne tierna o el pescado fresco, las frutas y los dulces que Zaida elaboraba para ella no habían logrado hacerle tomar ni media libra de peso. En muchas ocasiones el estómago le jugaba malas pasadas, devolvía lo comido y caía en un estado de lasitud y mala gana que tenía muy preocupados a sus servidores. Había varios médicos entre los amigos que acudían a visitarla y con quienes había tomado el gusto de tratar sobre medicinas y remedios, pero ninguno lograba dar con la causa del dolor y acababan recetando infusiones de manzanilla y anís para el mal de estómago.

Un mediodía, a comienzos del mes de marzo de 1531, en el que contemplaba desde la pequeña ventana de su habitación los tejados y tejadillos apretados unos contra otros a los pies de la colina y el aire con olor a mar llegaba hasta ella, notó un dolor punzante en un costado, a la altura de las costillas. Fue tan agudo que le cortó la respiración y se sintió incapaz de emitir palabra alguna para llamar en su ayuda a Zaida o a la señora Valenzuela. Un instante después se le había pasado, pero tomó nota para comentárselo al doctor Martínez.

El médico comunero, también exceptuado del perdón real, había llegado a Oporto en la misma época que ella, después de deambular por varias ciudades portuguesas; abrió una pequeña consulta en el barrio de los pescadores y vivía más o menos dignamente. Tardó en ponerse en contacto con ella pues desconocía su presencia en la ciudad del Duero, pero acudió a la Seo en cuanto alguien le informó al respecto. Desde entonces no faltaba un solo día a la cita con su amiga y paciente. Juntos rememoraban tiempos más felices, amistades compartidas, rincones evocadores..., y se hacían la ilusión de estar de nuevo en Toledo.

–Al obispo Acuña lo pillaron en la frontera de Navarra –había comentado un día el doctor.

–Lo sabía, pero ¿qué fue de él? –preguntó María con curiosidad.

–Hará ahora cinco años que fue ajusticiado por garrote vil en la fortaleza de Simancas.

–¿Mataron a un obispo?

–Asesinó de un ladrillazo en la cabeza al alcaide en un intento de fuga, aunque otros dicen que le asestó varias cuchilladas en la garganta y luego escondió el cadáver. El hijo del alcaide frustró su escapada al observar la sangre en el suelo.

–¿Intentó fugarse de la fortaleza? Pero... ¡si al menos tenía sesenta años!

–Sesenta y cinco, para ser exactos.

A pesar de lo grave del asunto y el triste final del protagonista, María no pudo evitar una sonrisa. De todos los hombres que había conocido, aquél era, sin duda, uno de los que más huella habían dejado en su memoria. Insolente, ambicioso, impulsivo, colérico, imprevisible, soldado antes que sacerdote y comunero hasta la médula, el obispo y ella se habían enfrentado en varias ocasiones, pero ahora daba igual y quedaba todo tan lejos...

–¿Es verdad que huyó con las alforjas llenas de riquezas? –preguntó el médico.

–Eso se dijo, pero no fue verdad. No huyó. Pretendía llegar a un acuerdo con las tropas del depuesto rey navarro, Enrique de Albrit, y dirigirse a continuación a Roma para entrevistarse con el Santo Padre y solicitar su mediación. La calumnia, querido amigo, es el medio del cual se sirven los vencedores para denostar a los vencidos.

–¿Nos equivocamos? –preguntó de nuevo el doctor Martínez en clara referencia a las Comunidades.

–No en la idea, aunque tal vez sí en el momento y los medios.

Habían permanecido en silencio, cada uno de ellos con la mente puesta en el sueño de cuyo comienzo y fin ambos habían sido testigos. Era la misma conversación repetida cuando la visitaban otros exiliados; la misma mantenida con Hernando Dávalos antes de que su viejo amigo empezara a desvariar.

Una vez calmado el dolor, María se apartó de la ventana y se sentó en una silla, esperando con temor un nuevo ataque que no llegó a pesar de sentir algo dolorida toda la zona izquierda de su torso.

–¡Pues sí que estoy buena! –exclamó con humor.

Aquello tenía que acabar de una maldita vez, pensó. No había nada que la atase a la vida, lo sabía desde el día en que recibió la carta de Serrano comunicándole la muerte de Pedrico. Hasta entonces había tenido algo por lo que luchar; había aceptado el exilio, la ruina y el ostracismo a los que se veía abocada con la mente puesta en su hijo y en el momento de su reencuentro, pero a partir de su desaparición había rogado a Dios para que le enviara el dulce sueño de la muerte y poder así reunirse con él y con Juan. Pero Dios debía de estar muy ocupado y parecía no querer escucharla.

–Tenéis una visita.

La señora Valenzuela había abierto la puerta con cuidado para no despertarla en el caso de que estuviera dormida, y su voz sonaba extrañamente alegre. María reprimió un gesto de fastidio y cerró los ojos. Al principio de su estancia en Oporto esperaba ansiosa las visitas de personas con las cuales conversar, recibir informaciones de Castilla, mantener la esperanza, pero ahora le fatigaban y prefería permanecer sola. Abrió los ojos de nuevo al escuchar las pisadas sobre el suelo de madera libre de alfombras y también la boca al reconocer al hombre, vestido a la última moda, grande y feo.

–Hola, hermanita, ¿cómo estás? –saludó el recién llegado antes de besarle en las mejillas.

Diego Hurtado de Mendoza y su hermana, con sus manos entrelazadas, se contemplaron durante largo rato, incapaces de hablar.

Los ojos de María se llenaron de lágrimas que no llegaron a caer. Allí, salido de la nada, estaba su más querido hermano, el confidente de sus secretos infantiles, el compañero de juegos, el poeta que le leía sus versos cuando aún era un niño e iba después a pelearse con los mayores, a quienes normalmente vencía gracias a su corpulencia y arrojo. El joven a quien vio por última vez poco antes de la muerte de Juan, con quien había mantenido fuertes discusiones y que había decidido apoyar a don Carlos, era ahora un hombre de barba cerrada y aspecto imponente, que acudía a su lado justo cuando la vida se le escapaba. Durante unos instantes pasaron por su mente rostros que creía olvidados, los de su padre y de sus hermanos, todos orgullosos Mendoza, cultivados, políglotas, guerreros, poetas y duros como el granito.

Por su parte, Diego miraba a su hermana negándose a creer lo que veían sus ojos. La joven independiente, bella, descarada, elegante, de respuesta rápida que recordaba era una sombra de su pasado, un cuerpo escuálido de ojos hundidos, una mujer vencida. Le dio la impresión de hallarse en compañía de una desconocida. Después, lentamente, fue él también recuperando la memoria. Los ojos hundidos, sí, pero la mirada brillante y fiera, el cabello negro con reflejos azulados y el porte arrogante a pesar de la enfermedad, le devolvían los recuerdos aparcados en algún lugar de su cerebro y de su corazón durante los agitados años transcurridos desde su último encuentro, en casa de los Padilla, con motivo de la comida de la Pascua Florida, diez años atrás.

–Te he echado en falta –fue ella la primera en hablar.

–Yo también.

–¿Por qué no respondías a mis cartas?

–He andado viajando sin parar –se disculpó él sin mucha convicción– y llegaban a mis manos meses después de que tú las hubieras enviado.

–Aun así... ¿Dónde has estado?

–En Italia, como embajador de don Carlos.

–Ah... ¿Sigues escribiendo?

–Sigo.

–¿Y de amores?

–Algunos, pero ninguno serio.

Les resultaba difícil entablar el diálogo, antaño íntimo y familiar. Ambos tenían mucho que reprocharse, pero no deseaban enturbiar su reencuentro con palabras agrias. Durante los días sucesivos encontraron el equilibrio necesario y lograron comunicarse, pero el abismo abierto entre ellos era profundo y difícil de superar. Diego acudía a la Seo después de la siesta y permanecía con María hasta el anochecer. Le dio noticias de sus hermanos y hermanas; de Luis, amigo íntimo y consejero del emperador a quien había alojado en la Alhambra durante su estancia en Granada; de Antonio, también embajador de don Carlos en Hungría y presente en su coronación en Bolonia, aunque su sueño era viajar a las Indias; de Bernardino, capitán de galeras en el Mediterráneo; de Francisco, finalmente nombrado obispo electo de Jaén después de haber estado también presente en la coronación de Bolonia; de María *la Santa* y de la más pequeña, Isabel, monja profesa en un convento. Todos habían cumplido con lo que de ellos se esperaba, todos menos ella, pensó María sin remordimiento alguno. Al fin y al cabo, su destino le fue impuesto y no hizo más que seguirlo.

–Su Majestad no accede a tu indulto –le informó Diego una tarde.

–No esperaba que lo hiciera.

–Yo sí. –El hombretón cerró los puños con fuerza–. Nuestros hermanos y yo le hemos servido lealmente desde el principio y era bien poco lo solicitado a cambio. Tú ya no supones un peligro y podría haberse mostrado generoso.

–¡Querido hermano pequeño! –María cogió la mano de Diego y se la apretó con cariño–. Un hombre herido en su orgullo difícilmente perdona, deberías de saberlo, y menos un rey. El movimiento comunero fue algo más que la acción de unos cuantos hidalgos descontentos.

–Ha perdonado a otros...

–A ninguno de los que se mantuvieron fieles hasta el final; sólo a algunos arrepentidos y no a todos, aunque acabará haciéndolo, pero no a mí porque yo no me arrepiento y jamás suplicaré. Él no me perdonará, pero yo tampoco le perdonaré a él.

Don Carlos, en efecto, perseveraba en su actitud. Ni el reconocimiento de sus pasados errores durante las Cortes reunidas en Valladolid, ni su boda con la hermosa y culta Isabel de Portugal, de la cual decían estaba muy enamorado –aunque la primera razón para el enlace hubiera sido la cuantiosa dote de la infanta–, ni el posterior nacimiento de su heredero, ni la derrota sufrida por su ejército contra el de Francisco I en la pretendida invasión de Francia, seguida de la memorable victoria de Pavía y la captura del rey francés, habían ablandado su postura en lo concerniente a los comuneros exceptuados del perdón. No sólo no los perdonaba y mantenía sobre ellos la orden de búsqueda y captura años después de finalizada la guerra, sino que se enfurecía a nada que alguien intentase interceder por este o aquel conocido o pariente.

–Incluso su propio confesor, el obispo de Osma, intentó interceder por ti y sólo consiguió enojarlo y ser enviado a Roma.

–El amor al prójimo le viene grande a Su Católica Majestad... –ironizó María.

–Podrías redactar un memorando de justificación...

–No acatamos sus órdenes, nos opusimos a sus gobernantes,

nos enfrentamos a su ejército, lo humillamos obligándole a escuchar la voz del pueblo, ¡a él que dice tener las veces de Dios en la Tierra! Ningún memorando lo hará mudar de opinión.

–El obispo Acosta también ha intercedido por ti, pero únicamente ha conseguido el perdón para tus sirvientes.

–Ésa es una buena noticia –sonrió María satisfecha–. Me preocupaba pensar en su situación una vez que yo ya no esté. Moriré tranquila sabiendo que podrán regresar a nuestra amada Castilla.

–¿Por qué dices esas cosas?

–Querido Diego, ¿no ves en qué estado me encuentro? El doctor Martínez insiste en asegurar que mi mal se debe a malas digestiones. Puede engañar a la señora Valenzuela, que reza todos los días por mi mejora, o a Zaida, que se empeña en que tome las tisanas de manzanilla, pero no me engaña a mí.

–Te llevaré al Algarve. El clima allí es cálido, muy parecido al de Andalucía.

–Olvidas que estoy acogida a sagrado y no puedo abandonar este lugar. Si lo hiciera, el embajador de tu rey pediría inmediatamente mi arresto y deportación –sonrió divertida–. No pasa un mes sin que lo solicite. Deja que las cosas sigan como están. Yo no me quejo.

Dos semanas después de su llegada, Diego regresó a Castilla con la pena en el cuerpo. No podía permanecer en Portugal por más tiempo: tenía obligaciones que cumplir. Durante las últimas jornadas había vuelto a sentirse tan unido a su hermana como lo estaba cuando eran niños. Juntos habían recordado otros tiempos, evocado sus travesuras infantiles y recitado los poemas del bisabuelo. Él también recitó algunas de sus composiciones, sonriendo halagado al escuchar las efusivas felicitaciones de su hermana. María siempre había sido su crítica más sincera. La víspera de su marcha hablaron poco.

–Volveré a interceder por ti ante el emperador –prometió Diego al despedirse.

–No te escuchará.

–Lo haré de todos modos.

La rodeó con sus brazos y la apretó contra su corpachón, constatando apesadumbrado que era puro hueso.

–Volveré a visitarte en cuanto pueda –afirmó separándose de ella.

–Te estaré esperando –sonrió ella para darse ánimos a sí misma–. No creo que pueda ir muy lejos, pero..., no tardes.

Lo vio desaparecer por la puerta y supo que con él desaparecía el último lazo que la unía a su familia. Con él se iban su infancia y su juventud, sus sueños y los días placenteros, los jardines de la Alhambra y los atardeceres soleados. Aspiró la brisilla que entraba por la ventana y siguió el consejo del médico musulmán: cerró los ojos y se imaginó en Salobreña, junto a Juan y a Pedrico, a la orilla del mar de sus suspiros.

Los dolores del costado eran cada vez más habituales y más duraderos también. María permanecía ahora acostada durante todo el día; la mitad del tiempo aletargada por los efectos del láudano suministrado por el doctor Martínez. Había días en los cuales se negaba a tomar la dosis que Zaida y la señora Valenzuela se empeñaban en hacerle tragar.

–Dejadme –les rogaba–. Quiero esperar despierta a la muerte, que no crea que huyo de ella. ¡Bastante he huido ya! Llevo esperándola mucho tiempo y quiero enfrentarme a ella cara a cara.

Sólo aceptaba la dosis cuando el dolor era tan punzante que le daba la impresión de ser una espada atravesándole el cuerpo y se le saltaban las lágrimas, aunque jamás saliese de sus labios el más leve quejido. Cuando la droga comenzaba a hacer su efecto, caía en un semisueño y regresaba a su niñez, a sus días de amor con Juan, a los juegos con su hijo, a la guerra. Sus manos acariciaban el aire, sus labios resecos se abrían para recibir el beso de su amado y su cuerpo se arqueaba al sentirlo dentro de ella, al tiempo que profería gemidos de placer y susurraba palabras enamoradas. Luego se dormía con la placidez de la amante satisfecha. Otras veces gritaba horrorizada, llamando a Juan y maldiciendo a sus ejecutores, a quienes mandaba al infierno y retaba ante Dios o lloraba en silencio pronunciando el nombre de su hijo.

–¡Ve a buscar a Ibn al-Barazi! –rogó Zaida a Sosa durante

una de estas crisis violentas–. Él es el único que puede calmarla.

El soldado no se lo hizo repetir. Corrió a las caballerías del obispo y cogió dos caballos ante la atónita mirada del jefe de la cuadra quien, no obstante, no hizo nada por impedírselo. La desesperación en los ojos del hombre y la daga que blandía en la mano no aconsejaban interponerse en su camino. Horas después regresó con el médico. El anciano musulmán mostraba un estado físico envidiable y llegó sin aparente cansancio a pesar de la cabalgada desenfrenada a la que le había sometido Sosa.

María había despertado y estaba tranquila.

–Mi buen amigo..., me alegro de veros –dijo al reconocer al médico.

–Me dicen que no os sentís bien, señora –dijo a su vez Ibn al-Barazi, sentándose en una silla que Zaida se apresuró a colocar cerca del lecho y cogiendo la mano de la enferma entre las suyas.

–La muerte se hace de rogar...

–Llega cuando ha de llegar.

–Pronto para algunos y tarde para otros. ¿Sabéis? El mes que viene hará diez años que mataron a Juan y, ¿sabéis?, fueron también diez años los que vivimos juntos. ¿Creéis en la magia de los números?

–No creo en ella, pero conozco sus principios. Eliminado el cero por ser nulo, queda el uno, el primero en la antigua teoría mágica de los números. Las personas cuyas vidas están regidas por el uno siguen sus propias ideas e instintos, su individualismo es símbolo de sus ansias de libertad; son valerosas e inteligentes y el ser humano es el baluarte de su inspiración. Aunque... –el médico sonrió cariñoso–, pueden llegar a mostrarse arrogantes y obstinadas.

–Así pues, Juan y yo fuimos obstinados, pero afortunados...

–Todos lo hemos sido alguna vez.

–Recitadme un poema de la Alhambra, devolvedme un jirón de mi memoria.

El médico comenzó a recitar en árabe los versos de uno de los más brillantes poetas granadinos, Ibn Zamrak, grabados en los muros de la sala llamada de Dos Hermanas del palacio rojo y María se sumió de nuevo en el sueño.

–No hay nada que hacer –informó al-Barazi a Zaida y a los demás que esperaban expectantes su veredicto–. Lo dije hace cuatro años y lo repito ahora. El corazón de doña María pende de un hilo y sólo los recuerdos la mantienen con vida. El hilo está a punto de quebrarse y no hay medicina que pueda evitarlo.

–Pero es el estómago el que mayores problemas le ha ocasionado en los últimos meses –intervino el doctor Martínez, que había acudido presto a la cabecera de la cama de la enferma en cuanto la señora Valenzuela le avisó del deterioro físico de aquélla– y siente las punzadas en un costado...

–La naturaleza es un misterio, estimado colega, pero puedo aseguraros que no es la primera vez que me encuentro con un caso parecido. El dolor puede aparecer en otras partes del cuerpo y los síntomas pueden engañar, pero todos ellos son sólo quejidos de un corazón enfermo.

Durante varios días más, los dos médicos, la señora Valenzuela, Zaida y los tres hombres velaron el sueño agitado de María. Estaban a su lado cuando abría los ojos, la reconfortaban con sus palabras, colocaban paños mojados en agua fría sobre su frente ardiente, mojaban sus labios con vino y asían sus manos para transmitirle un afecto que ni el exilio, las penurias o las creencias habían podido mitigar.

–¿Qué día es hoy?

Su voz era tan débil que la señora Valenzuela hubo de inclinarse sobre ella para poder escuchar su pregunta.

–La festividad de la Anunciación del Señor.

–Buen día para morir –sonrió María sin fuerzas–. Recordad que sólo pido que mis huesos sean enterrados junto a los de mi amado Juan, así volveremos a estar unidos para toda la eternidad. Aunque siga odiándome, don Carlos no puede negarme este último deseo que en nada le perjudica.

Sus ojos se posaron en cada una de las personas que rodeaban su lecho. Su querida Zaida, compañera, madre y hermana; su dama de compañía que había trocado su seguridad para seguirla hasta el final; el fiel Sosa, entregado a ella al igual que lo había estado a Juan; Ficor, el fiel servidor de los Padilla y el suyo por voluntad propia; el bueno de Serrano, que sostuvo en brazos al pequeño Pedro en la hora de su muerte y los dos médicos, uno cristiano y otro musulmán, amigos entrañables que la acompañaban en sus últimos momentos.

–Gracias a todos... –susurró–. Gracias por todo...

Al día siguiente la mujer que tanta tinta había hecho correr, amada por unos y odiada por otros, la última comunera, fue enterrada en la capilla de San Jerónimo en la propia Seo de Oporto, a la espera de que le fuera concedido su deseo postrero: reposar junto a su marido.

Sosa y Ficor costearon la lápida y mandaron inscribir en ella un epitafio que resumía su vida.

María, de altos reyes derivada,
de su esposo Padilla vengadora,
honor del sexo, yace aquí enterrada.
Muriendo en proscripción se vio privada
de ir, cual quiso, a la tumba de su esposo;
pero Sosa y Ficorhoo sus criados
le procuraron sepulcral reposo.
Luego que el cuerpo consumido fuere,
bajo una losa deben verse unidos
los restos de consortes tan queridos.

Sintiéndose solos, como si de pronto hubieran quedado huérfanos tras la desaparición de María, sus servidores tardaron varios días en reaccionar. El secretario del obispo Acosta les comunicó que, puesto que la persona acogida al asilo ya no estaba en este mundo, debían abandonar las habitaciones ocupadas durante los últimos cuatro años. Ninguno de ellos tenía intención de continuar allí, pero un sentimiento fraternal los unía, ¡tenían tantas cosas en común! Habían amado a la misma mujer, la habían cuidado, protegido, y sufrido exilio y penurias por ella. No era algo que pudiera olvidarse una vez ella enterrada. Obedecieron, no obstante, las órdenes del secretario y se trasladaron a la pequeña casa del doctor Martínez, en el barrio de los pescadores, a la espera de decidir lo que pensaban hacer cada uno de ellos. Aún continuaban allí dos semanas más tarde cuando, una noche, Pedro Sosa los sorprendió a todos.

–He tenido suerte en la vida –comenzó diciendo– y quiero brindar por ello.

Colocó una garrafa encima de la mesa tocinera, que igual servía para cortar verduras y carne que para comer, y vertió vino en los potes.

–He tenido suerte en la vida –repitió– porque mi fortuna ha sido conocer a gente honrada como mi señor Juan de Padilla y doña María, como vos, doctor, y como vosotros, mis buenos amigos.

El hombre levantó su pote y bebió su contenido ante las miradas expectantes de sus compañeros.

–Mil veces que naciera, volvería a hacer lo mismo aun conociendo de antemano el resultado, porque hay cosas por las que merece la pena vivir. Mañana embarco hacia el Nuevo Mundo, me he enrolado en la nao *Santa Cristina* y mucho me temo que no nos volveremos a ver. Por eso quiero beber esta noche en vuestra compañía hasta caer redondo.

Sosa volvió a llenar su pote y lo alzó de nuevo siendo imitado por los demás, todavía sorprendidos por su declaración.

–¡Por la Comunidad!

Al día siguiente todos, incluido el doctor Martínez, lo acompañaron al puerto. Un abrazo, un apretón de manos, un beso furtivo en una mejilla y muy pocas palabras fueron la despedida del soldado antes de avanzar por la pasarela sin volver la cabeza ni una sola vez y desaparecer entre las decenas de marineros que se aprestaban a soltar las velas y levar el ancla.

Las cinco personas que observaban desde el muelle el suave balanceo de la nave encaminándose lentamente hacia alta mar se miraron compungidas. Debían seguir sus caminos. La amistad que las había unido a pesar de sus tan diferentes procedencias llegaba a su término. Era inútil intentar mantenerla, pues sólo había sido fruto del azar y la consecuencia del cariño y la lealtad hacia una mujer infortunada, y ésta ya no estaba. Tampoco había nada que les impidiera el retorno a Castilla, pues habían sido perdonados, pero ¿qué encontrarían allí?

Zaida y Ficor decidieron permanecer juntos en Oporto. No habían dejado nada en Toledo y aquél era tan buen lugar como cualquier otro para continuar viviendo. Encontraron un diminuto alojamiento, también en el barrio de los pescadores, y se mudaron a él. Ficor continuaría trabajando como descargador y ella quería dedicarse a la elaboración de cremas, ungüentos y perfumes para vender. Ya no eran jóvenes, el tiempo se les había escapado como un suspiro, no podrían tener hijos, pero se harían compañía en la vejez y rememorarían sus vivencias. Tenían mucho que recordar. La mayor parte de sus vidas había transcurrido a la sombra de Juan de Padilla y de doña María, sus nombres y sus existencias estaban ligados a los de ellos, seguir juntos sólo sería una continuación de lo comenzado tantos años atrás.

María de Valenzuela escribió a la condesa de Monteagudo comunicándole el fallecimiento de su hermana y su disposición para regresar a su lado, si así se lo permitía. No tenía familia, ni bienes, ni amigos con posibles, ¿adónde podría ir si no? Esperó la respuesta con el alma en vilo, no queriendo ni imaginar qué sería de ella si la condesa respondía de forma negativa. La Santa envió a uno de sus servidores para acompañarla en su regreso. También le escribió una carta muy cariñosa agradeciéndole los servicios prestados a su hermana y adjuntó algunas monedas para que pudiera renovar su vestuario y presentarse en Soria como debía hacerlo una persona de su casa. Con lágrimas en los ojos, la dama de compañía se despidió de sus amigos y prometió escribirles y mantener contacto, aunque todos sabían que ésas eran las cosas dichas habitualmente en el momento de las despedidas y que nunca se cumplían.

Sólo quedaron el doctor Martínez y Francisco Serrano. Después de las semanas transcurridas en compañía de los demás, ahora les daba la impresión de que la pequeña vivienda del médico se les había quedado grande. Ambos superaban con creces la cincuentena y ya no tenían ilusiones, pero tampoco se quejaban. La vida era como era y a cada cual le tocaba la suya en suerte.

–Lo único que lamento es no poder regresar a Toledo –confesó el médico una noche en la que, como todas desde la marcha de sus compañeros, se hallaban sentados a la puerta de la casa viendo pasar a los pescadores de vuelta de sus faenas.

–Tal vez se haya levantado ya la condena...

–No os hagáis ilusiones, querido Serrano. Puede que haya sido así para las gentes del común, pero yo soy médico y, por lo tanto, más culpable a los ojos de los gobernantes. Pocos de entre los exceptuados podrán regresar algún día para morir en su tierra y, de todos modos, tal vez no me interese hacerlo llegado ese momento.

–¿Por qué? –preguntó interesado el impresor.

Desde la muerte de doña María, él sólo tenía una idea: retornar a Toledo en cuanto le fuera posible. Estaba en Portugal porque las circunstancias lo habían llevado allí, pero no tenía ninguna intención de pasar el resto de su vida lejos de la ciudad que adoraba, embellecida en su recuerdo durante los años de ausencia. Él era un hombre libre y dueño de un negocio. Regresaría y reclamaría sus derechos. Ni la Inquisición ni ningún otro le arrebataría lo que en justicia le pertenecía.

–Mi casa fue confiscada, mis parientes no quieren saber de mí, mis mejores amigos y compañeros han muerto o se hallan en situaciones parecidas a la mía –prosiguió el médico, ajeno por completo a los pensamientos de su compañero–. ¿Qué encontraría allí? Sería un viejo solitario, pero me gustaría volver a ver aunque sólo fuera por una vez las puestas de sol sobre el Tajo y sus reflejos dorados en los muros, sentir la brisa de la sierra y escuchar el repiqueteo de las campanas.

–Venid conmigo. Regresemos juntos a nuestra ciudad.

El doctor Martínez tardó en responder y, cuando lo hizo, sus ojos estaban húmedos.

–Soy un proscrito.

–Han transcurrido diez años desde aquello. Nadie os reconocerá, viviréis conmigo y nos haremos compañía. Yo también estoy solo –concluyó el impresor.

–No sé...

–Nadie se fijará en un par de viejos –insistió Serrano cada vez más animado con su idea.

El médico meditó durante unos instantes con los ojos fijos en sus manos y luego alzó una mirada sonriente.

–¡Qué diablos! ¿Y qué si me reconocen? Algún día me llegará la hora y, puestos a elegir, prefiero morir en el lugar en el que vine al mundo.

Una semana más tarde, los dos hombres a lomos de sendas mulas abandonaron Oporto y tomaron la dirección hacia Vila Real y de allí, hacia el sur, hacia Guarda. Continuaron descendiendo un par de jornadas más hasta que, por fin, su camino se cruzó con el del gran río Tajo, frontera natural entre Portugal y Extremadura. El doctor Martínez no pudo controlar su emoción y se echó a llorar como un niño mientras el impresor se mordisqueaba el labio inferior no menos emocionado. Sin prisas, recreando la vista, recuperando los olores, colores y paisajes de su añorada tierra, avanzaron sin perder de vista la orilla del río. Ansiaban y temían al mismo tiempo llegar a Toledo. Para no llamar la atención, se habían agenciado unas ropas de tratantes de ganado: calzas con refuerzos de cuero, botas hasta medio muslo y garnachas de piel, así como sombreros de ala ancha y cuchillos al cinto. Llevaban lo imprescindible para el viaje y el dinero obtenido por la venta de la casa del médico y los pocos ahorros de éste y del impresor bien ocultos bajo las camisas de lino crudo. Siempre podrían decir si alguien los interrogaba que iban o venían a o de cualquier población de su trayecto, sin verse obligados a dar más explicaciones.

Un atardecer de finales de mayo, Toledo se les apareció tal como esperaban, rojiza y luminosa. Se apearon de las mulas y la contemplaron en silencio hasta que el sol se ocultó y las primeras estrellas aparecieron en el cielo. Entraron en la ciudad por la puerta del Cambrón, recorrieron las calles hasta llegar a la plaza de Zocodover y dejaron los animales en la caballeriza antes de adentrarse en la calle Ancha.

Serrano no quería pensar. El último recuerdo que tenía de su hogar era la casa desvalijada y los sellos inquisitoriales en la puerta del taller. Tal vez, se dijo, sería mejor ir a la posada de la calle de los Bodegones y dejar lo que tuviera que ser para el día siguiente, pero, de todos modos, estaban obligados a pasar por delante y ya se encontraban a dos pasos. Al ver luz en el interior del taller, se detuvo en seco, incapaz de hablar, y asió el brazo del doctor Martínez. Sin soltarlo, ambos se aproximaron y el impresor entreabrió la puerta con el estupor plasmado en su rostro. ¡Le habían robado su negocio, se habían apropiado del esfuerzo de toda su vida! Observó, atónito, la figura de un hombre inclinado sobre el pupitre colocando caracteres en una plancha y no pudo aguantar más.

–¿Quién sois? –preguntó.

El hombre levantó la cabeza sorprendido por la interrupción, abandonó el pupitre y se aproximó a él. Era un buen mozo, fuerte y alto, de rostro barbado y cabello rapado. Serrano entornó los ojos intentando reconocerlo, algo en su semblante le era familiar, pero no pensaba perder el tiempo en averiguarlo.

–¿Quién sois? –repitió echando mano a la empuñadura del cuchillo y dispuesto a utilizarlo si fuera necesario.

El hombre lo examinó con atención de pies a cabeza y una sonrisa fue distendiendo su rostro hasta entonces serio.

–¿Maese Serrano? ¿Maese Francisco Serrano?

El impresor afirmó con la cabeza, tanto o más sorprendido que su interlocutor.

–¡Maese Serrano! ¡Bendito sea Dios!

El hombre se le echó encima y lo abrazó con tanta efusión que lo hizo sentirse incómodo.

–Pero... ¿quién sois? –preguntó de nuevo confundido cuando el extraño finalmente lo soltó.

–¿No me reconocéis? ¡Soy Benito! ¡Benito! ¡Vuestro ayudante!

El impresor permaneció inmóvil, con los labios prietos por la emoción, y las lágrimas que no habían caído al toparse con el Tajo cayeron ahora incontenibles. Los dos hombres se abrazaron de nuevo, lloraron, rieron, se hicieron mil preguntas sin tiempo para contestarlas, y Francisco Serrano se sintió por fin en casa.

Poco a poco, al principio con cierta dificultad, después con más soltura, el impresor y el médico fueron recuperando los años perdidos. Salían a pasear con las últimas luces del día y recorrían las calles; observaban los cambios producidos, intentaban descubrir rostros amigos, escuchaban el eco mudo de las voces contra el poder absoluto que el aire les traía del pasado y, sin ponerse previamente de acuerdo, se encaminaban una y otra vez hacia el solar sobre el cual se habían alzado las casas de Padilla, aunque sin detenerse para no levantar sospechas. El monolito de piedra continuaba en el mismo lugar y la sal vertida había hecho su trabajo, ni una brizna de hierba brotaba en el suelo terroso. A pesar de la intención de Zumel de hacer desaparecer la memoria del comunero y de su mujer, el pueblo llamaba al erial lugar o plaza de Padilla, transformando de esta forma el oprobio en sentido homenaje al jefe ajusticiado, al hombre valeroso, al toledano recordado en silencio por sus vecinos.

Otras veces se dirigían hacia la parte alta, ascendían por la cuesta del alcázar y se detenían para contemplar el avance de las obras ordenadas por don Carlos para transformarlo en un palacio acorde con su persona. Toledo había vuelto a ser la ciudad amada, el centro de la Corte. La aventura de los sublevados era ya historia para olvidar y sus protagonistas también.

Serrano, el doctor y Benito tampoco hablaban de ello. ¿Para qué? La vida seguía su curso y era inútil lamentar lo pasado puesto que ya no tenía remedio. Benito informó al impresor de que Matías, el curtidor, se había ocupado de proteger la casa y el taller.

–Tardé en regresar porque me enviaron a Navarra con las tropas del condestable –dijo sin mayores explicaciones–, pero a mi vuelta fui a hablar con él y me entregó las llaves. Me hizo jurar que cuidaría de vuestros bienes con mi sangre y he cumplido mi promesa, aunque –añadió feliz–, ¡no ha hecho falta llegar a tales extremos!

–¿Y los inquisidores?

–Aparecen de vez en cuando por aquí para comprobar que no se imprimen obras no aprobadas por la Iglesia, pero eso es todo. Nunca se os buscó ni procesó.

–Pero..., los sellos...

–Lo hicieron con todos los negocios sospechosos hasta tener el asunto bajo control. Luego se olvidaron de casi todos ellos. No os preocupéis, maestro, hay un par de libreros nuevos en la plaza y trabajo no nos falta.

El impresor retomó el trabajo como si lo hubiese dejado la víspera y el médico aprendió con mucha rapidez a reproducir los textos manuscritos. En unos cuantos meses su habilidad a la hora de colocar con perfecta simetría los caracteres en las planchas igualó a la de sus compañeros y se sintió muy satisfecho al escuchar sus felicitaciones.

–¿No pensáis volver a ejercer como médico? –le preguntó un día su amigo.

–No –fue su escueta respuesta.

–¿Por qué?

–Porque hay físicos más jóvenes y mejor preparados que yo y... porque mis clientes están muertos.

Nada parecía haber cambiado en la ciudad, nada parecía recordar los agitados meses que la habían sumido en la tragedia de una guerra civil, excepto... la ausencia de amigos y compañeros, de vecinos, de conocidos. La casa del cordelero Alonso había sido ocupada por otra familia. Serrano preguntó a su vecina, la cotilla, sobre el paradero de la familia del artesano, pero la mujer se encogió de hombros y no supo o no quiso responder. Tampoco halló al librero De la Espina, su negocio lo regentaba ahora un joven impertinente llegado de Alcalá que lo miró con aires de superioridad.

–El viejo murió del corazón –le dijo respondiendo a su pregunta– e hizo bien porque, de lo contrario, hubiera acabado como otros: en la cárcel por traidor.

Después supo que el joven era sobrino de maese Andrés y se prometió no pisar la tienda el resto de su vida y no aceptar ni un solo encargo de él aunque tuviese que mendigar para comer. Una persona que no guardaba el debido respeto al pariente difunto del cual había heredado no merecía por su parte la menor consideración.

Un anochecer en que los tres hombres se afanaban para completar un encargo a la luz de velas y candiles, se abrió la puerta del taller y la figura de un viejo conocido asomó por ella. Serrano dio un respingo. Allí, en persona, avejentado y apoyándose en un bastón, estaba el mismísimo comendador López de Ávalos vestido de terciopelo de pies a cabeza y con una gran cadena de oro colgada al cuello.

–¿Podemos serviros en algo, caballero? –preguntó el impresor con un tono neutro de voz sin abandonar su asiento en el pupitre.

–¿Sois el impresor Serrano?

–El mismo.

–¿No me recordáis? Vengo a continuar una conversación que quedó interrumpida hace algunos años.

Serrano se bajó del taburete y se aproximó a él, limpiándose con el mandil los dedos manchados de tinta.

–No creo que vos y yo tengamos nada de qué hablar, señor comendador.

–Tal vez sería mejor continuar nuestra charla en algún lugar recogido... –indicó López de Ávalos haciendo una seña significativa en dirección a Benito y al doctor Martínez.

–Podéis hablar con absoluta libertad. No guardo secretos para mis compañeros.

El personaje fue a decir algo, pero lo pensó mejor y se irguió tanto como pudo, lo que no fue mucho dada su espalda encorvada y la dificultad que mostraba para mantener el equilibrio a pesar del bastón.

–Ahora soy consejero del corregidor y, hoy como ayer, me preocupa la seguridad de los habitantes de Toledo. Aunque todo parezca en calma, sé que aún quedan por ahí sueltos algunos elementos que intentan hacer renacer las viejas ideas.

Serrano tuvo que hacer un gran esfuerzo por contenerse. Después de tantos años, el individuo volvía con la misma pretensión de hacer de él un delator. Algunas cosas no cambiaban nunca.

–Yo no he oído nada de eso –respondió con frialdad.

–Tal vez no hayáis prestado la debida atención. Por el taller de un impresor pasa mucha gente y yo os aconsejaría que tuvieseis los oídos bien atentos porque si no...

–Si no..., ¿qué? ¿Quemaríais este local con nosotros dentro como hicisteis en Mora? ¿Habéis podido dormir en paz desde entonces? ¿No os despiertan por la noche los gritos de los inocentes, de las mujeres, de los niños y de los ancianos que vos y vuestros hombres asesinasteis con total impunidad? Mi mujer y mi hijo estaban entre ellos.

Benito y el doctor Martínez se habían aproximado a ellos. Los tres hombres lo observaban con gesto adusto y, a la luz de los candiles, sus sombras se reflejaban en la pared, alargadas y amenazadoras. El antiguo comendador sintió miedo. El maldito impresor tenía razón. Llevaba años sin poder dormir toda una noche seguida, escuchaba los gritos de los sacrificados en cuanto el sueño se apoderaba de él y su olfato había quedado impregnado para siempre con el olor a carne humana quemada. Sintió un ahogo y se llevó la mano al pecho.

–Un médico...

–Yo lo soy –intervino el doctor Martínez–. ¿Os ocurre algo?

–Me ahogo...

–Ciertamente, tenéis mala cara... No me extrañaría que estuvieseis a punto de iros al otro mundo en cualquier momento.

–Haced algo...

–Ya no ejerzo.

Lo vieron desplomarse al suelo y lo contemplaron durante un buen rato hasta cerciorarse de que, en efecto, el hombre estaba muerto. Benito salió entonces en busca de los guardas de la ronda para dar parte del lamentable suceso. Don Diego López de Ávalos había acudido al taller para hacer un encargo y había sufrido un ataque. Serrano contempló cómo los guardas se llevaban el cadáver envuelto en una manta. No se alegró. Ya no quedaba nadie a quien amar ni a quien odiar, sólo la tristeza de saberse superviviente de una época, de una generación malograda. El doctor tenía razón, el futuro era de los jóvenes y él esperaba que supieran aprovechar la oportunidad e hicieran las cosas mejor de lo que habían sabido hacerlas sus padres.

La casa, a pesar del expolio, no había sufrido grandes daños y no tardó en recobrar su aspecto anterior. Él y el médico la transformaron en un lugar habitable de nuevo. El agujero abierto entre su dormitorio y el de Isabel había sido tapiado por el famoso Bartolomé a quien, por fin, tuvo oportunidad de conocer puesto que ahora era su vecino. No parecía mala persona, pero no intercambiaba con él más de dos palabras seguidas cuando se encontraban en la calle. No le dijo nada acerca de su casamiento con su cuñada y el otro tampoco comentó lo del agujero. Pero aún quedaba algo pendiente.

Tardó semanas en atreverse a subir al sobrado. A veces iba al fondo del pasillo y contemplaba la trampilla disimulada en el techo; quería subir, pero tenía miedo de encontrar su rincón vacío. Todo lo que de valioso poseía, los libros, estaba allí o había estado y, al igual que había ocurrido con Isabel y el niño, prefería hacerse ilusiones a constatar por sí mismo la realidad.

–Subid, amigo mío –le aconsejó el doctor Martínez, un día en el que él le confió sus aprensiones–. Subid sin temor. Lo que tenga que ser, será, pero, al menos, no os roerá la duda.

Lo hizo una mañana soleada de domingo, subió con el miedo en el cuerpo por la estrecha escalerilla, nueva y pulida que Benito le consiguió en el mercado. El candil se agitaba en su mano presa de su mismo nerviosismo, abrió la trampilla y asomó la nariz por el agujero.

–¿Y bien? –le interrogó el médico que esperaba en el pasillo, casi tan excitado como él.

No respondió de inmediato y contempló, sin entrar, durante un buen rato el escondite de sus sueños, de sus recuerdos y de su memoria.

–Está todo como lo dejé –dijo al fin emocionado–. Subid vos también.

–Lo haré, querido Serrano, lo haré, pero más adelante... Recobrad vos solo vuestro pasado, que tiempo habrá para que yo también lo comparta.

El impresor ascendió el último peldaño de la escalerilla y, como antaño, se sentó en el suelo y depositó el candil sobre la caja polvorienta. Echó una mirada a su alrededor y después extrajo de una bolsa de cuero que llevaba colgada al hombro la figurilla de madera esculpida por Sosa para un niño huérfano, y que él no había tenido el valor de entregar a su madre, y la colocó al lado del candil; luego sacó unas hojas de papel, las mismas que la señora Valenzuela le había entregado antes de despedirse.

–Doña María escribió muchas de estas hojas –le dijo ésta sin poder retener las lágrimas– y otras las escribí yo a su dictado. No sé qué hacer y no me atrevo a regresar a Castilla llevándolas conmigo. Vos sois impresor y seguro que encontraréis un destino para ellas.

No las había leído por respeto; le parecía malsano adentrarse en el pensamiento, en la intimidad, de la mujer a quien había intentado servir de la mejor manera. Alguien habría a quien poder entregar el precioso documento, pensó, pero no había nadie. Los amigos ya no estaban y los enemigos lo destruirían. Con la mirada enturbiada por los recuerdos, Francisco Serrano escuchó la voz de doña María, la vio recién viuda en su escritorio del alcázar, enlutada y rodeada de hombres de armas, delgada, pálida, escrutándole con sus profundos ojos negros y preguntándole con una sonrisa en qué podría él servirla. Suspiró y comenzó a leer:

¡Ay, dulce libertad, cómo has mostrado
partiéndote de mí, cuál haya sido
mi estado antes del golpe recibido
que sin aliento casi me has dejado!

Francesco Petrarca

Algunos me llaman Leona de Castilla, otros mujer brava, centella, soberbia, tizón del reino; muchos dicen de mí que soy hembra perversa y me acusan de haber sido la causa de los males que hace algunos años asolaron las tierras de Castilla. Soy Mendoza por mi padre, nieto del marqués de Santillana, sobrino del Gran Cardenal; el mismo conquistador de Granada, conde de Tendilla y marqués de Mondéjar. Y Pacheco por mi madre, hija del marqués de Villena, cuyo apellido adopté porque fue mi gusto hacerlo. Pero soy, ante todo, María Pacheco, la comunera.

Quisiera, a veces, regresar a mi infancia, al palacio rojo, iluminado por los rayos del sol del atardecer; escuchar el rumor del agua que narra historias de amores desventurados; ver de nuevo la Alhambra, «perla de los sentidos en donde ráfagas de perfume atraviesan el jardín cubierto de rocío, cuyas tapias son el circo donde corre el viento...», que dijo el poeta. Fui feliz allí, en compañía de mis padres y de mis hermanos, mimada y querida. Mojé mis manos en sus fuentes y adorné mi cabello con jazmines y alhelíes, corrí con los pies descalzos por mullidas alfombras y velaron mi sueño esclavas adornadas con sedas de colores y zarcillos de plata que entonaban misteriosas jarchas en la lengua de los seguidores del profeta; acuné sueños de románticos amores y me leyeron la mano moriscas de piel oscura y ojos de brasa. «Un gran señor te habrá, niña; un príncipe, un rey compartirá tu lecho», me dijeron, y yo lo creí, a sabiendas que la mentira es dulce al oído, pero se evapora como la niebla de la mañana. Y sin embargo, no erraron las moriscas. Fue un rey quien compartió mi lecho y mi alma, pues no es rey quien lleva corona, sino quien obra de manera recta y mantiene su entereza hasta en los momentos más sombríos, quien soporta con valor la derrota y avanza sereno hacia la muerte.

De la mano de los mejores maestros me adentré en el saber prohibido a la mayoría de las mujeres; aprendí la lengua de los sabios, el griego, y la de los poetas latinos; estudié poesía, matemáticas, historia y geografía y leí las Sagradas Escrituras. Todos estos saberes y otros han sido mi bagaje a lo largo de la vida. A quienes me llaman ignorante respondo que pocos hay entre ellos capaces de superar mis conocimientos. ¿Qué saben ellos? ¿Acaso no leí las obras de Platón y de Aristóteles, de Pico della Mirandola, del maestro Erasmo o de Tomás Moro, humanistas, hombres de sentido y sentimiento? Las entendí y las hice mías, porque mío es también el derecho de creer en un mundo más justo, en la igualdad, en la libertad del ser humano; mío es también el gobierno del pueblo y para el pueblo. Es fácil agraviar a una mujer que no puede defenderse, que lo ha perdido todo: familia, patria, bienes y honor, pero yo les reto ante Dios a que demuestren sus calumnias y ante la Historia para que ella juzgue si la lucha comunera fue crimen o justicia.

Fueron nobles e hidalgos, sí, los jefes del movimiento, pero sólo en su principio. Interesados en causas menos dignas, intentaron mantener sus privilegios, deseando ocupar los puestos de los flamencos, pero los dos mil de Segovia, los cuatro mil de Tordesillas, los seis mil de Villalar no eran nobles ni hidalgos, sino hijos del pueblo. Tenderos, pellejeros, boticarios, campesinos, clérigos, escribanos, curtidores, tejedores, hombres y mujeres, levantaron el pendón de la justicia que equipara a todos los seres humanos. Pocos nobles e hidalgos se mantuvieron firmes hasta el final y muchos de los exceptuados en el perdón del hijo de la reina ya habían mudado de casaca cuando el triunfo se convirtió en derrota, cuando más falta hacían. Ahora pagan su traición siendo a su vez traicionados.

Mi delito fue amar a un hombre más allá de toda prueba y ansiar, al igual que él, la libertad. Mi pecado fue amar al mejor de los hombres, al más honrado, al más noble, y compartir con él la idea de un mundo posible, mejor para todos. Amigo, compañero, marido; él fue yo y yo fui él.

No llegaron de pronto, no, ni el amor ni el ideal. Perdí un tiempo precioso en vanas ambiciones, ¡tonta de mí!; pensé que un pequeño hidalgo no era lo suficientemente bueno, que su unión me rebajaba, que yo merecía un destino más elevado en rango y honores. ¡Tonta, mil veces tonta! No ha habido destino más glorioso para mujer alguna que haber sido amada por Juan de Padilla y yo lo fui..., lo soy... Cierro los ojos y lo veo aproximarse, alto y fuerte, hermoso de cuerpo, de ojos ensoñadores y voz grave; siento sus manos sobre mí, sus labios sobre los míos, y un escalofrío de placer recorre mi espalda. No existe ni ha existido en el mundo poeta capaz de describir nuestras noches de amor; mi sed por él, su sed por mí. No hay poema tan hermoso para expresar aquellos momentos perfectos. Lo echo en falta a cada instante, ansío su contacto; vivo, pero estoy muerta pues ya no siento el calor de su piel contra la mía, ni sus fuertes brazos rodeándome, protegiéndome; ya no escucho la voz amada y su eco es cada vez más débil en mi recuerdo. ¡Qué mísera vida la de aquella que ha gozado del verdadero amor y lo ha perdido, arrebatado por una muerte cruel e injusta! Debería haberme ido yo también en el mismo instante en que fue degollado y su cabeza separada del tronco por la fría hacha del verdugo. Tiemblo cada vez que pienso en ello y prefiero no recordar.

Pero el recuerdo es libre, corre por su cuenta y regresa una y otra vez para torturar mi corazón dolorido. Lo imagino solo, ¡mi buen Juan!, entero y, a la vez, resignado a su suerte, herido en la pierna y en su bello rostro. No le tiembla la mano, no, mientras me escribe por última vez. Mil veces he leído su adiós, tantas, que ya no sé si es él quien se despide de mí o yo quien lo hace de él. En mi pecho guardo su carta escrita con sangre y lágrimas. Nunca desde entonces se ha separado de mí e irá conmigo a la tumba. «Señora, si vuestra pena no me lastimara más que mi muerte, yo me tuviera enteramente por bien aventurado...» Juan era soldado, no poeta, pero ni Manrique, ni el propio Virgilio hubieran sido capaces de expresar como él, en una línea, el amor de una vida. Si mi pena no te lastimara más que tu muerte... A ti te lastimó durante unos momentos, amor mío; a mí me ha herido desde entonces todos los días, todas las horas, todos los minutos de mi soledad.

Maldigo a nuestros enemigos, a todos aquellos cuya terquedad les impide escuchar la voz de la razón pidiendo un gobierno justo, denunciando los abusos de los Grandes y el expolio de Castilla; a los que niegan la palabra al pueblo y se arrogan el derecho divino de dar a uno lo que a mil corresponde. Maldigo a los cobardes, traidores de pensamiento y de hecho; a los que alientan la esperanza de un futuro mejor en los corazones humildes y les vuelven la espalda por miedo o provecho, y también a los ricos comerciantes cuyas bolsas se llenan con el hambre de los pobres. No hubo entre todos estos avariciosos, mezquinos, egoístas, ni uno solo que defendiese el bien de esta tierra antes que el suyo propio. Amagaron sin golpear, ladraron pero no mordieron y escondieron la cabeza bajo el ala cuando vieron sus privilegios en peligro.

Y maldigo al hijo de la reina por no escuchar a hombres honestos, por rodearse de consejeros ávidos de prebendas, por arruinar a sus súbditos en aras de un Imperio. Él fue el causante del enfrentamiento entre hermanos y de que la sangre regase la seca tierra de Castilla; él impidió que Juan de Padilla fuera enterrado junto a los suyos y lo declaró traidor. ¿Traidor a quién? ¿Es acaso traidor el que lucha en contra del abuso? ¿Es acaso traidor el que antepone el bien del pueblo al suyo propio? ¿O el que da su vida por un ideal? No contento con ello, quiso hacer desaparecer su recuerdo, ordenó destruir su casa y le negó sus derechos a mi hijo.

¡Ay, Pedro, Pedrico, mi niño, mi ángel! ¡Qué poca vida te dio Dios! Lejos de mí, entre gentes extrañas, te fuiste y ya sólo queda una mujer enferma para recordarte. ¿Quién se acordará de ti cuando yo no esté? Hubiera dado mi vida por tu padre, pero más aún por ti. Él y yo tuvimos momentos que la muerte jamás podrá arrebatarnos, pero tú, mi pequeño, inocente de culpas ajenas, no verás el amanecer ni sentirás en tu cuerpo los cálidos rayos del sol. Oigo tu risa y te busco, pero no te encuentro; escucho tu voz llamándome, pero sólo hay oscuridad a mi alrededor. Llegaste para alegrar nuestras vidas, para darles un sentido pues tu herencia sería nuestro esfuerzo, tu legado nuestra lucha, tu futuro la libertad. Ahora ya no queda nada, rotas las esperanzas, humilladas las nobles almas de quienes creyeron y perdieron la batalla. Ten paciencia, mi bien, pronto estaremos los tres juntos de nuevo. Paciencia te pido y soy yo la que no puede esperar, soy yo la que día a día se consume sin apagarse, arrastrando una vida que no es vida, un cuerpo enfermo y tantos recuerdos..., que bien desearía no estar ya en este mundo. Partir, descansar de una vez, eso es lo que quiero de una maldita vez. El Paraíso, niño mío, ha de ser un jardín siempre soleado, repleto de flores y frutas, estanques con pececillos y mariposas de colores; un lugar en el que no exista el dolor y las risas llenen el aire; un oasis para corazones rotos y amores sin germinar. Pido a Dios que me permita cuanto antes reunirme contigo y con tu padre, pero la espera es larga cuando se está sola...

Sola, abandonada, olvidada de todos, acogida a la caridad del obispo de Oporto, así es como vivo, así es como padezco y me hacen pagar nuestra derrota. Hube de huir de Toledo disfrazada de aldeana, como una criminal perseguida. Pocos samaritanos encontré en mi camino, mas hubo algunos que me ayudaron a llegar hasta estas tierras de Portugal en donde peno cada día por no haber tenido el valor de quedarme en mi casa y esperar el cuchillo del verdugo. El hijo de la reina es vengativo. Mis hermanos le han solicitado el perdón que me permita regresar y morir en la tierra que tanto añoro, yacer junto al hombre que tanto amo, pero él, rencoroso, se niega. Es noble por nacimiento aunque sólo de nombre, pues no existe más nobleza que el perdón, y él no perdona. Teme que resucite los fantasmas porque el pueblo no ha olvidado a Padilla, Bravo y Maldonado y a otros hombres honrados que dieron sus vidas por él. Y tampoco ha olvidado a María Pacheco. Golpeado y vencido, calla el pueblo pero no olvida; recuerda en un susurro, a escondidas, en las noches frías junto al fuego o en las eras durante el estío, unos nombres, unos hechos, unos momentos en que fue dueño de su destino. ¡Y volverá a serlo!

El usurpador del trono de su madre me ha condenado a ser expuesta con una soga al cuello y a morir degollada. Sus correveidiles me acusan de alentar la rebelión, de ambiciosa, de ansiar la corona. ¡Mienten! Dicen que Juan era honesto pero débil, que se dejó influenciar por mí. ¡Mienten de nuevo! Lo ensalzan y al mismo tiempo lo rebajan; proclaman su admiración por él y a la vez lo denigran. No entienden que nuestro camino fuera uno, que lo que él sentía, también lo sentía yo; que lo que yo ansiaba, también lo ansiaba él; que juntos emprendimos la lucha hasta el final por las Comunidades. Ambiciosa, sí, lo soy. Ambicioné la igualdad entre las personas, la equidad, el gobierno del pueblo, la libre elección de gobernantes y el reparto de las riquezas. A pesar del exilio, los sufrimientos, la pérdida de los dos seres humanos que más he amado en este mundo, de estar enferma de muerte, sigo ambicionando un mundo más justo porque así lo quería Juan de Padilla y así lo quiero yo. ¿Ansiar la Corona? ¡Estúpidos! ¡Ignorantes de la Historia y de sus consecuencias! Yo ya era reina en el corazón de mi marido y él era mi rey. A ninguno de los dos nos hacía falta más.

Los cronistas, escribientes de oficio pagados por sus amos, vierten calumnias en sus escritos pues es más cómodo acusar que defender. Podrán engañar durante algún tiempo al pueblo atemorizado, a quienes desean escuchar lo que quieren, a quienes se empeñan en justificar la rectitud de un rey que nunca ha amado a Castilla, no quiso comprenderla, la dejó en manos de extraños y en las de unos pocos cuyos intereses son el poder y la bolsa. Algún día las buenas gentes castellanas recordarán añorantes a los hombres y mujeres que lucharon por la Comunidad. Habremos muerto para entonces, pero los calumniadores y sus amos también, y serán olvidados.

Nosotros no.

Doña María Pacheco no vio cumplido su último deseo. Don Carlos jamás olvidó su rebeldía, no la amnistió ni después de muerta y sus restos nunca fueron trasladados a Castilla para reposar junto a los del hombre que tanto amó.

CRONOLOGÍA

1490 *Nace Juan de Padilla.*

1496 *Nace María Pacheco.*

1511 *Agosto, boda de Juan y María en la Alhambra.*

1516 *Muere Íñigo de Mendoza. Nace Pedro de Padilla.*
Muere Fernando el Católico.
14 de marzo: Carlos de Gante es coronado rey de Castilla y Aragón por los nobles flamencos en Bruselas.

1517 *Juan y María se trasladan a Toledo.*
18 de noviembre: Entrada de don Carlos en Valladolid.

1518 2 de febrero: Apertura de Cortes en Valladolid.
Marzo: Viaje de don Carlos a Zaragoza.

1519 12 de enero: Muere Maximiliano de Austria.
28 de junio: Don Carlos es elegido emperador tras el pago de grandes cantidades de dinero a los siete príncipes electores alemanes.
7 de noviembre: Carta de Toledo a las demás ciudades castellanas.

1520 31 de marzo: Se abren las Cortes de Santiago.
16 de abril: *Padilla y Dávalos, retenidos en la catedral.*
20 de mayo: Don Carlos embarca para Alemania.
14 de junio: Se constituye en la catedral la Comunidad toledana.

25 de junio: *Se acuerda que Padilla acuda a Segovia con un ejército toledano.*

5 de julio: *Padilla es nombrado capitán general de la Junta.*

1 de agosto: Se crea en Ávila la Santa Junta de las Comunidades.

21 de agosto: Incendio de Medina.

29 de agosto: *Padilla entra en Tordesillas.*

19 de septiembre: La Junta se traslada a Tordesillas.

10 de octubre: La Junta elige capitán general a don Pedro Girón.

Padilla regresa a Toledo con los comuneros toledanos.

15 de octubre: El cardenal Adriano huye de Valladolid a Medina de Rioseco.

27 de noviembre: *Vuelve a salir el ejército toledano bajo Padilla.*

5 de diciembre: Toma de Tordesillas por los realistas.

10 de diciembre: La Junta se instala en Valladolid.

31 de diciembre: *Padilla es recibido apoteósicamente en Valladolid.*

1521 25 de febrero: *Padilla toma Torrelobatón.*

23 de abril: Incendio de Mora.

23 de abril: Derrota de Villalar.

24 de abril: *Padilla, Bravo y Maldonado, ajusticiados en Villalar.*

15 de mayo: Madrid entrega el alcázar a los realistas. Sólo Toledo resiste.

26 de julio: *Día de santa Ana. Radicalización de la Comunidad toledana bajo control de doña María Pacheco.*

6 de octubre: *Doña María entra en la catedral y se lleva una cruz, una custodia y varias joyas del altar mayor.*

25 de octubre: Capitulación de Toledo.

1 de noviembre: *Doña María abandona el alcázar, pero no entrega las armas.*

19 de diciembre: Los gobernadores anulan los acuerdos de octubre con la ciudad de Toledo.

1522 9 de enero: El cardenal Adriano es elegido papa.

3 de febrero: *Día de San Blas. Huida de doña María y fin de la Comunidad.*

8 de octubre: Proclamación en Valladolid del perdón real, del que son exceptuadas 300 personas.
El arzobispo de Braga (Portugal) asila a doña María.

1523 *Muere de peste Pedro, el único hijo de Juan de Padilla y doña María Pacheco.*

1526 *El obispo de Oporto (Portugal) asila a doña María en la Seo.*

1531 *Muere en Oporto doña María Pacheco a los 35 años.*

Bibliografía

García de Paz, J. Luis, *Los poderosos Mendoza*, mendoza.alcarria. com

García, L. Jacinto, *Carlos V a la mesa. Cocina y alimentación en la España renacentista*, Toledo, Bremen, 2000.

González Cremona, Juan Manuel, *La vida y la época de Carlos I*, Barcelona, Planeta, 1996.

Martínez Gil, Fernando, *La ciudad inquieta. Toledo comunera*, 1520-1522, Instituto Provincial de Investigaciones y Estudios Toledanos, Diputación Provincial de Toledo.

Pérez, Joseph, *Los comuneros*, Madrid, La Esfera de los Libros, 2001; Barcelona, Círculo de Lectores, 2002.

Porres, Julio, *Historia de las calles de Toledo*, Toledo, Bremen, 2002.

Sandoval, fray Prudencio de, *Historia del emperador Carlos V*, Madrid, La Ilustración, 1847.

Ulloa Cisneros, Luis, *Historia de España. La casa de Austria*, Barcelona, Instituto Gallach de Librería y Ediciones.

Vaquero Serrano, M.ª Carmen, *Garcilaso: Poeta del Amor, Caballero de la Guerra*, Madrid, Espasa Calpe, 2002.

—, López Muñoz, Tomás; Picón García, María Luisa y Ortiz Díez, María, *El proceso contra Juan Gaitán*, Toledo, Imprenta Serrano, 2001.

—, Ríos de Balmaseda, Antonio, *Don Pedro Laso de la Vega*, Toledo, Imprenta Toledo, 2001.

VV.AA., *Arte y poesía. El amor y la guerra en el Renacimiento*, Madrid, Ministerio de Educación, 2002.

«La revolución comunera – Las Comunidades de Castilla», presbítero don Juan Maldonado, Madrid; 1840; facsímil editado por Maxtor, Valladolid, 2002.

Índice

Diseño: Jordi Salvany
Fotografía de la sobrecubierta: © AISA
Foto de solapa: Manuel Castells

Círculo de Lectores, S. A. (Sociedad Unipersonal)
Travessera de Gràcia, 47-49, 08021 Barcelona
www.circulo.es
3 5 7 9 4 0 0 6 8 6 4

Licencia editorial para Círculo de Lectores
por cortesía de Maeva Ediciones.

Depósito legal: Na. 1096-2004
Fotocomposición: Anglofort, S. A., Barcelona
Impresión y encuadernación: RODESA (Rotativas de Estella, S. A.)
Navarra, 2004. Impreso en España
ISBN 84-672-0682-9
N.º 28860